南水北调中线工程文物保护项目
河南省考古发掘报告
第17号

淇县黄庄墓地Ⅱ区发掘报告

河南省文物局 编著

科学出版社
北京

内 容 简 介

淇县黄庄墓地Ⅱ区于2006~2007年先后经过两次发掘，共清理清代墓葬1座、西汉晚期至东汉晚期墓葬30座，墓葬出土有陶、铁、青铜等质地的随葬器物。本报告就是上述两次考古发掘成果的总结，对于揭示淇县西部平原地区的汉代墓葬制度具有一定意义。

本书可供考古学、历史学研究者，以及大专院校相关专业的师生和考古爱好者阅读、参考。

图书在版编目（CIP）数据

淇县黄庄墓地Ⅱ区发掘报告 / 河南省文物局编著. —北京：科学出版社，2015.2

（南水北调中线工程文物保护项目河南省考古发掘报告；17）

ISBN 978-7-03-043524-8

Ⅰ. ①淇…　Ⅱ. ①河…　Ⅲ. ①墓葬（考古）–发掘报告–淇县　Ⅳ. ①K878.85

中国版本图书馆CIP数据核字（2015）第040340号

责任编辑：柴丽丽　张亚娜 / 责任校对：张凤琴

责任印制：肖　兴 / 封面设计：陈　敬

科 学 出 版 社 出版

北京东黄城根北街16号

邮政编码：100717

http：//www.sciencep.com

中国科学院印刷厂 印刷

科学出版社发行　各地新华书店经销

*

2015年2月第　一　版　　开本：889×1194　1/16

2015年2月第一次印刷　　印张：12　插页：43

字数：345 000

定价：218.00 元

（如有印装质量问题，我社负责调换）

Reports on the Cultural Relics Conservation
in the South-to-North Water Diversion Project
Henan Vol.17

Ⅱ District of Huangzhuang Cemetery in Qixian County

Administration of Cultural Heritage of Henan Province

Science Press
Beijing

南水北调中线工程文物保护项目

河南省考古发掘报告第17号

《淇县黄庄墓地Ⅱ区发掘报告》

主　编

闫建新　牛合兵

副主编

王　宝　范永禄

执　笔

司玉庆　霍保成

项目承担单位

河南省文物考古研究院

鹤壁市文物工作队

前　言

作为举世瞩目的特大型水利建设项目，南水北调中线工程的文物保护工作在河南是史无前例的。无论是工程涉及区域之广大，还是文物点分布的密集程度和价值之高，在河南的考古史上都是前所未有的。因此，当黄河小浪底水利枢纽工程和长江三峡库区的文物保护工作结束后不久，随着南水北调中线工程设计规划和施工的渐次展开，世人的目光便开始聚焦古老的中原大地。如何在配合特大型工程建设的同时，使中原大地珍贵的文化遗产得到有效保护，成为河南文物部门的重要任务。

南水北调中线工程包括水源地和总干渠两个主要项目。水源地丹江口水库地跨河南、湖北两省，总淹没面积达 370 平方公里，其中河南省境内占 170 平方公里，约占总面积的 46%。总干渠起自河南省淅川县的陶岔，流经河南、河北、北京、天津等省市，全长 1276 公里，其中河南境内达 731 公里，约占总长度的 58%。从南阳盆地沿太行山东麓北行，流经南阳、平顶山、许昌、郑州、焦作、新乡、鹤壁、安阳 8 个省辖市 32 个县（市、区），南水北调中线工程纵贯了古代中原的核心区域。在淹没区和总干渠沿线及其附近分布的文物点，既有旧石器时代的化石地点和古人类遗迹，也有新石器时代的大型聚落，更有数量众多、内涵丰富的反映不同文化风格及其交融过程的历史时期的城址、墓葬群、古代建筑和石刻艺术等。可以说，纵贯河南南北的总干渠，在中原大地形成了一条极为难得的融汇各个文化发展时期和各种文化因素的古代文化廊道。

南水北调中线工程河南段的文物保护工作，有以下几个显著特点：

一是全国文物考古队伍积极参与。1994~2005 年，河南省组织协调省内外有关文物考古、科研和工程设计单位，对南水北调中线工程丹江口河南淹没区和总干渠沿线进行文物调查、复核和确认工作。经国家有关部门复核确认，南水北调中线工程共涉及河南境内文物点 330 处。2005 年，南水北调中线工程河南段文物保护抢救工作正式启动。河南省文物考古研究所和中国社会科学院考古研究所、武汉大学历史系、陕西省考古研究院等来自全国各地的 50 余家文物考古单位，先后参加南水北调中线工程河南段的文物保护抢救工作。河南省文物局积极组织协调，在工作中强化大局意识、质量意识、安全意识和服务意识，组织专家现场指导，安排部署市县文物部门进行巡视，为考古发掘单位提供优良的工作环境，确保工程建设和文物保护工程顺利进行。

二是保护抢救了一大批珍贵文物。南水北调文物保护不仅工程浩大，而且总干渠绝大部分是开挖明渠，更容易造成文物的破坏和损害。我们组织考古队伍提前介入，对将要开工渠段的已知文物点进行抢救发掘，有效地保护了文物。其中不乏历史价值、科学价值、艺术价值颇高的珍贵文物。如徐家岭墓地清理的一座战国早期楚国贵族墓葬，出土的一件小口鼎上铸有多达49字的清晰铭文，铭文上有岁星纪年和墓主人身份等，对于研究墓葬年代及墓主人身份提供了重要资料；鹤壁关庄墓地发现的清代西安府守备之墓，出土了一批金质头饰，造型优美，制作精细，特别是一件印有喜鹊登梅图案的金冠，工艺精良，有极高的艺术价值；博爱聂村墓地出土的4件唐代三彩钵，做工精湛，造型精美，是唐三彩器物中不可多得的精品。

三是考古发现具有重要的科学研究价值。如鹤壁刘庄遗址在全国首次发现分布密集、排列规律的大面积先商文化墓地，填补了先商文化发掘和研究工作的一项空白，是该研究领域的重大学术突破；安阳固岸墓地在我国第一次发现了以二十四孝为题材的东魏时期围屏石榻，首次发现了明确纪年的东魏墓葬，出土了大批北齐时期陶俑、瓷器和多方北齐、东魏墓志等重要文物，是研究豫北地区北朝时期的丧葬习俗和陶塑艺术，白瓷、黑瓷的起源和制作工艺，以及北齐和东魏时期的书法艺术的宝贵资料；卫辉大司马墓地唐代乞扶令和夫妇合葬墓的发掘，为研究我国隋唐时期的官吏体制、书法艺术和社会的繁盛提供了新证据；温县徐堡发现了龙山、西周、春秋、战国、汉、宋、明和清时期连续叠压的古城址，是目前黄河流域所发现的龙山文化城址中保存较好、规模较大的一座城址，填补了豫西北龙山城址发现的空白；荥阳薛村遗址为二里头文化晚期到早商文化时期的大型遗址，该遗址的发掘保护工作，对于研究薛村遗址聚落的结构、内部功能区的划分及其特点，探讨夏、商文化的演变的态势和更替有重要的学术意义和科学研究价值；荥阳关帝庙遗址发现了保存完整的商代晚期小型聚落，聚落功能齐全，分居住区、制陶区、祭祀区、墓葬区四部分，在我国商代考古发掘中尚属首次；新郑唐户遗址发现了大面积裴李岗文化时期的居住基址，房址形制结构特点和排水系统的使用，反映了裴李岗文化时期较为先进的建筑理念。

四是考古发掘与课题研究有机结合。在发掘过程中，不仅注重各类文物的抢救保护，而且采用现代科技手段，最大可能地采集各类标本。特别是对于出土的人骨、兽骨进行了性别、年龄、病理以及DNA等方面的鉴定；按照国家地理信息标准，对每处文物点都测量绘制了要素齐全的总平面图，为今后文物普查和保护奠定了基础。如武汉大学历史系对辉县大官庄墓地的一座9个墓室的大型汉墓，进行了发掘现场三维重建和近景摄影测绘技术的全面测绘，通过数字测绘技术、计算机虚拟现实技术，建立了三维的考古对象模型；山东大学在博爱西金城遗址发掘中，设立了主要涉及古地貌、动物、植物、石器、陶器以及遗址资源域十余个子课题的环境考古课题，是开展多学科综合研究的一次重大尝试。

河南省南水北调工程文物保护工作走过了艰辛而光荣的历程。我们积极探索大型项目建设中文物保护抢救工作的新路子，更新管理理念，创新管理机制，培育专业队伍，提升研究层次，取得了非凡的荣誉。安阳固岸墓地、鹤壁刘庄遗址、荥阳娘娘寨遗址、荥阳关帝庙遗址、新郑唐户遗址、新郑胡庄墓地等6个项目先后被评为“全国十大考古新发现”。鹤壁刘庄遗址、荥阳娘娘寨遗址、荥阳关帝庙遗址、新郑唐户遗址、新郑胡庄墓地、淅川沟湾遗址等6个项目荣获“全国田野考古质量奖”。国家文物局授予河南省文物局南水北调文物保护办公室“全国文化遗产保护工作先进集体”荣誉称号。

河南省南水北调中线工程文物保护工作一直受到各级领导的关心和社会各界的支持。全国政协张思卿副主席曾率团视察河南省南水北调工程文物保护工作。国务院南水北调办公室和国家文物局各位领导多次亲临一线检查指导，帮助排忧解难。河南省委、省政府多次召开会议，研究解决文物抢救保护工程中的重大问题。南水北调中线干线工程建设管理局、南水北调中线水源有限责任公司、河南省南水北调中线干线工程领导小组办公室、河南省人民政府移民工作领导小组办公室对南水北调文物保护工作也给予了大力支持和帮助。国家诸多考古学家多次深入到文物保护抢救现场，对重大学术问题和考古发掘质量给予帮助指导。社会各界特别是新闻媒体给予极大关注和广泛宣传。

为了更好地利用考古资料开展学术研究，充分展示河南省南水北调中线工程文物保护项目考古发掘的巨大成果，河南省文物局积极组织考古发掘单位及时对考古发掘资料进行整理和研究，编辑出版考古发掘报告，以期进一步推动文物保护和考古学研究工作。

河南省文物局
2010 年 5 月

目　录

插图目录

图版目录

第一章 绪 论

淇县地处太行山区向华北平原的过渡地带。西部属太行山区，中、东部为华北平原的一部分，淇河则蜿蜒于北缘及东缘。

商末纣王帝辛之前，淇县曾名“沬”，这是目前所知的淇县最早的正式称谓。帝辛在位时将沬易名为“朝歌”，并居此处理朝政。此后，淇县长期以朝歌为名。西周时期朝歌曾是卫国都城。西汉置朝歌县。明太祖洪武元年（1368年）置淇县，此为“淇县”称谓之始，该县名沿用至今[①]。

黄庄墓地位于河南省鹤壁市淇县铁西区黄庄村的农田间，地属华北平原西缘。黄庄墓地有Ⅰ区和Ⅱ区之分。Ⅰ区在黄庄村东，Ⅱ区在黄庄村东南（图一）。

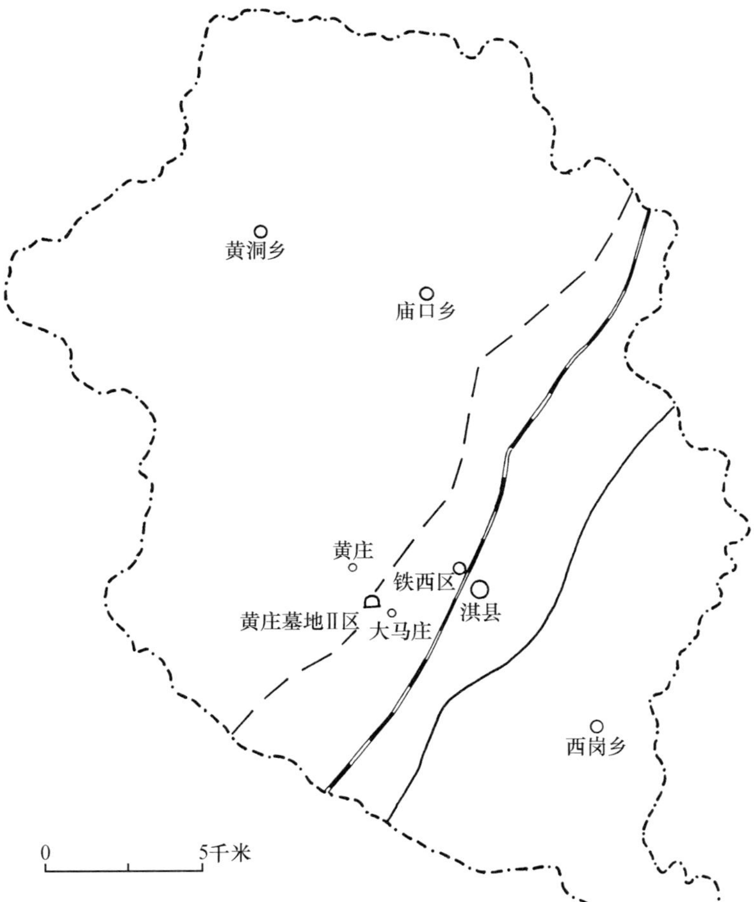

图一 黄庄墓地Ⅱ区位置示意图

① 鹤壁市地方志编纂委员会：《鹤壁市大事记述》，中州古籍出版社，1992年，第2~5、14、47页。

黄庄墓地Ⅱ区的地理坐标为东经114°08.621′、北纬35°36.850′，海拔约92米。Ⅱ区分为东、西两部分，地势西高东低，西部地表高出东部地表0.3~0.4米。Ⅱ区之南为大马庄墓地，大马庄墓地地表比黄庄墓地Ⅱ区东部地表低0.4~0.5米。大马庄墓地和黄庄墓地Ⅱ区的东部及西部构成了一组地表渐次抬升的阶地：大马庄墓地地势最低，可视为第一级阶地；黄庄墓地Ⅱ区东部地表高出大马庄墓地地表0.4~0.5米，可将它看做第二级阶地；黄庄墓地Ⅱ区西部地表又高出东部地表0.3~0.4米，自然就是第三级阶地了。

大马庄墓地已于2006年下半年至2007年年初做过发掘。大马庄墓地和黄庄墓地Ⅱ区紧邻，只是由于它们所在的农田分属于两个不同的行政村（大马庄墓地位于大马庄村的农田间），并由三个不同的工作单位分别发掘，才被各自命名。事实上，它们在地缘关系上当属于一个整体。

黄庄墓地Ⅱ区是在早先的文物调查及勘探中发现的，其中心区域将被随后开挖的南水北调中线总干渠所穿经。根据国家文物局有关南水北调中线总干渠沿线的文物保护方案，河南省文物管理局南水北调文物保护办公室指示鹤壁市文物工作队及时开展黄庄墓地Ⅱ区的考古发掘工作。

2006年11月20日~2007年2月2日，鹤壁市文物工作队在黄庄墓地Ⅱ区西部进行了考古发掘，布探方21个，清理清代墓葬1座、西汉晚期至东汉晚期墓葬21座、汉代灰沟3条、汉代灰坑4个。2007年4月20日~9月4日，鹤壁市文物工作队又在黄庄墓地Ⅱ区东部进行了考古发掘，布探方12个，清理西汉晚期至东汉中期墓葬9座，墓坑3座，灰沟3条，灰坑2个。

第二章　西　　部

第一节　概　　述

2006年11月20日~2007年2月2日，鹤壁市文物工作队在黄庄墓地Ⅱ区西部进行了考古发掘。本次发掘按正南北方向布10米×10米的探方21个，其编号分别为T0102~T0104、T0202~T0204、T0302~T0304、T0401~T0404、T0501~T0504、T0601~T0604。根据发掘的需要，于T0102西北部、T0202南部、T0302南部、T0401南部和西南部、T0501南部进行了扩方，实际发掘面积2242平方米（图二）。

一、地层堆积

根据此次考古发掘掌握的情况，黄庄墓地Ⅱ区西部地层大致可分3层，第2、3层在个别探方的局部有所分布，以T0304、T0404、T0504北壁剖面和T0602东壁剖面为例说明如下（图三）：

第1层：耕土层。土质疏松，土色呈灰褐色。内含大量植物根茎、秸秆和一些近现代遗弃物。厚0.15~0.3米。此层分布全方。仅清代墓葬M1开口于此层下。

第2层：元代文化层。土质稍密，土色呈黄褐色。内含少量内布纹外素面的板瓦残片、白釉瓷片、天蓝釉瓷片等遗物。厚0.05~0.4米。此层分布全方。

第3层：汉代文化层。土质稍密，土色呈浅红褐色。内含有残砖块、汉代板瓦残片等遗物。厚0.1~0.3米。此层分布全方。汉代墓葬及遗迹均开口于此层下。

二、遗　　迹

黄庄墓地Ⅱ区西部发掘墓葬22座，其中汉代墓葬21座、清代墓葬1座。此外，还清理汉代灰沟3条、灰坑4个（图四）。

汉代墓葬共21座，多集中于发掘区G3的西部，个别墓葬在东部，编号为M2~M22，其中M9仅向下挖出一个长方形竖穴土坑，似为墓道。类型有弧形墓道双室砖室墓和竖穴墓道土洞墓。弧形墓道双室砖室墓1座，编号为M2。竖穴墓道土洞墓19座，编号为M3~M8、M10~M22，其中竖穴墓道单室土洞墓17座，竖穴墓道双室土洞墓2座，编号为M7和M14。3座竖穴墓道土洞墓用空心砖或小砖砌筑，编号为M14~M16。

清代墓葬1座，位于T0501东南角，编号为M1。

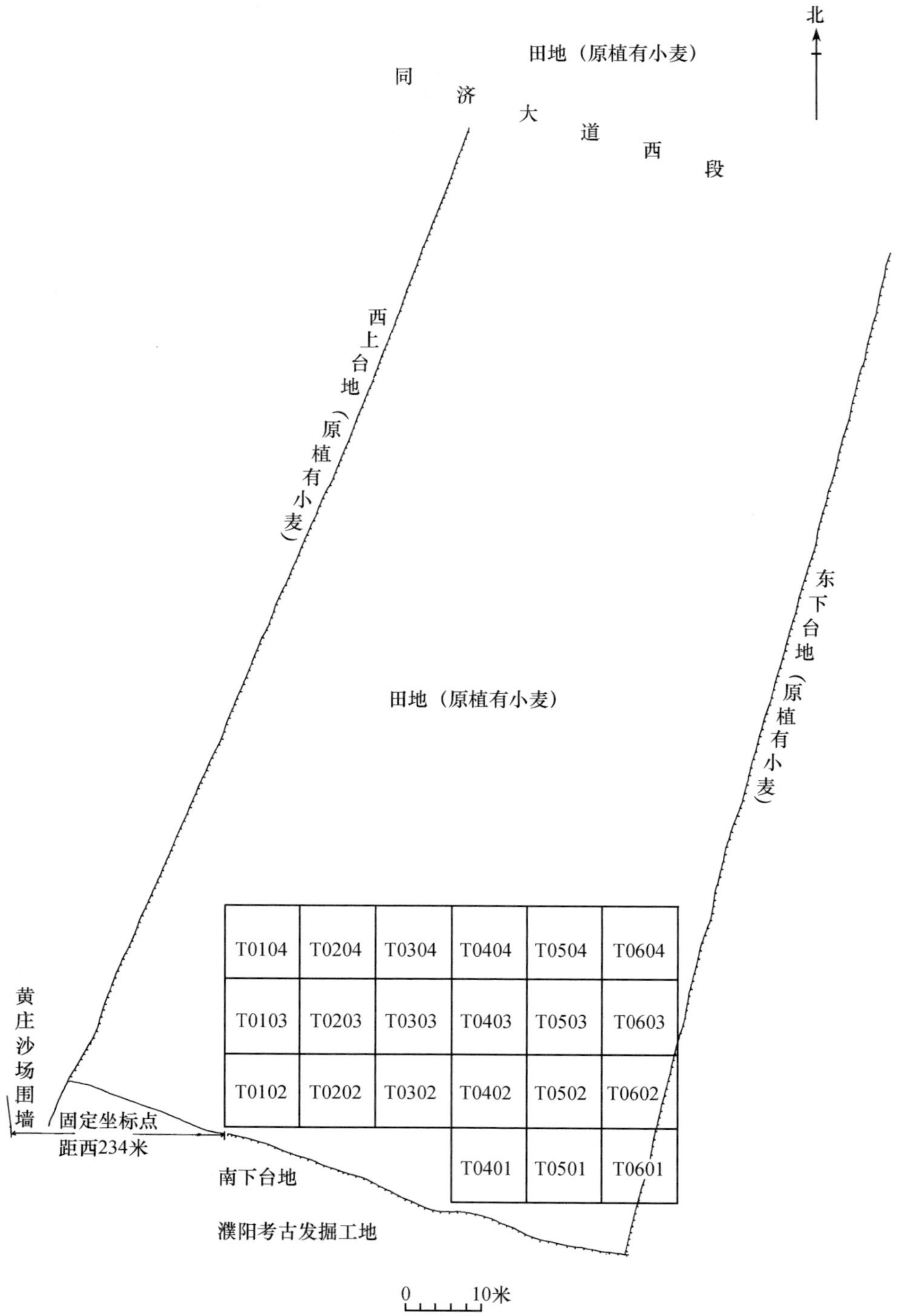
北
田地（原植有小麦）
同济大道西段
西上台地（原植有小麦）
东下台地（原植有小麦）
田地（原植有小麦）
T0104
T0204
T0304
T0404
T0504
T0604
T0103
T0203
T0303
T0403
T0503
T0603
T0102
T0202
T0302
T0402
T0502
T0602
T0401
T0501
T0601
黄庄沙场围墙
固定坐标点
距西234米
南下台地
濮阳考古发掘工地
0　10米

图二　西部探方分布图

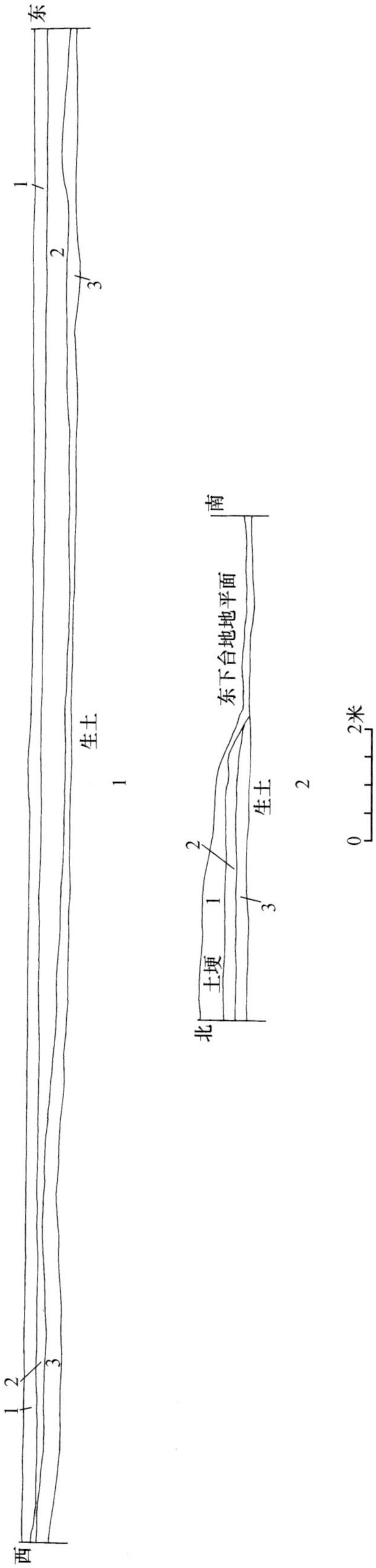

图三　西部典型地层剖面图

1. T0304、T0404、T0504北壁　2. T0602东壁

汉代灰沟3条，分别分布于发掘区的南部、北部、中部，编号为G1~G3。

汉代灰坑4个，位于发掘区的西南部，编号为H1~H4。

第二节　墓葬分述

一、M1

位于T0501东南角。开口于第1层下，打破第2、3层和生土。开口距地表深0.2米。该墓为一座坐西朝东的竖穴土坑墓。方向270°（图五；图版一）。

墓葬平面呈梯形，西宽东窄。长2.7米，西端宽1.2米，东端宽0.94米，深0.8米。墓室底部仅残留有腐朽的木棺灰和少量朽骨块，多数骨块已不存在，其下有洒白灰的现象。从残留棺灰痕迹可知棺长约1.9米，西端宽0.8米，东端宽0.6米。未发现有任何随葬品。推断死者的头部应向西。据当地村民回忆说此墓是一座迁葬墓。根据墓葬形制和地层关系分析判断，此墓当为一座晚清墓葬。

二、M2

（一）形　　制

位于T0401中部与T0501西南部。开口于第3层下，打破生土。开口距地表深0.74米，墓口距墓底深3.5米。该墓为一座坐西朝东的弧形墓道双室砖室墓。方向110°。全墓由墓道、墓门、甬道、耳室、前室、后棺室（南棺室、北棺室）六部分组成。其修筑方法是先挖出一条弧形斜坡台阶式墓道，然后在墓道底部西端分别挖出墓门、甬道、前室、后棺室、耳室的雏形，经过一番修整，再在土圹内用石构件和小砖依次分别砌筑，其中前室为明砌（图六；图版二）。

墓道位于墓室之东。弧形斜坡台阶式，在墓道上半部分内设八个间距不等的土台阶，台阶宽0.3~1.04米，靠近墓门一段底为平底。整个墓道呈一头宽一头窄。全长5.32米，最宽处为1.06米，最窄处为0.4米，深3.5米。在清理墓道时在墓道的末端台阶上发现1件小陶盆。墓道内填五花土，土质较松，未经夯打。

墓门为石质双扉枢轴式，保存较好。两门扉大小相同，其中一门扉宽0.64米，高1.06米，厚0.12米，作关闭状。门外中部斜置一块长条形顶门石固定墓门。门洞由门槛石和两块直立的门框石及一块横直的门楣石围成。墓门宽1.28米，高1.08米。

甬道位于墓门之西。平面呈长方形，以小砖砌成拱券顶。宽1.14米，进深0.64米，高1.24米。

前室位于甬道和后棺室之间。平面近方形。长2.9米，宽2.66米。从残留的痕迹可以看出，顶原为穹隆顶，不知何年坍塌，上半部分现已不存，其下半部分保存尚好，残高1.88米。其

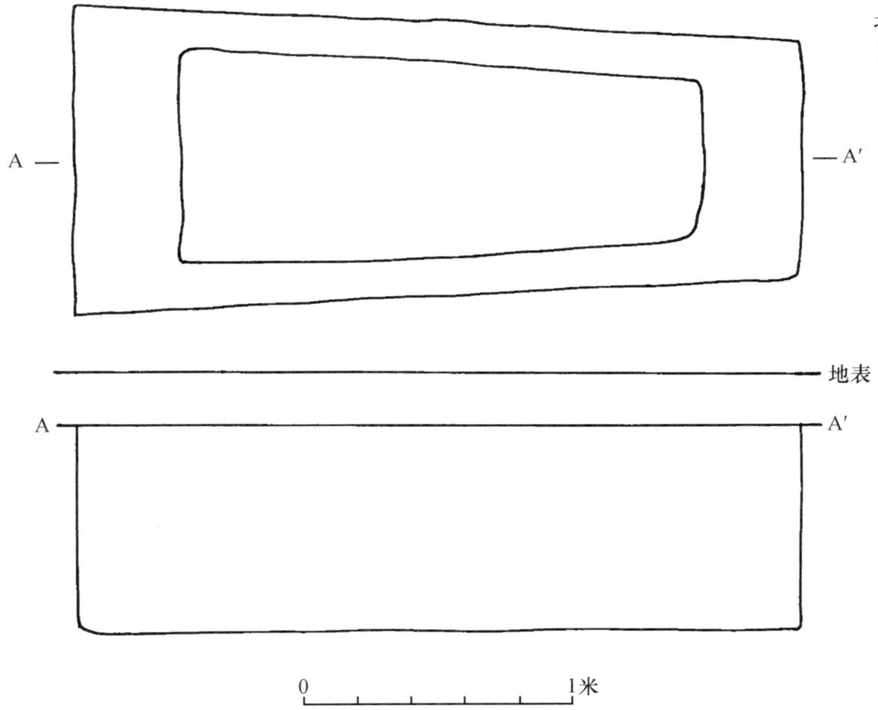

图五 M1平、剖面图

砌法为下部用顺砖错缝平砌，上部为叠涩错缝平砌。砖规格为32×16—5厘米。在前室的南、东、北壁均开设有耳室。南耳室平面呈长方形，东西两壁和顶部用青砖砌筑，底部无铺地砖，顶作拱券状。宽1.1米，进深2.04米，高1.2米。部分随葬器物存放于内。东耳室开设在前室的东北角，系一土洞耳室，只在耳室入口用小砖砌筑了拱券状的门洞，再向里则为土洞式。平面呈长方形。宽1.1米，进深1.26米，高1.1米。大多数随葬器物存放于内。北耳室开设在前室的西北角，该耳室较小。平面呈长方形，用小砖砌筑，呈拱券状。宽0.5米，进深0.33米，高0.9米。其内没有发现随葬品。在清理前室时未见有葬具和人骨架遗存。前室底部用小砖人字形错缝平铺，较为规整。砖规格为32×16—5厘米。

前室西部为两个并列呈拱券状的后棺室，其中间被一道宽约0.32米的隔墙分为南、北两个棺室，即南棺室、北棺室，两室结构类同。

南棺室位于北棺室之南。平面呈长方形，顶部呈拱券状。长2.8米，宽1米，高1.2米。砌法为下部用顺砖错缝平砌，上部用顺砖错缝弧砌，底部用小砖人字形错缝平铺。砖规格为32×16—5厘米。由于该棺室年代久远，部分砖块有脱落现象。在清理时未见有葬具、人骨架遗骸，仅在棺室的东部发现1面铜镜和1件残铜刷，还在中部偏东处发现数枚五铢钱，别无其他发现。

北棺室位于南棺室一墙之隔的北侧。平面呈长方形，顶部呈拱券状。长2.8米，宽1.08米，高1.2米。砌法为下部用顺砖错缝平砌，上部用顺砖错缝弧砌。砖规格为32×16—5厘米。由于该棺室受自然损坏的原因，其顶部出现变形和部分砖块脱落的现象。在清理时仍未见有葬具、

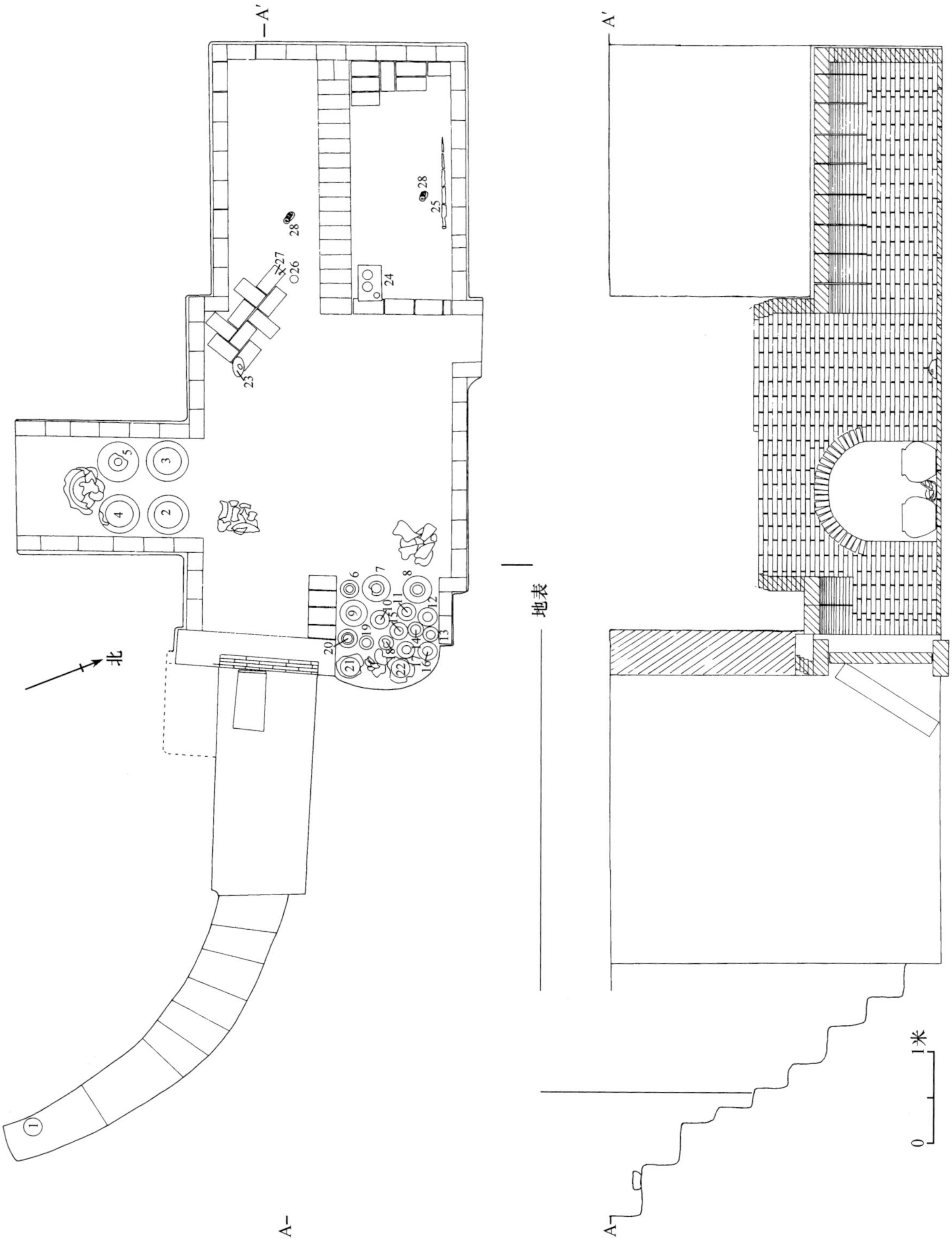

图六　M2平、剖面图

1、9. 陶盆　2~4. 陶瓮　5、6、8、20. 陶罐　7、14、18、19、21、22. 陶壶　10. 陶盘　11~13、15~17. 陶仓
23. 铜釜　24. 陶灶　25. 铁剑　26. 铜镜　27. 铜刷　28. 五铢钱

人骨架遗骸，仅在棺室的中部北侧发现1件残铁剑和数枚五铢钱，另在东端南侧发现1件陶灶，别无其他发现。

（二）出土器物

该墓共出土随葬器物28件（套），可分为陶器、铜器、铁器三类。

1. 陶器

陶器共23件（套）。器类有陶盆、陶盘、陶罐、陶瓮、陶仓、陶壶、陶灶。

陶盆　2件。均为泥质灰陶，轮制而成。标本M2：1，敞口，方唇，深斜直腹，平底。腹部有数周凸弦纹。口径22厘米，底径15.6厘米，通高9厘米（图七，1；图版三，1）。标本M2：9，敞口，平沿外折，方唇，深腹，腹部下弧收，平底。底中部微隆起，其外有两个同心圆，同心圆之间散布有等距的小戳点装饰。内腹下部一侧刻划有一尾横向游动的小鱼，鱼鳞以小戳点作装饰。鱼纹以上饰一周凹弦纹。口径32.3厘米，底径17厘米，通高7.5厘米（图七，5；图版三，2）。

陶盘　1件。标本M2：10，泥质灰陶，轮制而成。敞口，平沿外折，方唇，深腹，腹部下弧收，平底。内底下凹，内腹中部饰一周凹弦纹。口径21厘米，底径11厘米，通高5.3厘米（图七，2；图版三，3）。

陶罐　4件。均为泥质灰陶，轮制而成。标本M2：5，敞口，平沿外折，方唇，束颈，上腹鼓圆，下腹斜收，平底。肩下部饰数周旋纹。口径18.5厘米，腹径38厘米，底径25厘米，通高41厘米（图七，8；图版三，5）。标本M2：6，敞口，圆唇，短束颈，溜肩，上腹鼓圆，下腹内折斜收，平底。上腹部至颈部有数周浅旋纹，口部置一隆顶器盖。口径14.5厘米，腹径25.5厘米，底径15.5厘米，通高30厘米（图八，3）。标本M2：8，敞口，圆沿微外凸，束颈，上腹鼓圆，下腹斜收，平底。肩下部有数周旋纹。口径6.5厘米，腹径35厘米，底径23厘米，通高40厘米（图七，6；图版三，4）。标本M2：20，器形同M2：6，口部无盖。口径14.5厘米，腹径25.5厘米，底径15.5厘米，通高27厘米（图八，4；图版三，6）。

陶瓮　3件。均为泥质灰陶，轮制而成。标本M2：2，敛口，圆沿，矮颈，上腹鼓圆，下腹弧斜收，平底。沿中部饰一周凹弦纹，上腹饰一周若隐若现的凹弦纹。口径29厘米，腹径44厘米，底径27.1厘米，通高34.3厘米（图七，9；图版四，1）。标本M2：3，直口，圆唇外凸，短束颈，上腹鼓圆，下腹弧斜收，平底。上腹部饰两周凸起的网状宽带纹。口径26.3厘米，腹径43.5厘米，底径28厘米，通高37厘米（图七，10；图版四，3）。标本M2：4，器形及纹饰同M2：2。口径28.5厘米，腹径43.7厘米，底径28.5厘米，通高34.5厘米（图七，7；图版四，2）。

陶仓　6件。均为泥质灰陶，器身轮制，三足模制。除大小不同外，器形近同，均有仓盖，只是个别仓盖上纹饰有所不同。标本M2：11，整个器物形体上下修长，上宽下窄。敛口，圆沿，无颈，上腹丰圆，下腹斜收，平底。底部外侧附三个等距兽形足。腹部饰三组凸

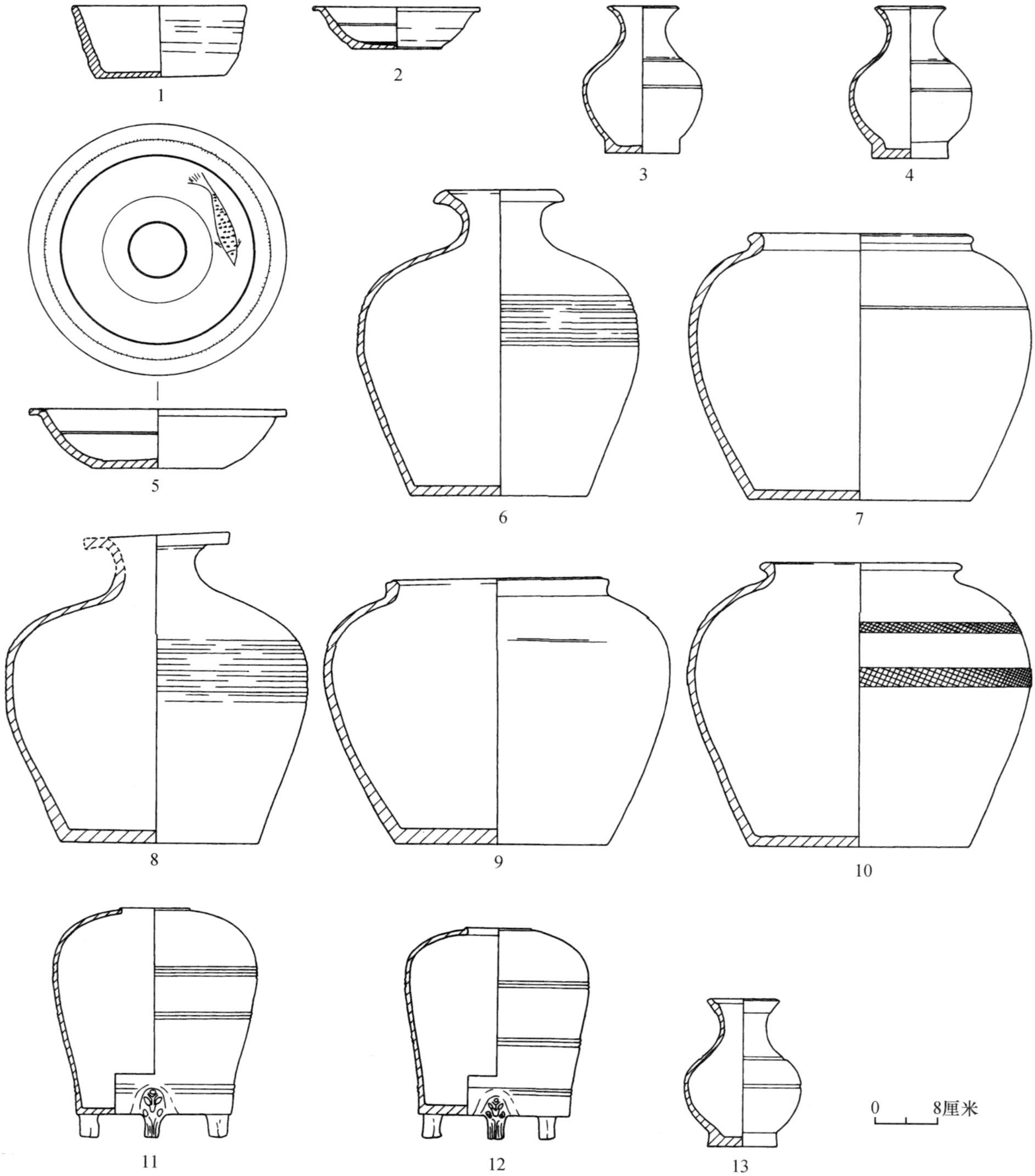

图七　M2出土陶器

1、5. 陶盆（M2∶1、M2∶9）　2. 陶盘（M2∶10）　3、4、13. 陶壶（M2∶14、M2∶18、M2∶19）
6、8. 陶罐（M2∶8、M2∶5）　7、9、10. 陶瓮（M2∶4、M2∶2、M2∶3）　11、12. 陶仓（M2∶11、M2∶13）

弦纹，上一组为三周，下两组为两周。口部置一仓盖，模制而成。圆形，隆顶。顶中心有一长椭圆形纽，其下系三层以纽为中心向外渐大的同心圆面，二层圆面之上饰有六瓣花纹，盖沿饰一周凹弦纹。口径8厘米，腹径25.8厘米，底径20厘米，通高32厘米（图七，11）。标本

M2：13，器形同M2：11。口径7.5厘米，腹径23.2厘米，底径18.5厘米，通高29厘米（图七，12）。标本M2：16，器形同M2：11。口部置一仓盖，模制而成。圆形，隆顶。顶部以六瓣花纹作装饰。口径7.5厘米，腹径22.3厘米，底径17厘米，通高28厘米（图八，1；图版四，4）。标本M2：17，此器与同类陶仓相比，器形较大些。仓盖与同类仓盖有别，模制而成。圆形，隆顶。纽作安卧瑞兽状，以其为中心盘绕两条躯体相交龙首相对的龙。口径8.5厘米，腹径27.3厘米，底径24厘米，通高37厘米（图八，2）。

陶壶　6件。均为泥质灰陶，轮制而成。标本M2：7，口呈盘口状，敞口，平沿，束颈，鼓圆腹，下腹弧收，平底。肩部饰两周凸弦纹，腹部饰三周凸弦纹。口部置一壶盖，模制而成。圆形，隆顶，平沿。口径17.2厘米，腹径28.5厘米，底径18厘米，通高43厘米（图八，7；图版四，6）。标本M2：14，口似盘口状，敞口，外斜平沿，束颈，鼓圆腹，下腹弧收，平底。肩部和腹部各饰一周凹弦纹。口径9.2厘米，腹径15厘米，底径9厘米，通高19厘米（图七，3；图版五，1）。标本M2：18，器形同M2：14。口径9.2厘米，腹径15.2厘米，底径9厘米，通高19.6厘米（图七，4）。标本M2：19，器形同M2：14。口径9.3厘米，腹径14.6厘米，底径9厘米，通高19厘米（图七，13）。标本M2：21，口似盘口状，敞口，平沿，长束颈，鼓圆腹，下腹弧收，圈足底内凹外撇，纵截面呈八字形。肩部至下腹部饰三组凸弦纹，上、下两组为两周，中间一组为三周。肩部饰有对称的铺首。口部置一壶盖，模制而成。圆形，隆顶，沿微凹弧。口径19.5厘米，腹径37厘米，底径18.8厘米，通高56厘米（图八，5）。标本M2：22，器形同M2：21。肩部至腹部饰三组凸弦纹，一组两周。口径19.5厘米，腹径37厘米，底径18.6厘米，通高54厘米（图八，6；图版四，5）。

陶灶　1套。标本M2：24，由灶体、釜、甑组成（图九）。

陶灶体　1件。标本M2：24-1，泥质灰陶，模制，手工拼合而成。平面呈长方形，四壁较直，四个转角呈直角。灶底平底，其中部有一较大长椭圆形孔。灶面中部有两个大小近同的圆形灶眼，呈一字形排列，上置一甑、一釜。另在灶面一角处有一较小的圆形灶眼，上置一较小型陶釜。尾部有一圆形出烟口。灶面四边除前壁上部立有长方形的挡火墙外，余三边分别阴线刻有一组两条直线纹作边框，尾部边框线向内再饰一组阴线刻的平行线，形成了一个长方形，间以两组阴线刻直线，将其隔成了三个长方形。另在灶面一侧阴线刻划有一鱼，鱼鳞则以下凹小斜三角形戳成。前壁上部和下部分别由长方形挡火墙和拱形灶门组成，平面呈凸字形。前壁以灶门为中心对称阴线刻有长方形、菱形、三角形图案。长39.5厘米，宽25.4厘米，通高20厘米。

小陶釜　2件。均为泥质灰陶，轮制而成。标本M2：24-2，置于前端灶眼之上。敛口，平沿，无颈，斜肩，下腹斜收，平底。口径6.2厘米，底径3厘米，通高6.5厘米。标本M2：24-3，置于较小型灶眼之上。器形较小，直口，圆沿，斜凹肩，下腹斜收，平底。口径3.2厘米，底径2.4厘米，通高5.2厘米。

小陶甑　1件。置于后端灶眼之上。标本M2：24-4，泥质灰陶，轮制而成。敞口，平沿外折，腹部鼓弧内收，平底，底部有六个分布不均匀的菱形箅孔。口径10.4厘米，底径3.7厘米，通高5厘米。

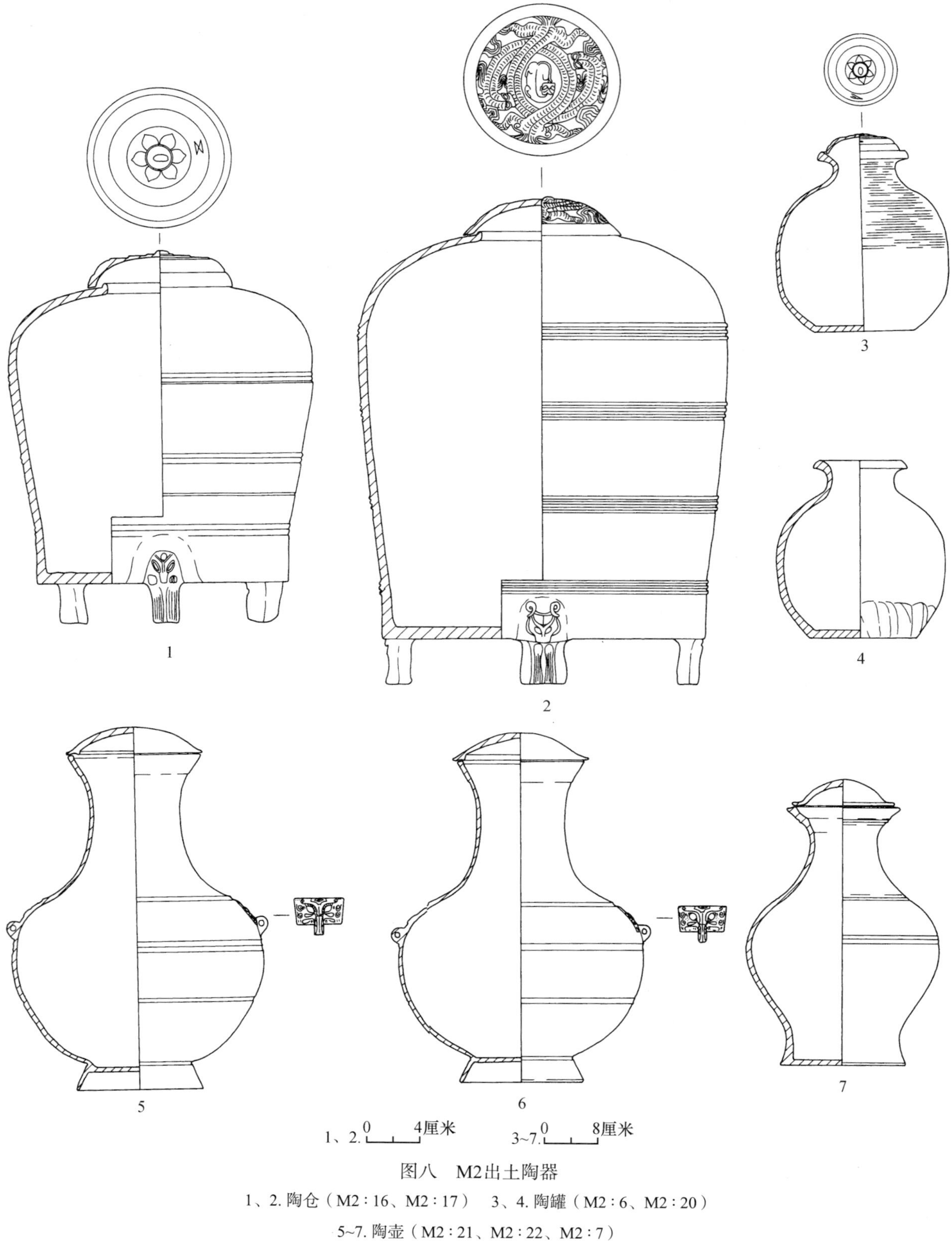

图八　M2出土陶器

1、2. 陶仓（M2∶16、M2∶17）　3、4. 陶罐（M2∶6、M2∶20）

5~7. 陶壶（M2∶21、M2∶22、M2∶7）

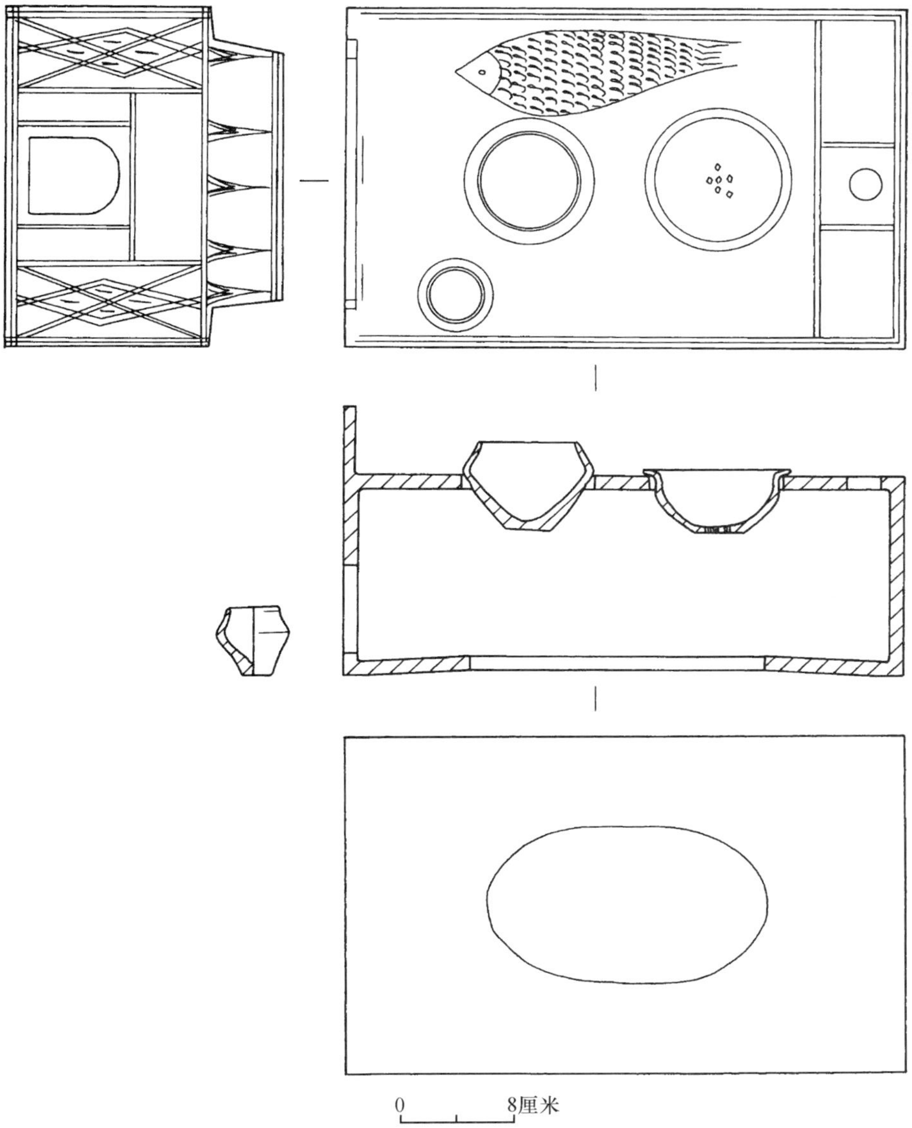

图九　M2出土陶灶
（M2：24）

2. 铜器

铜器共4件。器类有铜釜、铜镜、铜刷、铜钱。

铜釜　1件。标本M2：23，器身内外长满绿锈。已破损变形，上腹部一侧有一残洞。敞口，斜平折沿，深腹，圜底。口径18.5~23.5厘米，通高9.5厘米（图版五，3）。

铜镜　1面。标本M2：26，镜体正、背面布满绿锈。保存基本完好，只是局部边沿开裂。圆形，镜面微凸。背面镜纽呈桥形，其下有一圆形纽座。纽座外均匀分布四瓣花纹，再向外为八个浅浮雕内向连弧纹，其外分别饰两周短斜线纹，短斜线纹之间散布有阳刻“见日之光，天下大明”铭文，系篆体，每两个字之间有一小处装饰图案，有的形同文字，有的形同卷云。直径7厘米，缘宽0.3厘米（图版五，5）。

铜刷　1件。标本M2：27，通体长满绿锈。已断为两节，一端为圆形。通长13.5厘米（图版五，4）。

铜钱　99枚。标本M2：28，均为五铢，大小基本相同。其中有的系剪轮五铢，个别为正面穿上钻孔五铢。可分5类，第1类为正面穿下半月五铢，第2类为正面穿上一郭五铢，第3类为正面穿上无郭五铢，第4类为正面穿上钻孔五铢，第5类为正面穿下一郭五铢。

1类　标本M2：28-1~M2：28-10，圆形方穿，穿正面无郭，穿下半月。背面有方郭。正面左右侧铸有“五铢”二字，字体为篆体。钱径2.4~2.5厘米（图一〇（A），1~10）。

2类　标本M2：28-11~M2：28-23，圆形方穿，穿正面上有一横郭。背面有方郭。正面左右侧铸有“五铢”二字，字体为篆体。钱径2.4~2.5厘米（图一〇（A），11~14；图一〇（B），1~9）。

3类　标本M2：28-24~M2：28-42，圆形方穿，穿正面无郭。背面有方郭。正面左右侧铸有“五铢”二字，字体为篆体。钱径2.4~2.5厘米（图一〇（B），10~13；图一一（A）；图一一（B），1~5）。

4类　标本M2：28-43、M2：28-44，圆形方穿，穿正面无郭。正面左右侧铸有“五铢”二字，字体为篆体。正面穿上均钻有一圆形小孔。钱径2.4~2.5厘米（图一一（B），6、7）。

5类　标本M2：28-45，圆形方穿，穿正面下有一横郭。背面有方郭。正面左右侧铸有“五铢”二字，字体为篆体。正面穿上钻有一圆形小孔。钱径2.5厘米（图一一（B），8）。

3. 铁器

铁剑　1件。标本M2：25，腐蚀严重，已断数节，无法拼接成形（图版五，2）。

三、M3

（一）形　　制

位于T0601南部。开口于第3层下，打破生土。开口距地表深0.8米，墓口距墓底深4.8米。该墓为一座坐东朝西的竖穴墓道单室土洞墓。方向300°。全墓由墓道、墓门、墓室、耳室四部分组成。其修筑方法是先挖一长方形竖穴墓道，然后向东掏洞挖出墓室和耳室的雏形，再经过修整（图一二；图版六）。

墓道位于墓室之西。平面呈长方形，两壁较直。长3米，宽1米。墓道东端南侧发现有一个直径为1.1~1.2米的椭圆形盗洞。墓道内填五花土，未经夯打，土质较松。

墓门位于墓道之东。土洞拱券形。宽1米，高1.9米。由于该墓受到盗扰，故未见有封门砖之类遗物。向东为土洞墓室，平面近长方形，弧顶。长4.6米，宽1.83米，高1.6 ~ 1.9米。在墓室的前端北壁向外挖一土洞耳室，平面呈长方形。宽2米，进深0.6~0.7米，高1米。大多数随

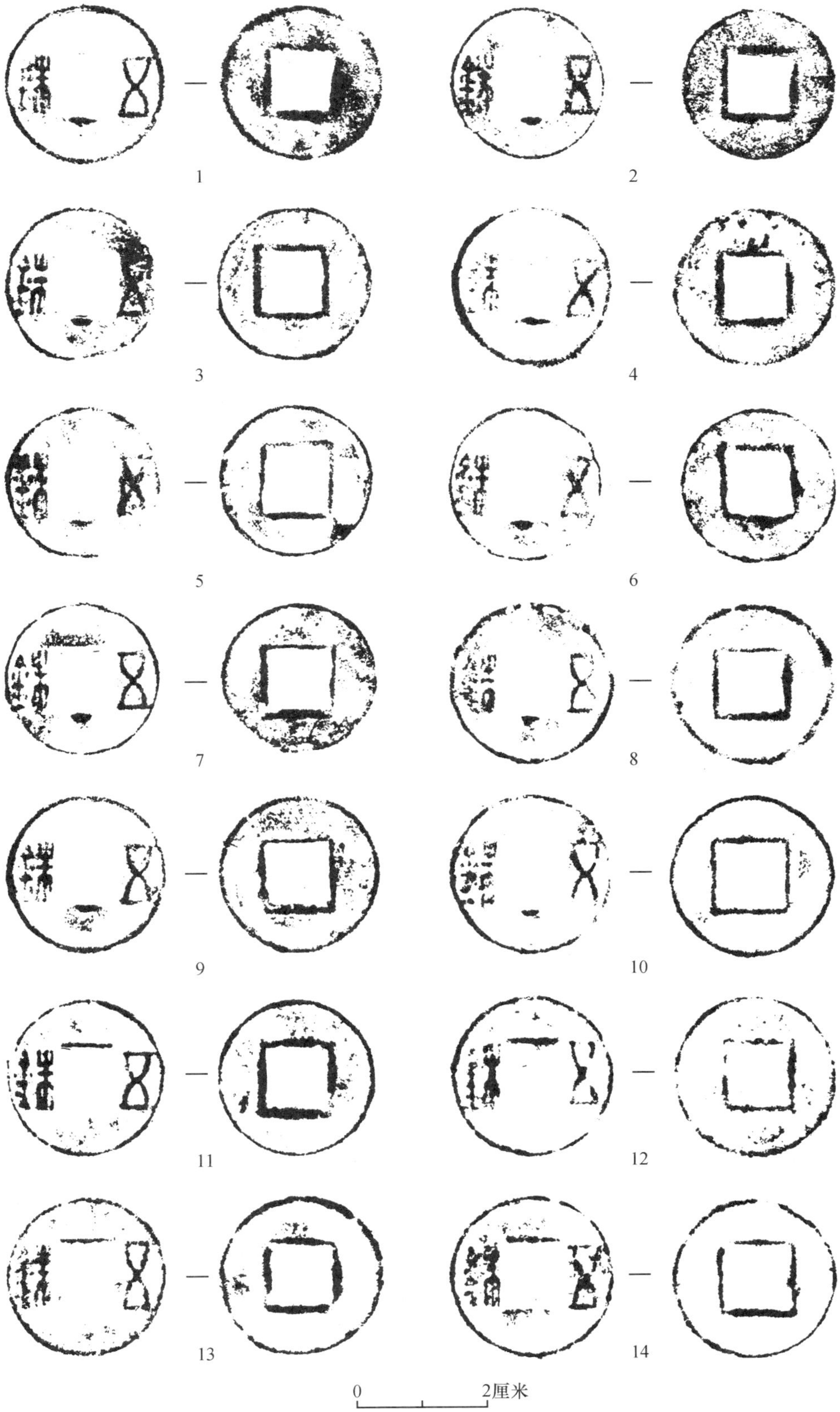

图一〇（A） M2出土五铢钱
（M2∶28）
1~10. 1类 11~14. 2类

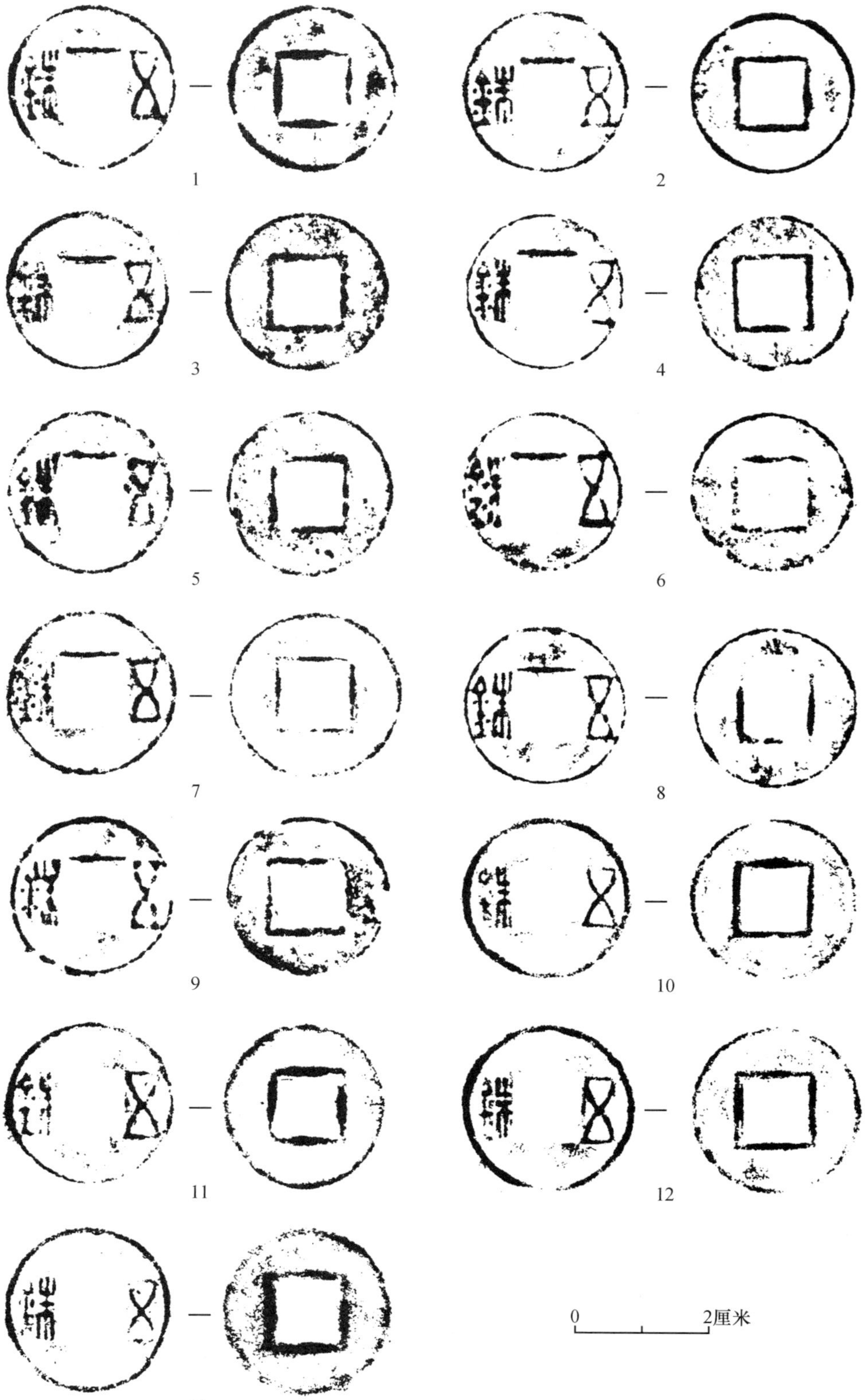

图一〇（B）　M2出土五铢钱

（M2：28）

1~9. 2类　10~13. 3类

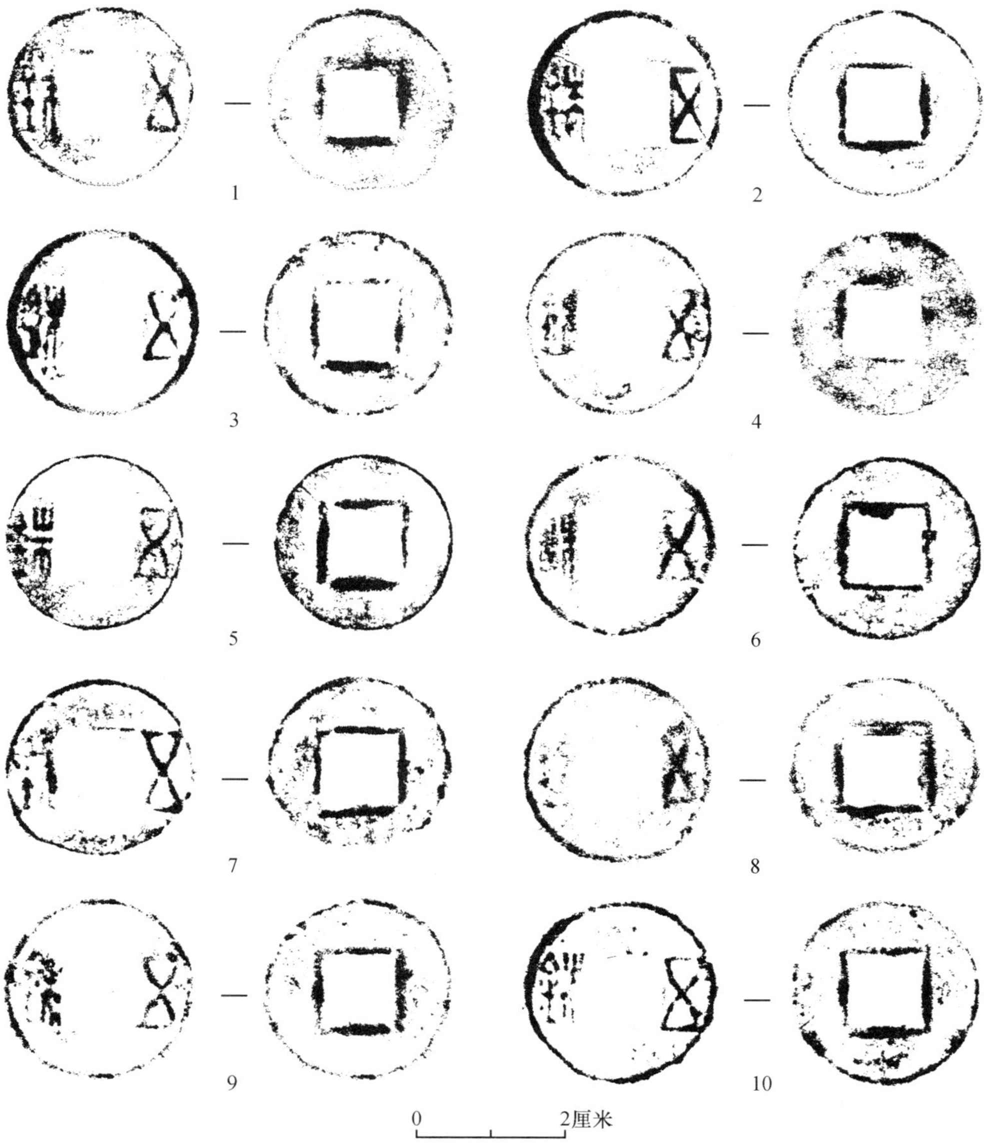

图一一（A）　M2出土五铢钱
（M2∶28）
1~10. 3类

葬品存放于内，陶器可辨器形有罐、仓、井、灶、魁、盘等。墓室后部南侧发现一处明显的木棺腐烂痕迹，平面呈梯形。长2.4米，宽0.7~0.8米。在木棺腐烂痕迹的中部北侧发现1件残铁剑和1件铁环首刀，与其对应的南侧发现有数枚铜钱。未见有人骨架残骸。由于墓室经过严重盗扰，部分随葬器物残片发现于填土中，在墓门处发现一些散乱的器物碎片。

（二）出土器物

该墓共出土随葬器物23件（套），可分为陶器、铜器、铁器三类。

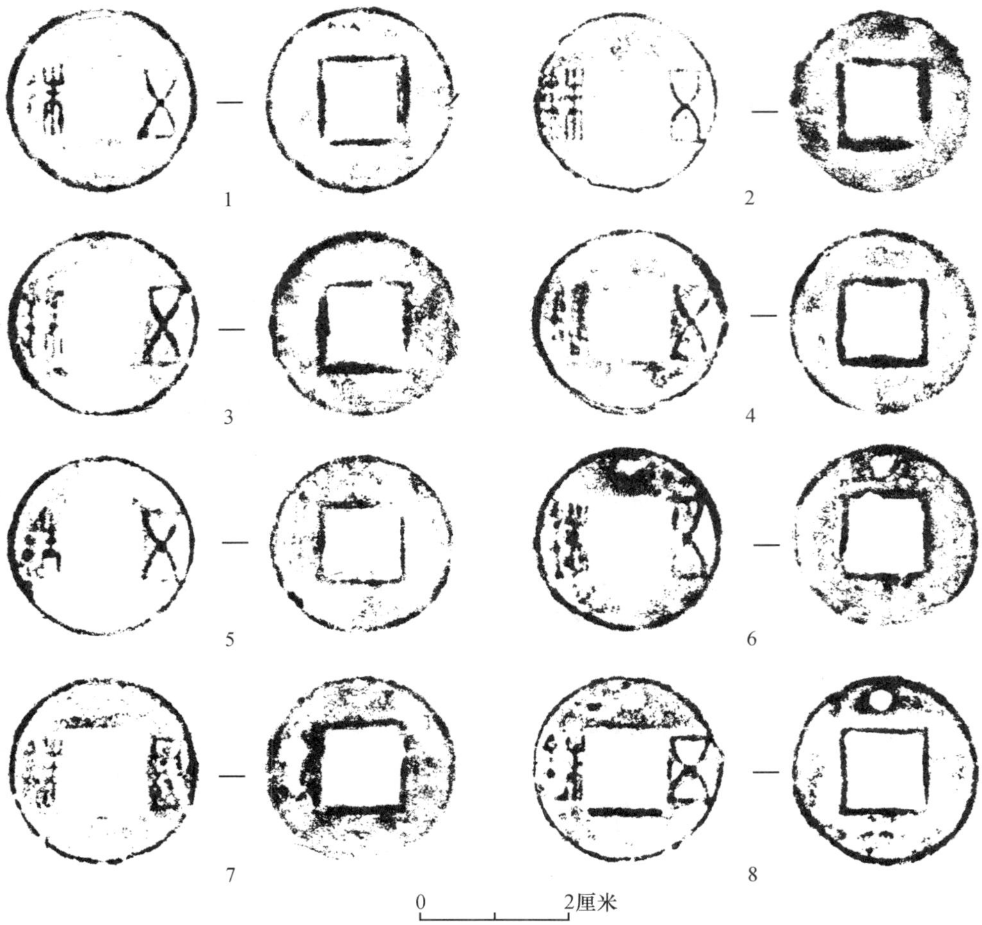

图一一（B）　M2出土五铢钱
（M2∶28）
1~5. 3类　6、7. 4类　8. 5类

1. 陶器

陶器共20件（套）。器类有陶仓、陶罐、陶魁、陶勺、陶耳杯、陶盘、陶奁、陶圈厕、陶井、陶灶。

陶仓　4件。均为泥质灰陶，器身轮制，三足模制。标本M3∶1，敛口，圆唇，无颈，丰肩，上腹鼓圆，下腹斜收，平底微内凹。底部外侧附三个等距兽形足。上腹部饰四组以短斜线纹作装饰的凸弦纹，一组两周，最下端一组弦纹有点模糊。口径12.7厘米，腹径30.7厘米，底径18.5厘米，通高28厘米（图一三，2；图版七，1）。标本M3∶2，器形及纹饰同M3∶1。口径12.3厘米，腹径30.3厘米，底径19厘米，通高27.5厘米（图一三，3；图版七，2）。标本M3∶5，整个器物形体上下修长，上宽下窄。敛口，圆沿，无颈，上腹丰圆，下腹斜收，平底。底部外侧附三个等距兽形足。下腹部饰两组凹弦纹，一组两周。口径11厘米，腹径21.5厘米，底径15.4厘米，通高28.6厘米（图一四，1；图版七，3）。标本M3∶6，器形及纹饰同M3∶5。上腹部残。口径10.5厘米，腹径21.2厘米，底径15.4厘米，通高28.5厘米（图一四，2；图版七，4）。

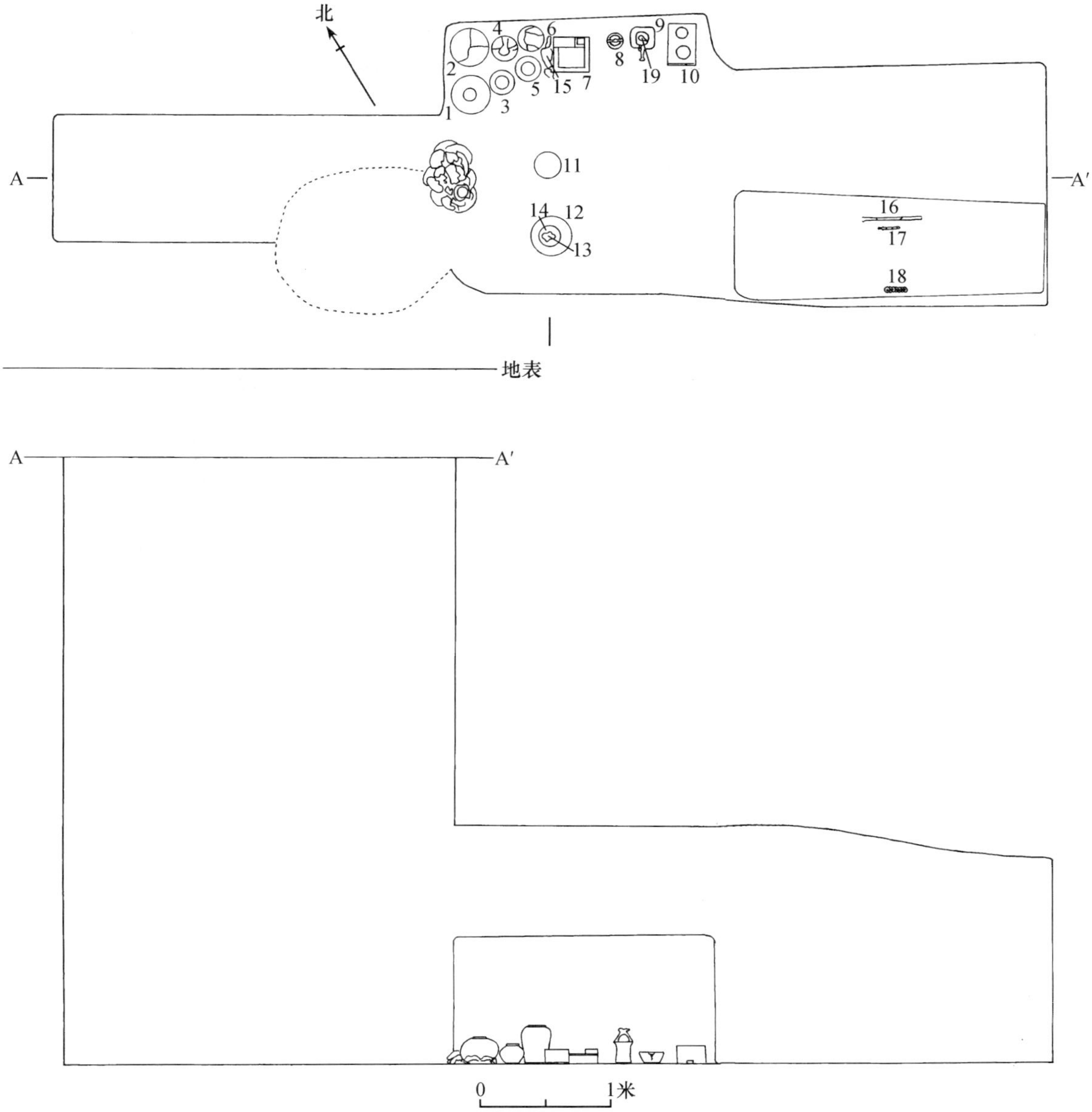

图一二 M3平、剖面图

1、2、5、6. 陶仓 3、4. 陶罐 7. 陶圈厕 8. 陶井 9. 陶魁 10. 陶灶 11. 陶奁 12、14、15. 陶盘 13. 陶耳杯 16. 铁剑 17. 铁环首刀 18. 五铢钱 19. 陶勺

陶罐 2件。均为泥质灰陶，轮制而成。标本M3：3，敞口，圆沿外卷，短束颈，腹部扁鼓圆，下腹弧收，平底。腹中下部饰两周时断时续的凹弦纹。口径10.5厘米，腹径17厘米，底径9厘米，通高16.8厘米（图一四，3；图版七，5）。标本M3：4，敞口，平沿外折，方唇，短束颈，弧肩，上腹鼓圆，下腹斜收，平底内凹。上腹部饰数周凹弦纹。口径11厘米，腹径16.7厘米，底径9厘米，通高18厘米（图一四，4；图版七，6）。

陶魁 2件。均为泥质灰陶，模制而成。标本M3：9-1，口部四角弧圆，平面近弧角长方形，敞口，平沿，深腹微弧收，假圈足。沿外部饰一周光素凸起的宽带纹。较宽一侧附一短

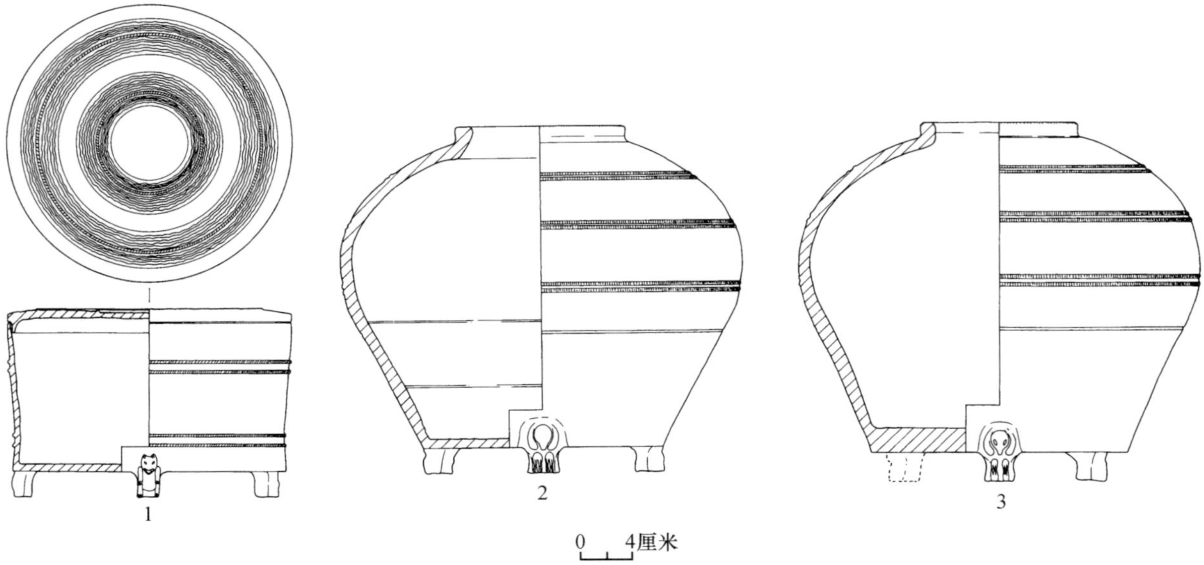

图一三　M3出土陶器

1. 陶奁（M3：11）　2、3. 陶仓（M3：1、M3：2）

柄，两端较粗，柄端横截面呈V字形。口径16.7~20.8厘米，底径12厘米，通高9.5厘米（图一四，6；图版八，3）。标本M3：9-2，器形同M3：9-1。口径13.7~17.8厘米，底径9.4厘米，通高8厘米（图一四，7；图版八，4）。

陶勺　2件。均为泥质灰陶，模制而成。标本M3：19-1，口呈椭圆形，圜底。一端有一柱状弧形勺柄，两端较粗，柄端横截面呈V字形。通长24厘米（图一四，8；图版八，5）。标本M3：19-2，器形同M3：19-1。通长24.8厘米（图一四，9；图版八，6）。

陶耳杯　3件。均为泥质灰陶，模制而成（图版九，3）。标本M3：13-1，口部平面呈椭圆形，平沿，腹部弧收，平底。口部两侧附双耳，双耳上翘，形似月牙。口径8.5~12厘米，底径5~7.2厘米，通高4厘米（图一五，1）。标本M3：13-2，器形同M3：13-1。口径8.5~12厘米，底径5~7厘米，通高4厘米（图一五，2）。标本M3：13-3，器形M3：13-1。口径7~9.9厘米，底径3.7~5.5厘米，通高3.3厘米（图一五，3）。

陶盘　3件。均为泥质灰陶，轮制而成。标本M3：12，敞口，平沿外折，方唇，浅腹弧收，平底。内底微凹，以其为中心向外饰一周凸弦纹。另在口沿遗留有似人为镶嵌上去的两根平行铁条，与盘沿成90°角，已生锈并残断，至于其用途，目前不得而知。口径26.5厘米，底径12厘米，通高6厘米（图一五，6；图版九，4）。标本M3：14，器形同M3：12。口径17.5厘米，底径7.8厘米，通高4厘米（图一五，4；图版九，5）。标本M3：15，器形同M3：12。残。口径25.9厘米，底径13厘米，通高6厘米（图一五，5）。

陶奁　1件。标本M3：11，泥质灰陶，器身轮制，三足模制。圆口，圆沿，深腹，直壁，平底。底部外侧附三个等距熊形足。腹部饰两组以短斜线作装饰的凸弦纹，一组两周。口部置一盖，圆形。以中部为圆心向外饰一周凸起的短斜线纹，再向外饰一周凸起的短斜线纹，间以阴线刻水波纹作装饰。这一带盖陶奁，在以往所发掘同类器物中是极其罕见的。口径21.5厘

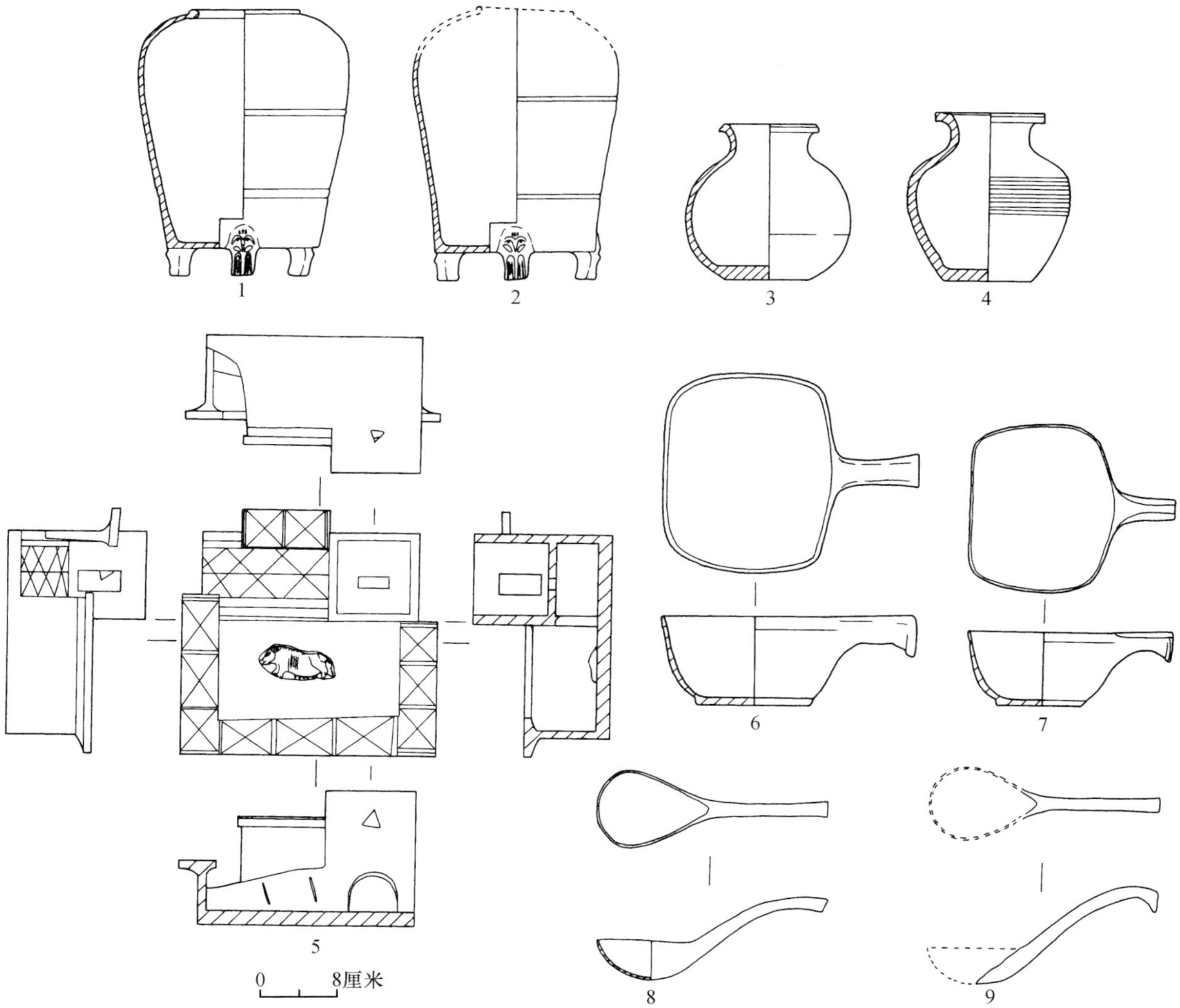

图一四　M3出土陶器

1、2. 陶仓（M3∶5、M3∶6）　3、4. 陶罐（M3∶3、M3∶4）　5. 陶圈厕（M3∶7）
6、7. 陶魁（M3∶9-1、M3∶9-2）　8、9. 陶勺（M3∶19-1、M3∶19-2）

米，底径21厘米，通高15厘米（图一三，1；图版九，6）。

陶灶　1套。标本M3∶10，由灶体、釜、甑、盆等组成（图一五，8；图版九，2）。

陶灶体　1件。标本M3∶10-1，泥质灰陶，模制，手工拼合而成。平面呈长方形，面微弧凸，四壁较直。灶面中部有两个大小相同的圆形灶眼，呈一字形排列。尾部正中有一方形出烟口。灶面以阴线刻直线纹将灶眼、出烟口间隔，边沿以阴线刻的三角形纹、菱形网格纹作装饰。前壁下部正中有一长方形灶门，其上立有挡火墙，墙上端呈弧形，表面以阴线刻的直线纹和几何纹作装饰。长30.8厘米，宽18.5厘米，通高25厘米。

小陶釜　2件。分别置于两个灶眼之上。均为泥质灰陶，轮制而成。标本M3∶10-2，敛口，圆沿，无颈，上腹扁鼓圆，下腹弧收，腹最大径在中部，平底。其内置一陶勺。口径5厘米，底径1.7厘米，通高5厘米。标本M3∶10-3，器形同M3∶10-2。上腹部一侧模印有阳刻篆书

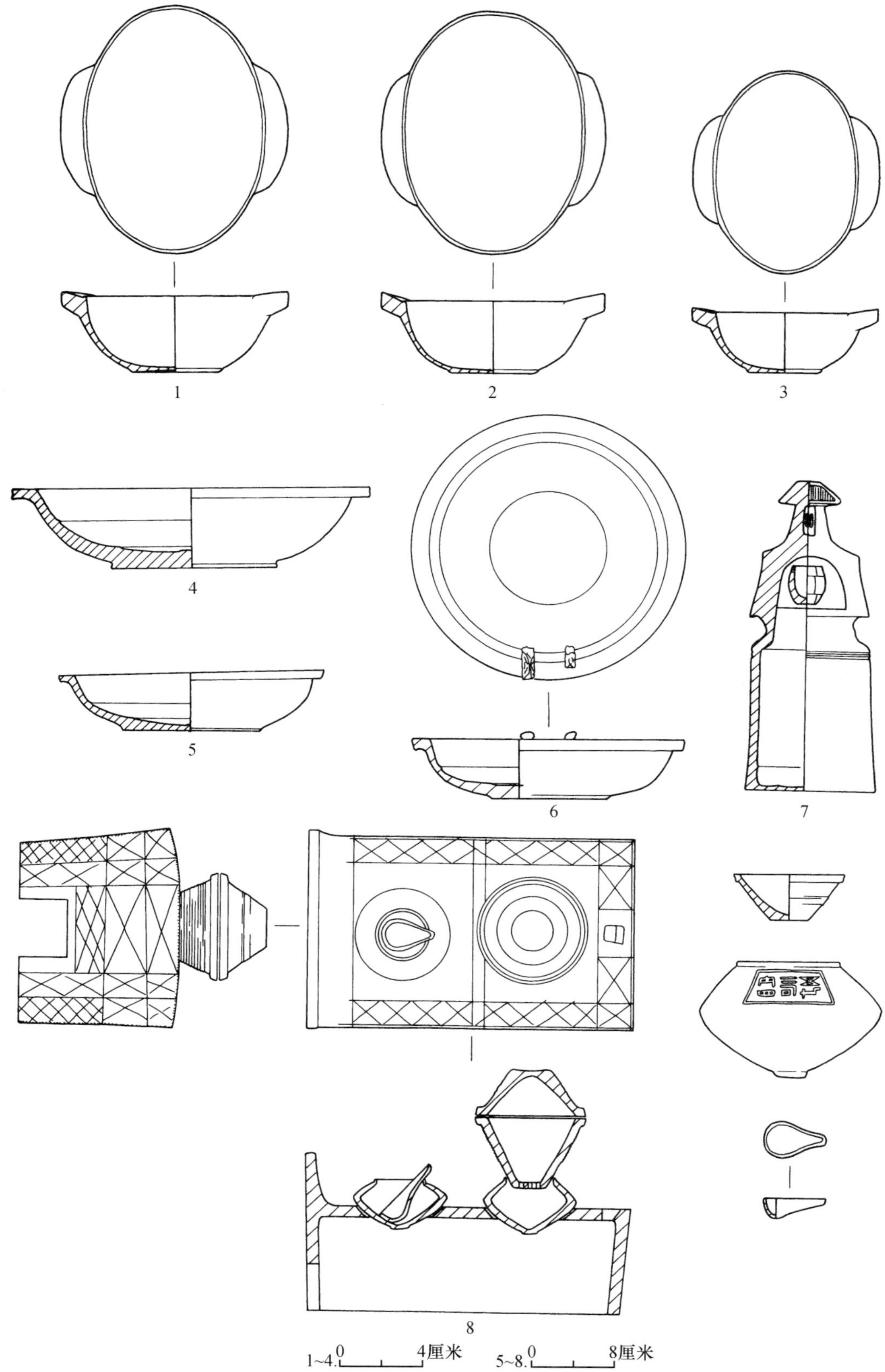

图一五　M3出土陶器

1~3. 陶耳杯（M3：13-1、M3：13-2、M3：13-3）　4~6. 陶盘（M3：14、M3：15、M3：12）　7. 陶井（M3：8）　8. 陶灶（M3：10）

“五十二石？四”的字样。口径4.5厘米，底径1.5厘米，通高5.3厘米。

小陶甑 1件。置于后端小陶釜之上。标本M3：10-4，泥质灰陶，轮制而成。敞口，平沿外折，腹部斜直内收，平底，底部有六个分布均匀的圆形箅孔。腹部有数周细凸弦纹。口径11.2厘米，底径3厘米，通高6.7厘米。

小陶盆 2件。其中一小陶盆扣合于小陶甑之上。均为泥质灰陶，轮制而成。标本M3：10-5，敞口，平沿，腹部斜直内收，平底。腹中部饰一周凸弦纹。口径10.8厘米，底径4厘米，通高4.5厘米。标本M3：10-6，器形及大小同M3：10-5。口径10.9厘米，底径4厘米，通高4.5厘米。

小陶勺 1件。置于前端小陶釜之内。标本M3：10-7，泥质灰陶，模制而成。器形偏小，上平面呈瓢形，平沿，圜底。勺柄与勺斗均内空，一端较细尖，另一端较圆弧。通长6.8厘米。

陶圈厕 1件。标本M3：7，泥质灰陶，模制，手工拼合而成。整体平面呈长方形，由长方形猪圈和斜坡宽台路面及其一端立砌的厕房组成。入口处系一斜坡高台路面，路面饰阴线刻直线纹和菱形网格纹，其一端平台上建一方形小屋式厕所，无房顶。厕所内下设长方形便池与其向下相连的猪圈相通，正对斜坡路面一壁开一长方形厕门，余三壁正中各开有一个三角形的透气窗。猪圈内有一陶猪，呈行走状，形象逼真。整体四面皆有低矮的围墙，墙外壁光素，顶面皆以阴线刻几何纹作装饰。底长22厘米，底宽21.5厘米，通高14.5厘米（图一四，5；图版八，1）。

陶井 1件。标本M3：8，泥质灰陶，井身轮制，井架模制。井身呈长筒形，井口小于井底，下宽上窄。井口呈圆形，敞口，平沿外折，束颈，直腹，平底。井身饰三组凹弦纹，一组两周，有的若隐若现。井沿上有对称的提梁式陶制井架，井架上有四阿顶式井亭，其下井架上装有滑轮。井内置一汲水罐。口径11.3厘米，底径12.8厘米，通高32厘米（图一五，7；图版八，2）。

2. 铜器

铜钱 6枚。标本M3：18，均为剪轮五铢，大小基本相同，有的已黏结，有的因腐蚀而残甚，以致难以辨识。可分2类，第1类为正面穿下半月五铢，第2类为正面穿上一郭五铢。

1类 标本M3：18-1、M3：18-2，圆形方穿，穿正面无郭，穿下半月。背面有方郭。正面左右侧铸有“五铢”二字，字体为篆体。钱径2.4~2.5厘米（图一六，1、2）。

2类 标本M3：18-3、M3：18-4，圆形方穿，穿正面上有一横郭。背面有方郭。正面左右侧铸有“五铢”二字，字体为篆体。钱径2.4~2.5厘米（图一六，3、4）。

3. 铁器

铁器共2件。器类有铁剑、铁环首刀，以及一些腐朽太甚、用途不明的铁饰件。

铁剑 1件。标本M3：16，因腐蚀太甚，已残成数段，有的化为粉末状，已无法拼接，故其原有长度无法知晓。

铁环首刀 1件。标本M3：17，器身布满棕红色锈斑。已残成三段。整体呈长条形。残长22厘米（图版九，1）。

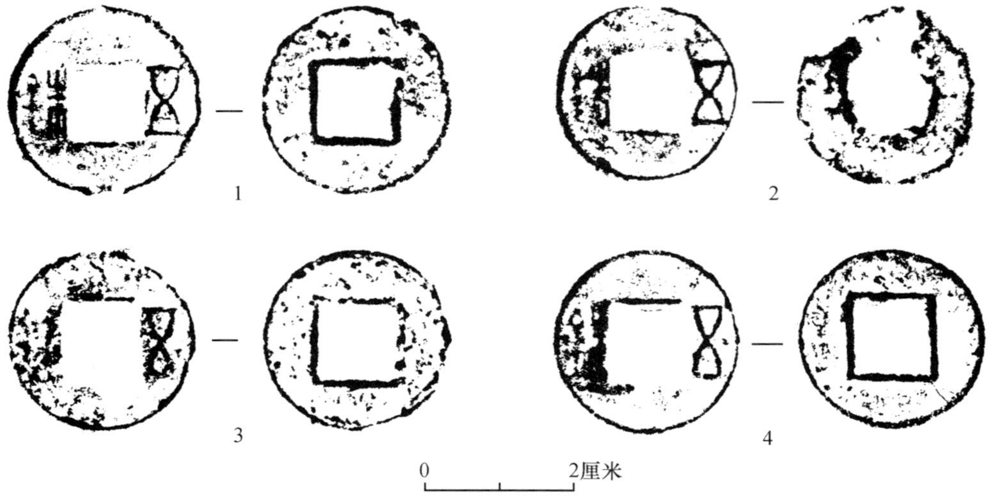

图一六　M3出土五铢钱
（M3：18）
1、2. 1类　3、4. 2类

四、M4

（一）形　　制

位于T0303西南部。开口于第3层下，打破生土。开口距地表深0.8米，墓口距墓底深3.4米。该墓为一座坐东朝西的竖穴墓道单室土洞墓。方向285°。全墓由墓道、墓门、墓室、耳室四部分组成。其修筑方法是先挖一长方形竖穴墓道，然后向东掏洞挖出墓室和耳室的雏形，再经过修整（图一七；图版一〇）。

墓道位于墓室之西。平面呈梯形，两壁较直，底呈斜坡状。长2.6米，宽0.76~1米，深3.3~3.4米。墓道内填五花土，未经夯打，土质较松。

墓门位于墓道之东。土洞拱券形。宽1米，高1.1米。在清理墓门时未见有封门砖之类遗物。向东为土洞墓室，平面近梯形，弧顶。长3.4米，宽1~1.34米，高1.1~1.2米。在墓室的西南角向外挖一土洞耳室，平面呈不规则半圆形。宽1.2米，进深0.74米，高0.84米。部分随葬器物存放于内，能辨出器形的有大小不一的4件陶罐。在墓室后部葬一具人骨架，头西脚东，仰身直肢葬，已朽。在清理其周围的过程中发现有木棺腐烂印痕，平面呈梯形，西宽东窄。长2.32米，宽0.8~0.9米。在仔细清理棺木腐烂痕迹的过程中，一些被掩埋于腐灰之下的小型随葬品相继出土，先后发现了1面铜镜、数枚铜钱、1枚铜印章、1件铜刷，另在骨架左侧发现有1件铁剑。

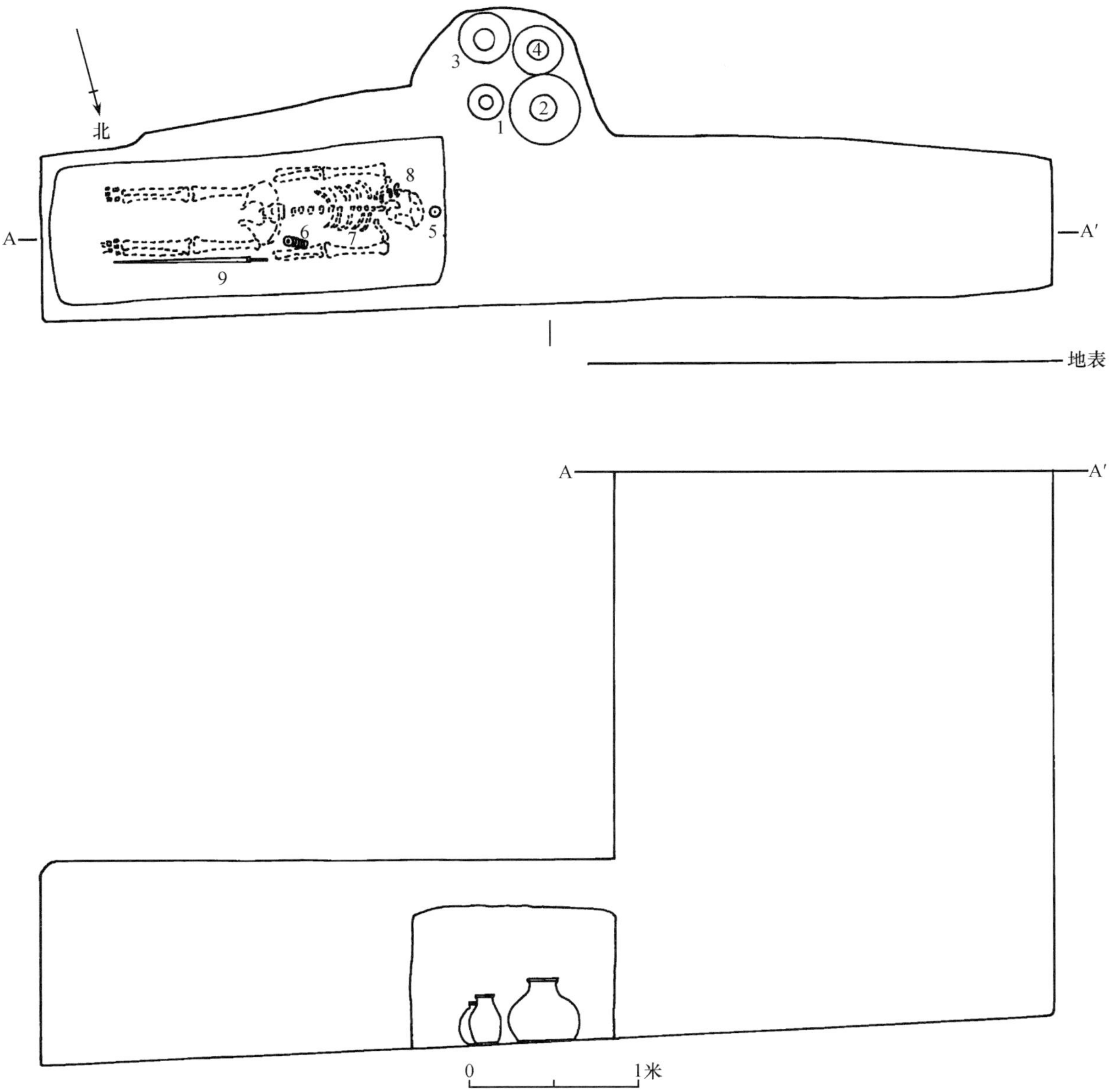

图一七 M4平、剖面图
1~4. 陶罐 5. 铜镜 6. 五铢钱 7. 铜印章 8. 铜刷 9. 铁剑

（二）出土器物

该墓共出土随葬器物9件，可分为陶器、铜器、铁器三类。

1. 陶器

陶罐 4件。均为泥质灰陶，轮制而成。标本M4：1，敞口，弧沿外卷，束颈较高，上腹鼓圆，下腹弧收，平底。腹部隐约可见有刮削痕。口径12.4厘米，腹径19.5厘米，底径11厘米，通高22.3厘米（图一八，1；图版一一，1）。标本M4：2，敞口，平沿外折，束颈较高，上腹鼓圆，下腹弧收，平底。口径17厘米，腹径31厘米，底径22厘米，通高35厘米（图一八，2；图版一一，2）。标本M4：3，敞口，斜沿外卷，束颈较高，上腹鼓圆，下腹弧收，平底。口径13厘米，腹径22.4厘米，底径12.9厘米，通高30厘米（图一八，3；图版一一，3）。标本M4：4，器形同M4：3。口径13.5厘米，腹径22.6厘米，底径13厘米，通高30.5厘米（图一九，4）。

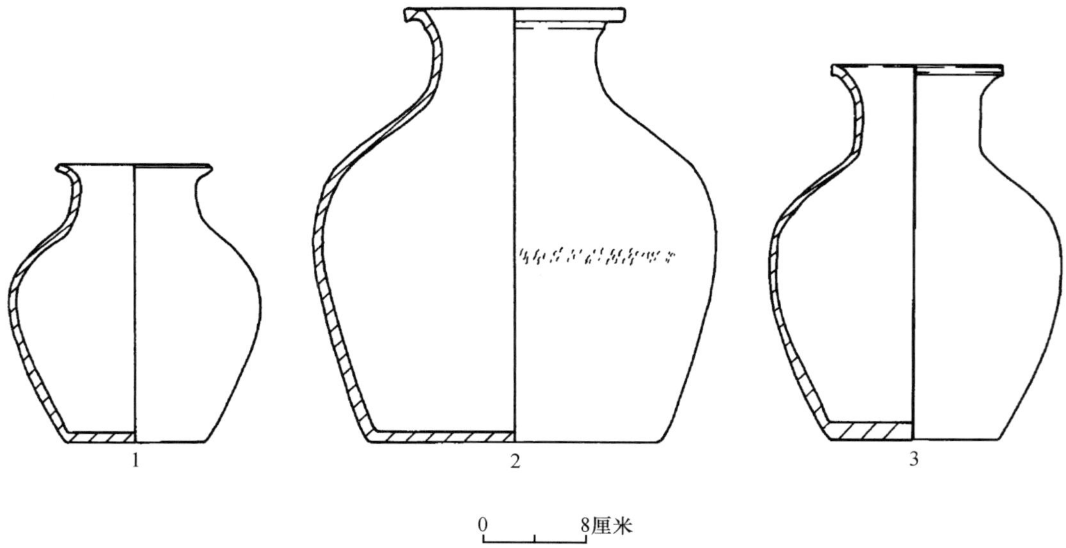

图一八　M4出土陶罐

1. M4：1　2. M4：2　3. M4：3

2. 铜器

铜器共4件。器类有铜镜、铜印章、铜刷、铜钱。

铜镜　1面。标本M4：5，镜体正、背面布满绿锈。腐蚀太甚，已残为四块，镜面局部有的剥蚀殆尽呈洞状。圆形，镜面微凸。背面镜纽呈桥形，其下有一圆形纽座。纽座外为八个浅浮雕内向连弧纹，向外再饰一周短斜线纹，短斜线纹与连弧纹之间阳刻有难以辨识的铭文，系篆体，隐约可见每两个字之间有一小处装饰图案，有的形同文字，有的形同星纹。直径7.2厘米，缘宽0.5厘米（图一九，3；图版一一，5）。

铜印章　1枚。标本M4：7，保存完好。器形较小，平面呈正方形，其上正中铸一瓦形铜纽。印面铸有阴线刻“冯盖众印”四字，字体为篆体，书体工整流畅，体现了当时高超的篆刻艺术水平。边长1.5厘米，通高1.4厘米（图一九，1；图版一一，6）。

铜刷　1件。标本M4：8，通体长满绿锈。已残，仅残留圆形一端。残长2.5厘米（图一九，2）。

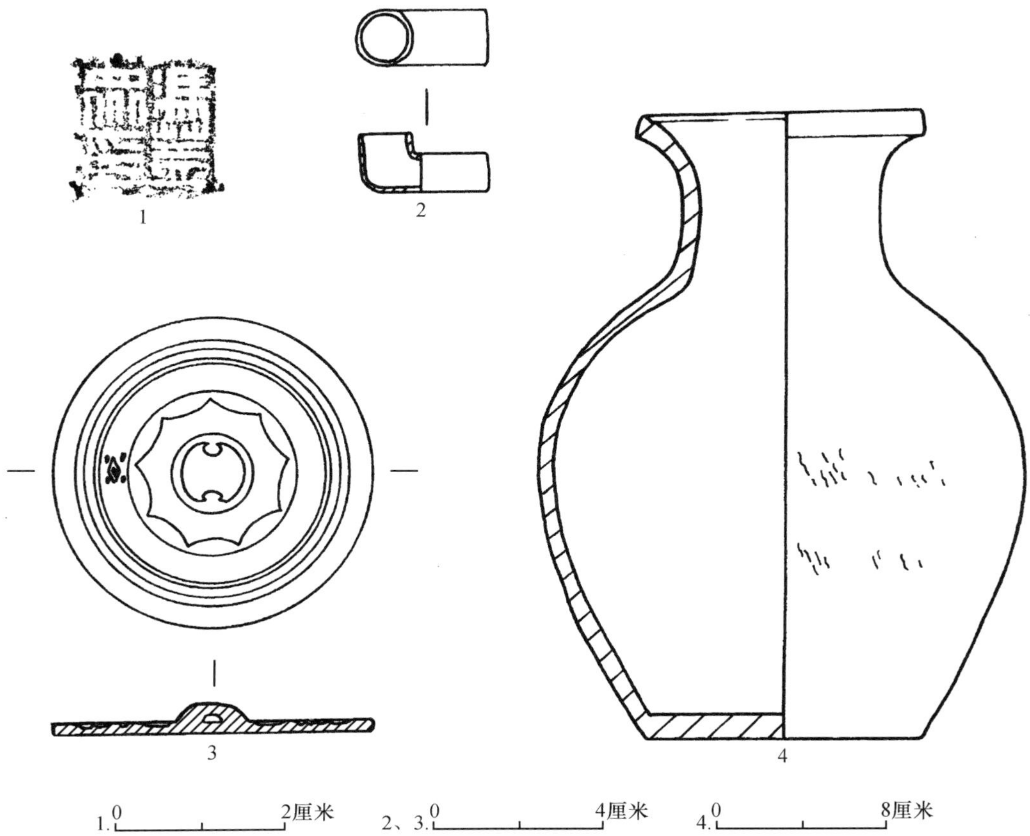

图一九 M4出土器物

1. 铜印章拓片（M4：7） 2. 铜刷（M4：8） 3. 铜镜（M4：5） 4. 陶罐（M4：4）

铜钱 11枚。标本M4：6，均为五铢，大小基本相同。可分3类，第1类为正面穿下半月五铢，第2类为正面穿上一郭五铢，第3类为正面穿上无郭五铢。

1类 标本M4：6-1~M4：6-3，圆形方穿，穿正面无郭，穿下半月。背面有方郭。正面左右侧铸有“五铢”二字，字体为篆体。钱径2.5厘米（图二〇，1~3）。

2类 标本M4：6-4~M4：6-7，圆形方穿，穿正面上有一横郭。背面有方郭。正面左右侧铸有“五铢”二字，字体为篆体。钱径2.5厘米（图二〇，4~7）。

3类 标本M4：6-8、M4：6-9，圆形方穿，穿正面无郭。背面有方郭。正面左右侧铸有“五铢”二字，字体为篆体。钱径2.5厘米（图二〇，8、9）。

3. 铁器

铁剑 1件。标本M4：9，剑体呈红棕色。已残成数段，腐蚀剥落严重，中间一段几乎剥落殆尽。剑柄一端为铁芯外包青铜所制。剑身脊部凸起，双面刃，尖锋。剑柄残长4厘米，剑身残长76厘米，通体残长81厘米（图版一一，4）。

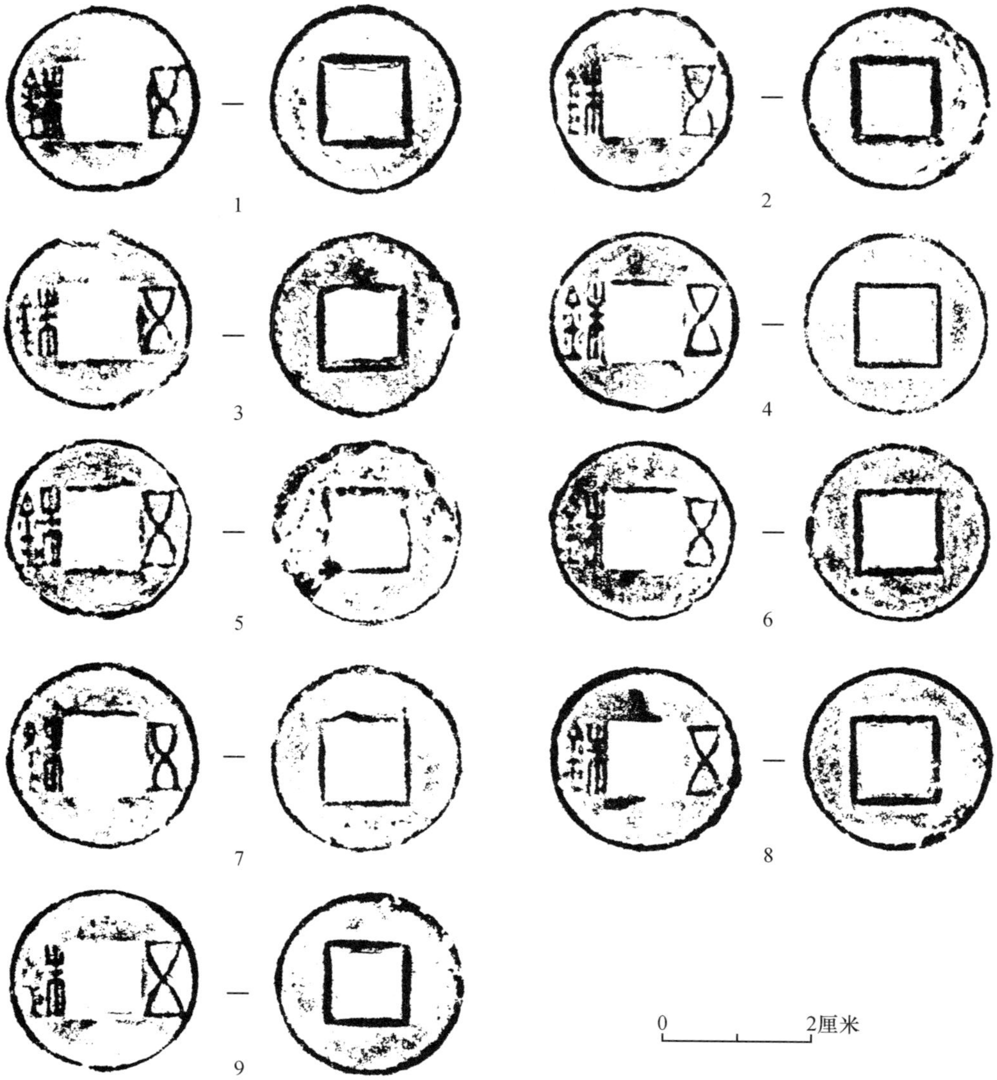

图二〇　M4出土五铢钱
（M4：6）
1~3. 1类　4~7. 2类　8、9. 3类

五、M5

（一）形　　制

位于T0303西部，南与M4相邻。开口于第3层下，打破生土。开口距地表深0.66米，墓口距墓底深3.76米。该墓为一座坐东朝西的竖穴墓道单室土洞墓。方向298°。全墓由墓道、墓门、墓室、耳室四部分组成。其修筑方法是先挖一长方形竖穴墓道，然后向东掏洞挖出墓室和两个耳室的雏形，再经过一番修整（图二一；图版一二）。

墓道位于墓室之西。平面近曲尺形，北侧壁面较直，南侧近墓门东侧一段壁面则向外伸

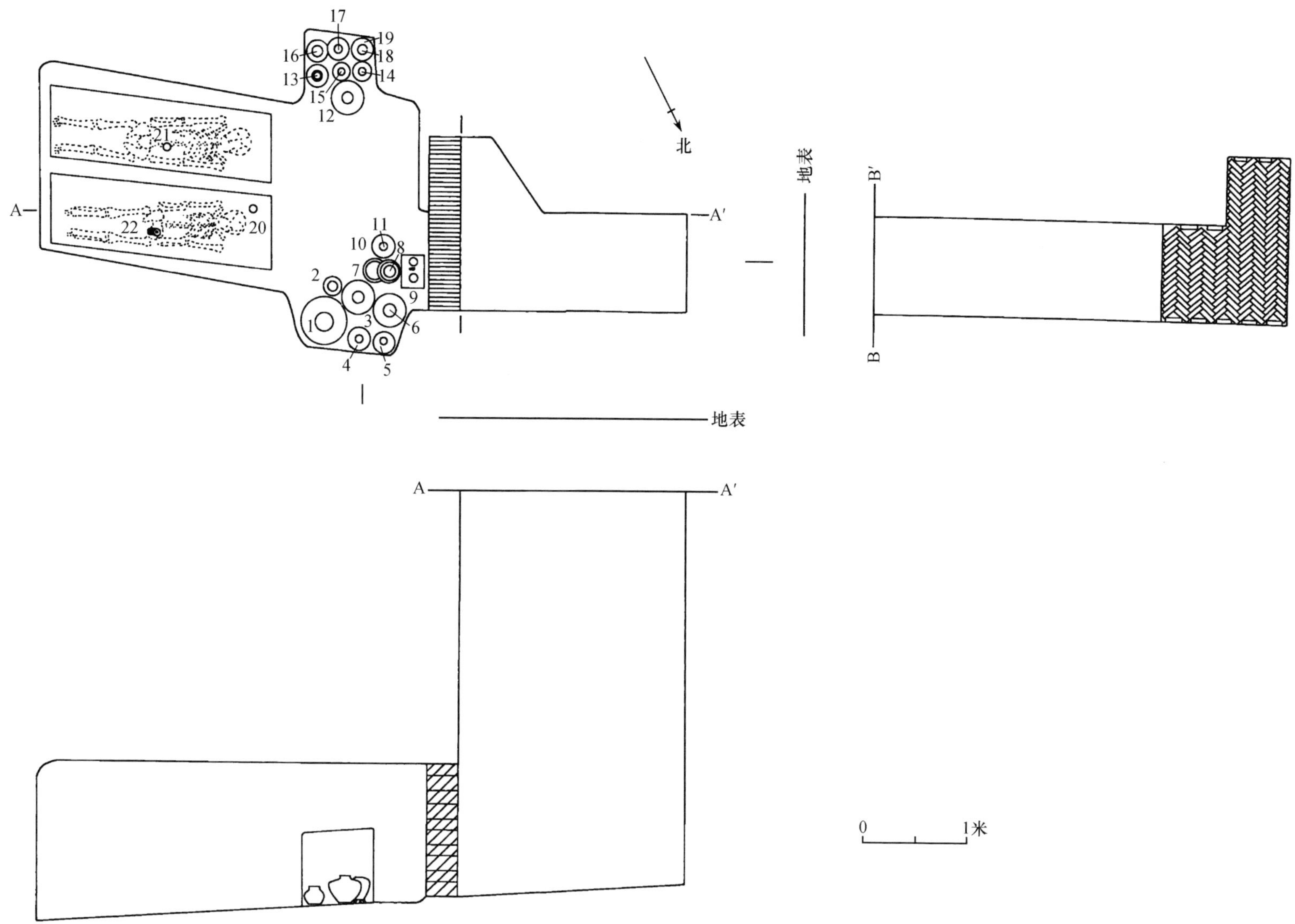

图二一　M5平、剖面图

1. 陶瓮　2~6、12、14、15、18、19. 陶仓　7. 陶盘　8. 陶鼎　9. 陶灶　10. 陶奁　11. 陶碗　13、16、17. 陶罐　20. 铜镜　21. 铜饰件　22. 五铢钱

出，底呈斜坡状。长2.2米，宽0.9~1.6米，深3.6~3.74米。墓道壁面光滑、规整，内填五花土，未经夯打，土质较松。

墓门位于墓道之东。土洞拱券形。宽0.9米，高1.2米。墓门用封门砖呈人字形封堵。砖规格为30×15－5厘米。向东为土洞墓室，平面近中字形，弧顶。长3.7米，宽1.76~1.9米，高1.26~1.46米。在墓室前端南北两壁向外挖有大小不一的土洞耳室。北耳室宽1.18米，进深0.5米，高0.7米。南耳室宽0.7米，进深0.54米，高0.7米。绝大多数随葬器物存放于两耳室内。能辨出器形的有陶瓮、陶仓、陶盘、陶鼎、陶灶、陶奁、陶碗、陶罐等。在墓室后端葬有两具并列的人骨架，应为夫妻合葬。人骨均头西脚东，仰身直肢葬，已朽。在清理人骨周围的过程中均见有木棺腐烂印痕，平面呈梯形，西宽东窄。北侧棺印痕长约2.1米，宽0.64~0.68米。南侧棺印痕长2.1米，宽0.63~0.64米。在仔细清理木棺腐烂痕迹的过程中，一些被掩埋于腐灰之下的小型随葬品相继出土，先后在北侧骨架的头部一侧发现1面铜镜，在其手部发现数枚铜钱，另在南侧骨架腹部发现1件不明铜饰件。

（二）出土器物

该墓共出土随葬器物22件（套），可分为陶器、铜器两类。

1. 陶器

陶器共19件（套）。器类有陶瓮、陶仓、陶盘、陶鼎、陶奁、陶碗、陶罐、陶灶。

陶瓮　1件。标本M5：1，泥质灰陶，轮制而成。圆口，斜沿，尖唇，短束颈，上腹鼓圆，下腹弧收，平底。上腹部饰两周网状宽带纹。口径24厘米，腹径44厘米，底径27.5厘米，通高37.7厘米（图二二，1；图版一三，1）。

陶仓　10件。均为泥质灰陶，器身轮制，三足模制。标本M5：2，整个器物形体上下修长，上宽下窄。敛口，圆沿，无颈，上腹丰圆，下腹斜收，平底。底部外侧附三个等距兽形足。腹部饰三组凸弦纹，上、下两组为两周，中间一组为三周。口径9.2厘米，腹径21.5厘米，底径19.5厘米，通高27.5厘米（图二二，5；图版一三，5）。标本M5：3，敛口，圆唇，无颈，丰肩，上腹鼓圆，下腹斜收，平底微内凹。底部外侧附三个等距兽形足。上腹部饰三组以短斜线纹作装饰的凸弦纹，一组两周，最下端再饰一周凹弦纹。口径11.5厘米，腹径30.5厘米，底径21厘米，通高25厘米（图二二，2；图版一三，2）。标本M5：4，器形同M5：2。腹部饰三组凸弦纹，一组三周。口径8厘米，腹径18.5厘米，底径14.5厘米，通高25.3厘米（图二三，3）。标本M5：5，器形及纹饰同M5：4。口径8.5厘米，腹径18.5厘米，底径15厘米，通高26.5厘米（图二三，2）。标本M5：6，器形及纹饰同M5：3。口径11.6厘米，腹径31.5厘米，底径19.5厘米，通高27厘米（图二二，3；图版一三，3）。标本M5：12，器形及纹饰同M5：3。口径12.5厘米，腹径29.5厘米，底径19厘米，通高25.5厘米（图二二，4；图版一三，4）。标本M5：14，器形及纹饰同M5：4。口径8厘米，腹径18.5厘米，底径14.5厘米，通高25.3厘米。标本M5：15，器形及纹饰同M5：4。口径7.5厘米，腹径18.3厘米，底径14.5厘米，通高25厘米

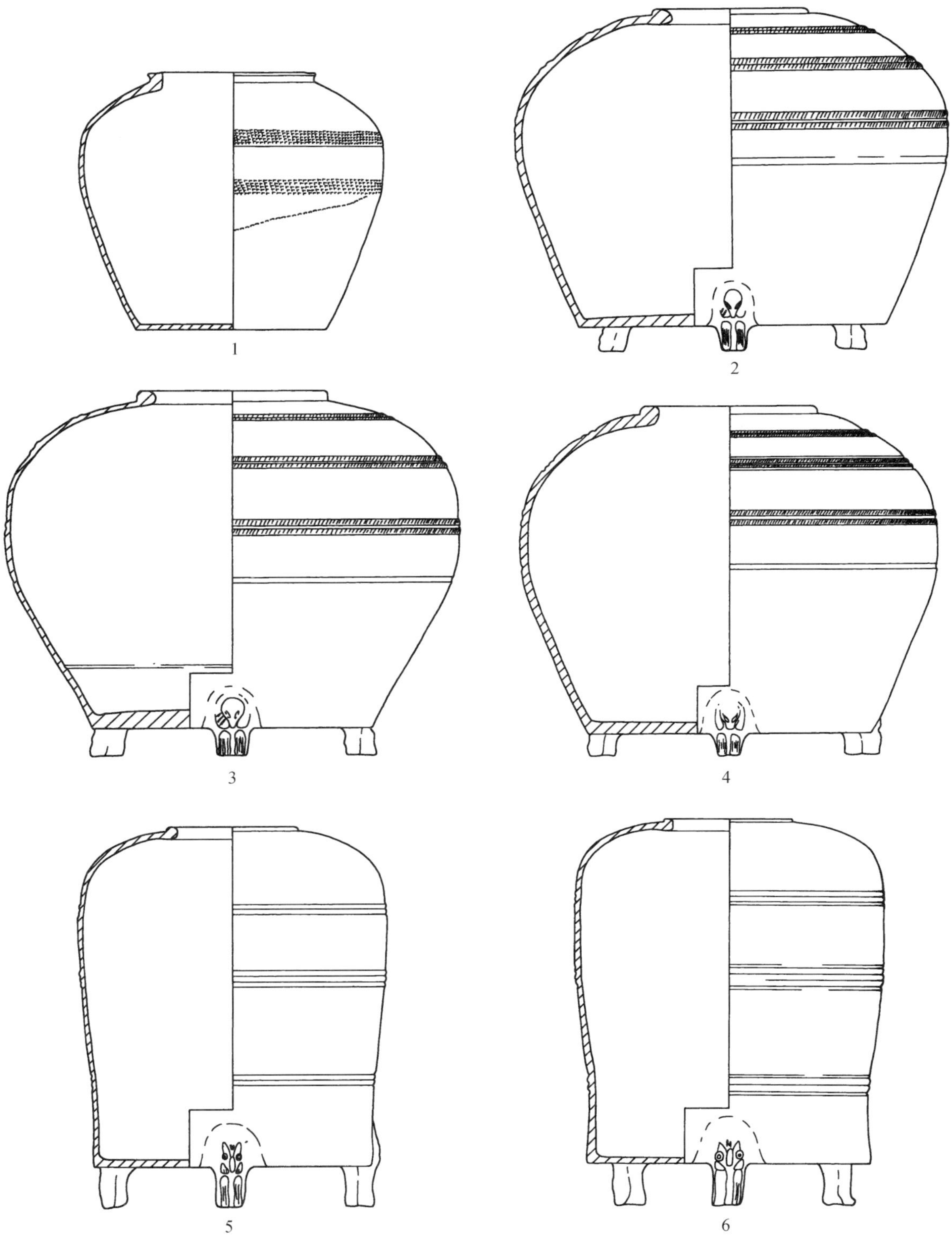

1. 0 8厘米　　2~6. 0 4厘米

图二二　M5出土陶器

1. 陶瓮（M5∶1）　2~6. 陶仓（M5∶3、M5∶6、M5∶12、M5∶2、M5∶18）

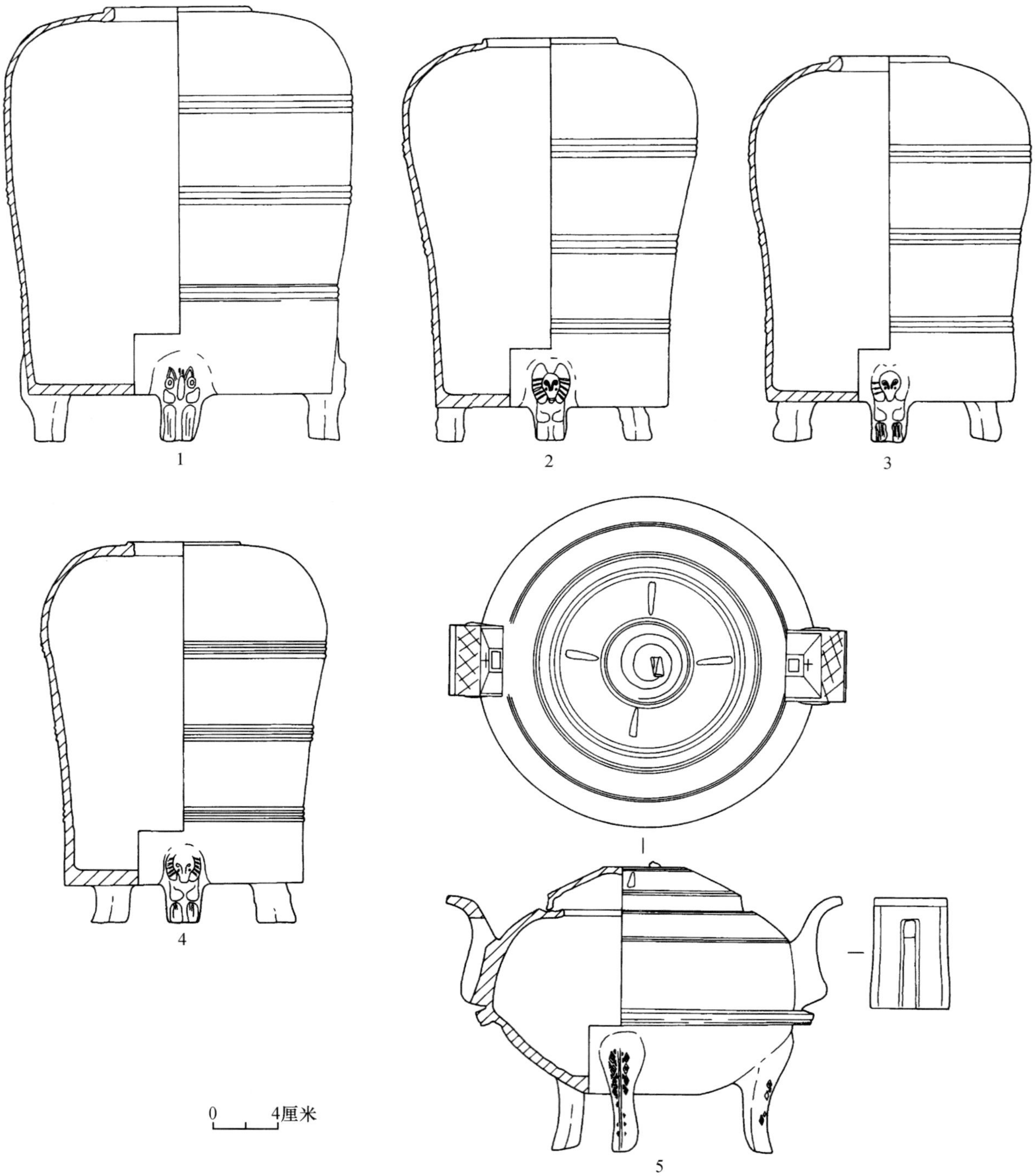

图二三　M5出土陶器

1~4. 陶仓（M5：19、M5：5、M5：4、M5：15）　5. 陶鼎（M5：8）

（图二三，4）。标本M5：18，器形及纹饰同M5：4。口径9.5厘米，腹径21.8厘米，底径19厘米，通高28厘米（图二二，6；图版一三，6）。标本M5：19，器形及纹饰同M5：4。口径9厘米，腹径21.8厘米，底径18.5厘米，通高28.5厘米（图二三，1；图版一四，1）。

陶盘 1件。标本M5：7，泥质灰陶，轮制而成。口部已残，敞口，平沿外折，方唇，浅腹弧收，平底。内底心微凹，以其为中心向外至壁面饰凸弦纹。口径19厘米，底径9.8厘米，通高4.5厘米（图二四，8；图版一四，2）。

陶鼎 1件。标本M5：8，泥质灰陶，鼎身轮制，足、耳、盖模制，手工拼合而成。子母口，上腹鼓圆，下腹斜弧收，腹最大径在中部，平底。底部外侧附三个等距兽形足。腹中部饰一周沿状凸棱。上腹两侧各附一长方形外撇镂空耳，耳表面饰阴线刻菱形网格纹、直线纹。口部置一圆形鼎盖，盖面隆起，平顶，中部有一小纽，已残。盖面等距切割有四个长条状透气孔。口径10.6厘米，底径7厘米，通高18.7厘米（图二三，5；图版一四，3）。

陶奁 1件。标本M5：10，泥质灰陶，器身轮制，三足模制。直口，平沿，深腹，直壁，平底。底部外侧附三个等距兽形足。腹底壁面外侧饰一周凸起的宽带纹，其上饰两组凹弦纹，一组两周。内腹壁面有数周若隐若现的凹弦纹。口径20.7厘米，底径19.5厘米，通高16厘米（图二四，2；图版一四，5）。

陶碗 1件。标本M5：11，泥质灰陶，轮制而成。敞口，平沿外折，弧腹，假圈足。口径10.5厘米，底径5.3厘米，通高4.5厘米（图二四，3；图版一四，6）。

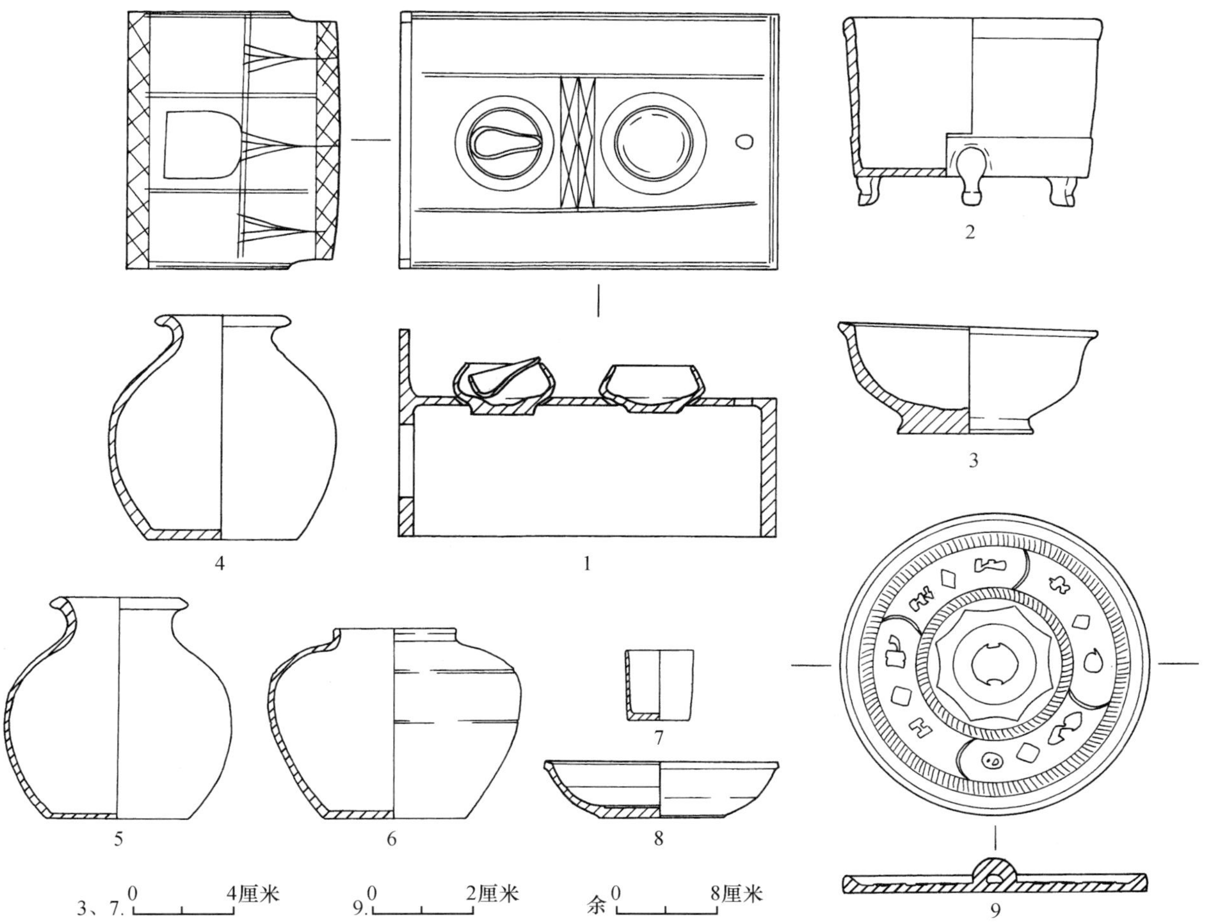

图二四 M5出土器物

1. 陶灶（M5：9） 2. 陶奁（M5：10） 3. 陶碗（M5：11） 4~6. 陶罐（M5：13、M5：16、M5：17） 7. 铜饰件（M5：21） 8. 陶盘（M5：7） 9. 铜镜（M5：20）

陶罐　3件。均为泥质灰陶，轮制而成。标本M5：13，敞口，弧沿外卷，圆唇，短束颈，溜肩，鼓腹弧收，平底。口径10.4厘米，腹径18.5厘米，底径12.2厘米，通高18.5厘米（图二四，4；图版一五，1）。标本M5：16，器形同M5：13。口径10.4厘米，腹径18.5厘米，底径12厘米，通高18.5厘米（图二四，5；图版一五，2）。标本M5：17，敛口，圆沿，上腹鼓圆，下腹斜收，平底。上腹部饰两周凹弦纹，靠下一周若隐若现。口径10厘米，腹径20.4厘米，底径12厘米，通高16厘米（图二四，6；图版一五，3）。

陶灶　1套。标本M5：9，由灶体、釜、勺组成（图二四，1；图版一四，4）。

陶灶体　1件。标本M5：9-1，泥质灰陶，模制，手工拼合而成。平面呈长方形，面微弧凸，四壁较直。灶面有两个大小相同的圆形灶眼，呈一字形排列。尾部正中有一圆形出烟口。灶面以两条阴线刻直线纹将灶眼、出烟口框在其内，灶眼之间则以阴线刻菱形网格纹作间隔，边沿以两条阴线刻直线纹作装饰。前壁近凸字形，下部正中有一拱形灶门，其上立有挡火墙，表面以阴线刻直线纹、三角形纹和菱形网格纹作装饰。长30厘米，宽22厘米，通高17厘米。

小陶釜　2件。分别置于两个灶眼之上。均为泥质灰陶，轮制而成。形制和大小几乎相同。标本M5：9-2，敛口，圆沿，无颈，上腹扁鼓圆，下腹弧收，腹最大径在中部，平底。标本M5：9-3，口径6.3厘米，底径4厘米，通高4.5厘米。

小陶勺　1件。置于前端小陶釜之内。标本M5：9-4，泥质灰陶，模制而成。上平面呈瓢形，平沿，圜底。勺柄与勺斗均内空，一端较细尖，另一端较圆弧。通长6.1厘米。

2. 铜器

铜器共3件。器类有铜镜、铜饰件、铜钱。

铜镜　1面。标本M5：20，镜体正、背面布满绿锈。保存完好。圆形，镜面微凸。背面镜纽呈半球形，其下有一圆形纽座。纽座外均匀分布四个小乳钉，再向外为八个浅浮雕内向连弧纹，其外分别饰两周短斜线纹，短斜线纹之间散布有阳刻“见日之光，天下大明”铭文，系篆体，字与字之间用形似小月牙的纹饰或菱形纹作间隔。直径6厘米，缘宽0.2厘米（图二四，9；图版一五，4）。

铜饰件　1件。标本M5：21，器内外皆长满绿锈。保存完好。器形较小，整个器物呈桶形，口部略大于底部，平沿，斜直腹，平底。口径2.7厘米，底径2.5厘米，通高2.8厘米（图二四，7；图版一五，5）。

铜钱　27枚。标本M5：22，均为五铢，大小基本相同。可分3类，第1类为正面穿下半月五铢，第2类为正面穿上一郭五铢，第3类为正面穿上无郭五铢。

1类　部分为剪轮五铢。标本M5：22-1~M5：22-5，圆形方穿，穿正面无郭，穿下半月。背面有方郭。正面左右侧铸有“五铢”二字，字体为篆体。钱径2.4~2.5厘米（图二五，1~5）。

2类　部分为剪轮五铢。标本M5：22-6~M5：22-10，圆形方穿，穿正面上有一横郭。背面有方郭。正面左右侧铸有“五铢”二字，字体为篆体。钱径2.4~2.5厘米（图二五，6~10）。

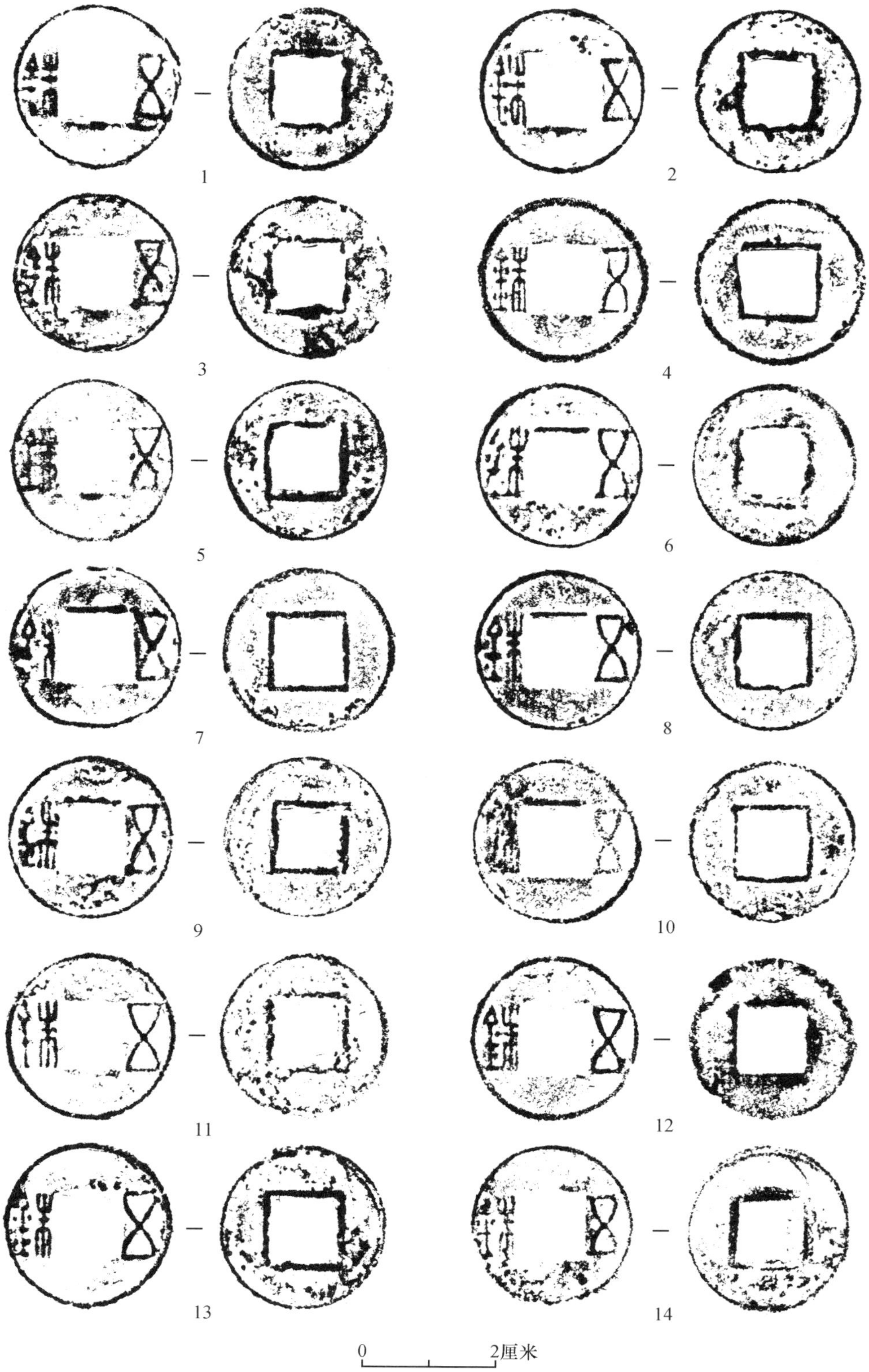

图二五 M5出土五铢钱
（M5：22）
1~5. 1类 6~10. 2类 11~14. 3类

3类　部分为剪轮五铢。标本M5：22-11~M5：22-14，圆形方穿，穿正面无郭。背面有方郭。正面左右侧铸有“五铢”二字，字体为篆体。钱径2.4~2.5厘米（图二五，11~14）。

六、M6

（一）形　　制

位于T0102西北部。开口于第3层下，被H3所叠压，打破G1和生土。开口距地表深0.5米，墓口距墓底深4.5米。该墓为一座坐东朝西的竖穴墓道单室土洞墓。方向300°。全墓由墓道、墓门、墓室、耳室四部分组成。其修筑方法是先挖一长方形竖穴墓道，然后向东掏洞挖出墓室和耳室的雏形，再经过一番仔细修整（图二六；图版一六）。

墓道位于墓室之西。平面近梯形，底呈斜坡状。长2.6米，宽1~1.19米，深4~4.4米。墓道西端南北两壁各设有脚窝，南壁5个，间距0.4~0.8米；北壁6个，间距0.34~0.96米。脚窝的宽、深、高均在0.1米左右。墓道壁面光滑、规整，内填五花土，未经夯打，土质较松。在靠近墓门墓道南侧有一直径约0.59米的圆形盗洞，其内土质混杂、较松，此洞直达墓室。

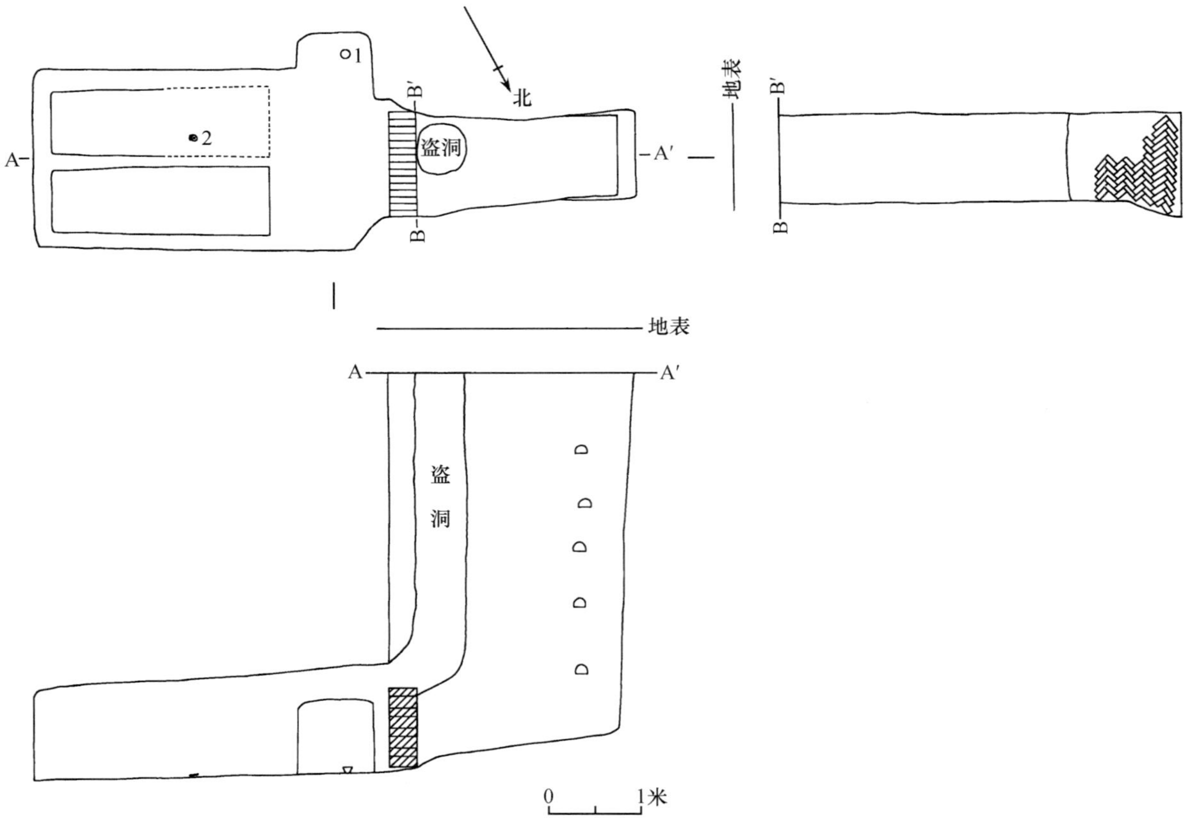

图二六　M6平、剖面图

1. 陶碗　2. 五铢钱

墓门位于墓道之东。土洞拱券形。宽1.2米，高1.2米。墓门用封门砖呈人字形封堵，但已遭人为破坏，仅残留有上下8层封门砖，多数砖块已移位散落墓中。砖规格为30×15—5厘米。向东为土洞墓室，平面近长方形，弧顶。长4.2米，宽2.07米，高1~1.2米。在墓室前端西南角向外挖一土洞耳室。宽0.82米，进深0.4米，高0.82米。仅有1件陶碗存放于内，大部分随葬品已被盗走。由于此墓受到严重盗扰，在墓室后端仅残存有并列的两木棺腐朽印痕，人骨架已荡然无存，应为夫妻合葬。在清理过程中，木棺腐烂印痕清晰可见，平面呈梯形，西宽东窄。北侧棺印痕长约2.38米，宽0.72~0.8米。南侧棺印痕长2.4米，宽0.7~0.8米。在仔细清理木棺腐烂痕迹的过程中，仅在南侧木棺朽灰中部发现3枚铜钱，别无其他发现。

（二）出土器物

该墓共出土随葬器物2件，其中铜钱3枚。

1. 陶器

陶碗 1件。标本M6：1，泥质灰陶，轮制而成。敞口，平沿外折，弧腹内收，假圈足。口径10厘米，底径4厘米，通高3.9厘米（图二七，4）。

2. 铜器

铜钱 3枚。标本M6：2，均为五铢，大小基本相同。可分2类，第1类为正面穿下半月五铢，第2类为正面穿上一郭五铢。

1类 1枚。标本M6：2-1，此钱较厚重。圆形方穿，穿正面无郭，穿下半月。背面有方郭。正面左右侧铸有“五铢”二字，字体为篆体。钱径2.5厘米（图二七，1）。

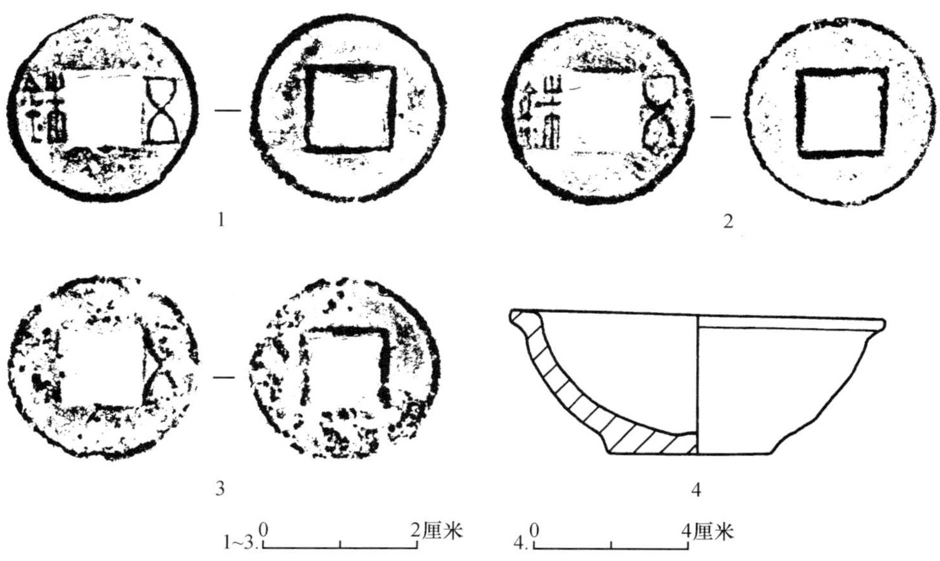

图二七 M6出土器物

1~3. 五铢钱（M6：2-1、M6：2-2、M6：2-3） 4. 陶碗（M6：1）

2类　2枚。标本M6：2-2、M6：2-3，圆形方穿，穿正面上有一横郭。背面有方郭。正面左右侧铸有“五铢”二字，字体为篆体。钱径2.5厘米（图二七，2、3）。

七、M7

（一）形　制

位于T0303西北部，北与M17相邻，南与M5相邻。开口于第3层下，打破G2和生土。开口距地表深0.7米，墓口距墓底深3.74米。该墓为一座中间竖穴墓道双室土洞墓，东、西墓室均为土洞式，另在两墓室入口处的南壁各挖一土洞耳室。方向285°。全墓由墓道、墓门、东西墓室、耳室四部分组成。其修筑方法是先挖一长方形竖穴墓道，然后在墓道底部东、西两侧分别掏洞挖出东、西墓室和耳室的雏形，并经过一番修整（图二八；图版一七）。

墓道开设于两墓室中部。平面呈长方形，壁面光滑、规整、较直，平底。长2.55米，宽0.8米，深3.74米。墓道内填满花土，土质较松，未经夯打。墓道底部东西两侧为两个相对的拱形门洞。东门洞宽0.86米，高1.2米。西门洞宽0.8米，高0.59米。两门洞均未见有封门砖。

东墓室位于墓道之东。平面呈长方形，弧顶。长2.96米，宽0.86米，高1.25米。在入口处的南壁挖一土洞耳室。宽0.86米，进深0.6米，高0.8米。耳室内随葬有2件陶罐、1件陶仓。在墓室内发现一具人骨架，腐朽严重，部分骨块已腐烂无存，但可看得出属单人葬，头西脚东，应为仰身直肢葬。

西墓室位于墓道之西。平面呈长方形，弧顶。长3米，宽0.8米，高0.7米。在入口处的南壁挖一土洞耳室。宽1.1米，进深0.58米，高0.54米。耳室内没有任何随葬品。墓室内也未见有人骨架和随葬品。

（二）出土器物

由于该墓受到盗扰，出土器物所剩无几，共出土随葬器物3件，均为陶器，器类有陶罐、陶仓。

陶罐　2件。均为泥质灰陶，轮制而成。标本M7：1，敞口，圆唇，束颈，鼓腹斜收，平底。颈部有数周凸弦纹。口径10.5厘米，腹径17.8厘米，底径11厘米，通高19.9厘米（图二九，1）。标本M7：2，敞口，圆唇上凸，呈盘口状，溜肩，鼓腹斜收，平底。口径12厘米，腹径21.7厘米，底径12.5厘米，通高27厘米（图二九，2）。

陶仓　1件。标本M7：3，泥质灰陶，器身轮制，三足模制。敛口，圆唇，无颈，丰肩，上腹鼓圆，下腹斜收，腹最大径在上部，平底内凹。底部外侧附三个等距兽形足。上腹部饰三组以短斜线纹作装饰的凸弦纹，一组两周。口径12.7厘米，腹径29.3厘米，底径19厘米，通高25厘米（图三〇）。

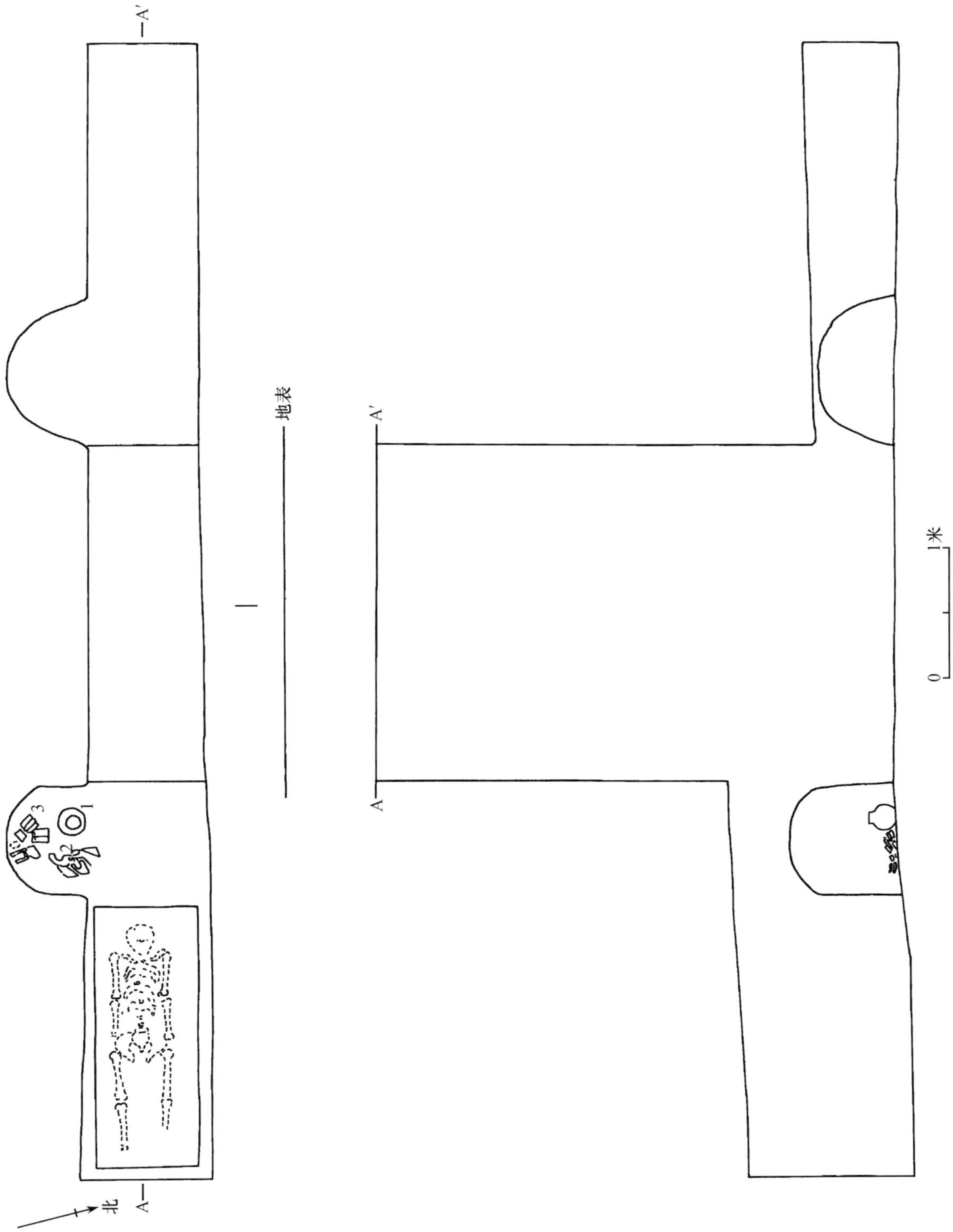

图二八 M7平、剖面图

1、2. 陶罐 3. 陶仓

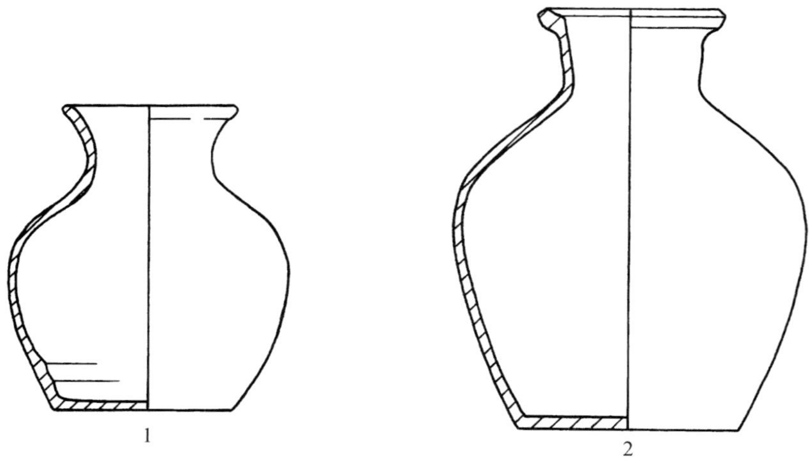

0　8厘米

图二九　M7出土陶罐

1. M7∶1　2. M7∶2

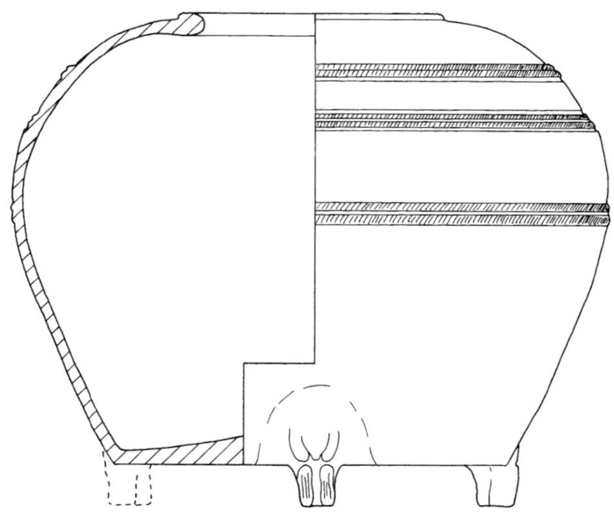

0　4厘米

图三〇　M7出土陶仓

（M7∶3）

八、M8

（一）形　　制

位于T0103南部。开口于第3层下，打破H3和G1，并打破生土。开口距地表深0.5米，墓口距墓底深3.18米。该墓为一座坐东朝西的竖穴墓道单室土洞墓。方向285°。全墓由墓道、墓门、墓室、耳室四部分组成。其修筑方法是先挖一长方形竖穴墓道，然后向东掏洞挖出墓室和耳室的雏形，再经过一番仔细修整（图三一；图版一八）。

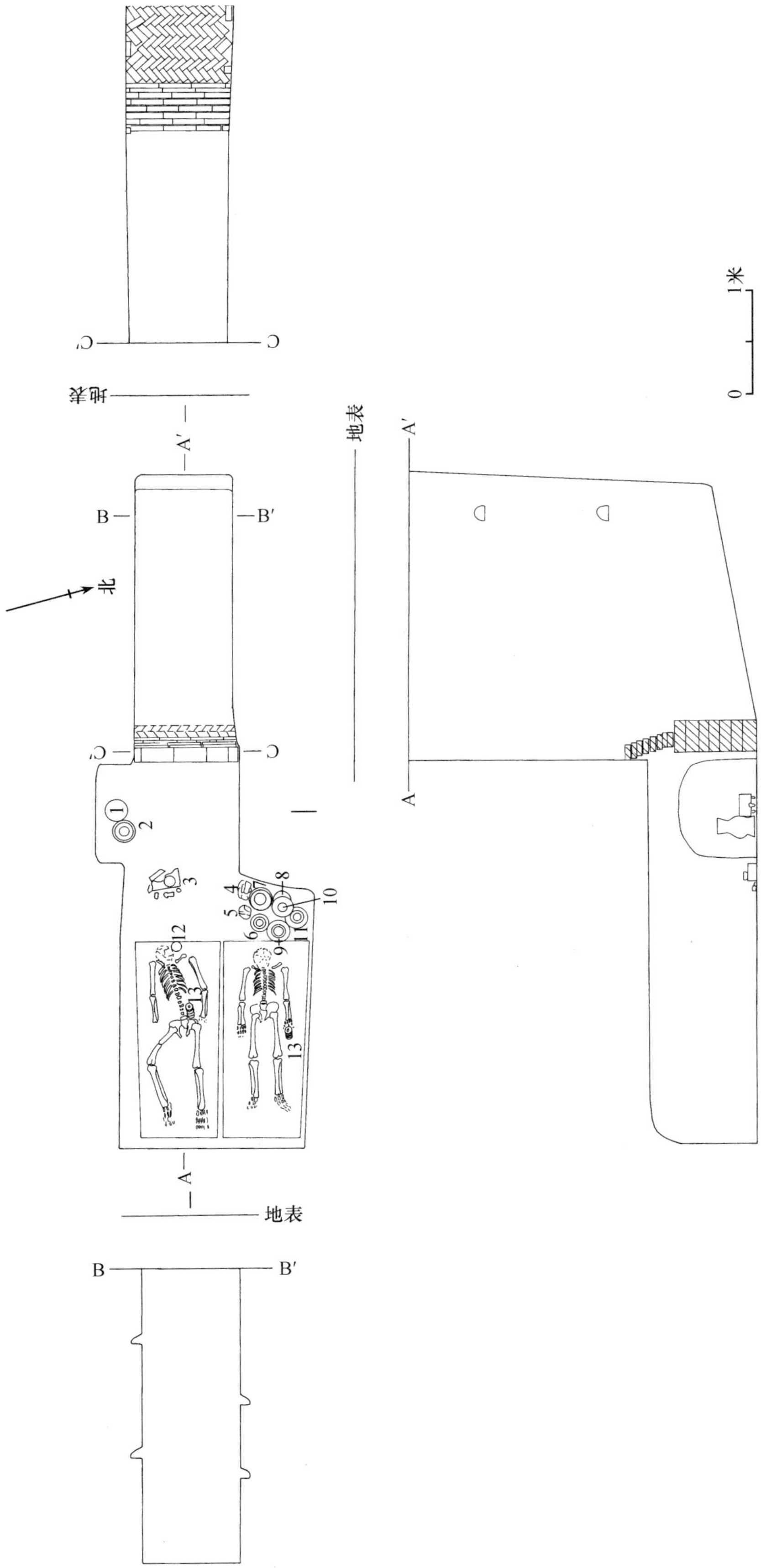

图三一　M8平、剖面图

1. 陶奁　2、6. 陶壶　3. 陶灶　4. 陶瓮　5. 陶盆　7、10. 陶仓　8、9、11. 陶罐　12. 铜镜　13. 五铢钱

墓道位于墓室之西。平面呈长方形，底呈斜坡状。口长2.7米，宽0.9米；底长2.56米，宽0.9米；深2.8~3.2米。墓道西端南北两壁各设有脚窝，南壁2个，间距1米；北壁2个，间距0.6米。脚窝的宽、深、高均在0.1米左右。墓道壁面光滑、规整，内填五花土，未经夯打，土质较松。

墓门位于墓道之东。土洞拱券形。宽0.98米，高1米。墓门用封门砖封堵，其砌法为从下至上共垒砌15层，下面7层用竖砖人字形斜砌，其上8层为平砌，垒砌高度为1.2米。砖规格为30×14—5厘米。向东为土洞墓室，平面近刀把形，西窄东宽，弧顶。长3.64米，前端宽1.02米，后端宽1.7~1.78米，高1米。在墓室的前端南壁向外挖一土洞耳室。宽0.93米，进深0.3米，高0.7米。部分随葬器物存放于内，能辨出器形的有陶奁、陶壶。在墓室后端葬有并列的两具人骨架，南侧骨架腿部关节呈弯曲状，应为夫妻合葬。人骨均头西脚东，仰身直肢葬，已朽。在清理的过程中均发现有木棺腐烂印痕，平面呈梯形，西宽东窄。北侧棺印痕长约1.84米，宽0.7~0.8米。南侧棺印痕长、宽同上。在仔细清理木棺腐烂痕迹的过程中，一些被掩埋于腐灰之下的小型随葬品相继出土，先后在南侧骨架的头部西侧发现1面铜镜，然后在两骨架左手处各发现数枚铜钱。此外，在两骨架头部以西处随葬有陶灶（已残）、陶瓮、陶盆、陶罐、陶仓等器物。

（二）出土器物

该墓共出土随葬器物13件（套），可分为陶器、铜器两类。

1. 陶器

陶器共11件（套）。器类有陶瓮、陶壶、陶盆、陶罐、陶仓、陶奁、陶灶。

陶罐　3件。均为泥质灰陶，轮制而成。标本M8：8，敞口，弧沿外卷，圆唇，短束颈，溜肩，鼓腹弧收，平底。口径12厘米，腹径19.1厘米，底径12.5厘米，通高20厘米（图三二，5；图版一九，6）。标本M8：9，器形及大小几乎同M8：8。口径12厘米，腹径19厘米，底径12.5厘米，通高18.8厘米（图三二，6；图版二〇，1）。标本M8：11，器形及大小几乎同M8：8。口径12厘米，腹径19厘米，底径13厘米，通高19厘米（图三二，7）。

陶瓮　1件。标本M8：4，泥质灰陶，轮制而成。敞口，圆沿，短束颈，上腹鼓圆，下腹弧收，平底。上腹部饰两周凸起的网状宽带纹。口径27.5厘米，腹径48厘米，底径31厘米，通高41厘米（图三三，3；图版一九，2）。

陶壶　2件。均为泥质灰陶，轮制而成。标本M8：2，口似盘口状，平沿，长颈，上部较细，下部渐粗，溜肩，鼓腹弧收，平底。腹中部饰两周凸弦纹。口径16厘米，腹径27厘米，底径19.1厘米，通高36.7厘米（图三二，2；图版一九，3）。标本M8：6，敞口，斜沿，尖唇，束颈，腹部鼓圆，下腹弧收，平底。肩部饰两周凸弦纹，腹中部饰一周凹弦纹。口径10厘米，腹径15.5厘米，底径9厘米，通高19.5厘米（图三二，3；图版一九，4）。

图三二 M8出土陶器

1. 陶灶（M8∶3） 2、3. 陶壶（M8∶2、M8∶6） 4. 陶盆（M8∶5）

5~7. 陶罐（M8∶8、M8∶9、M8∶11） 8. 陶奁（M8∶1）

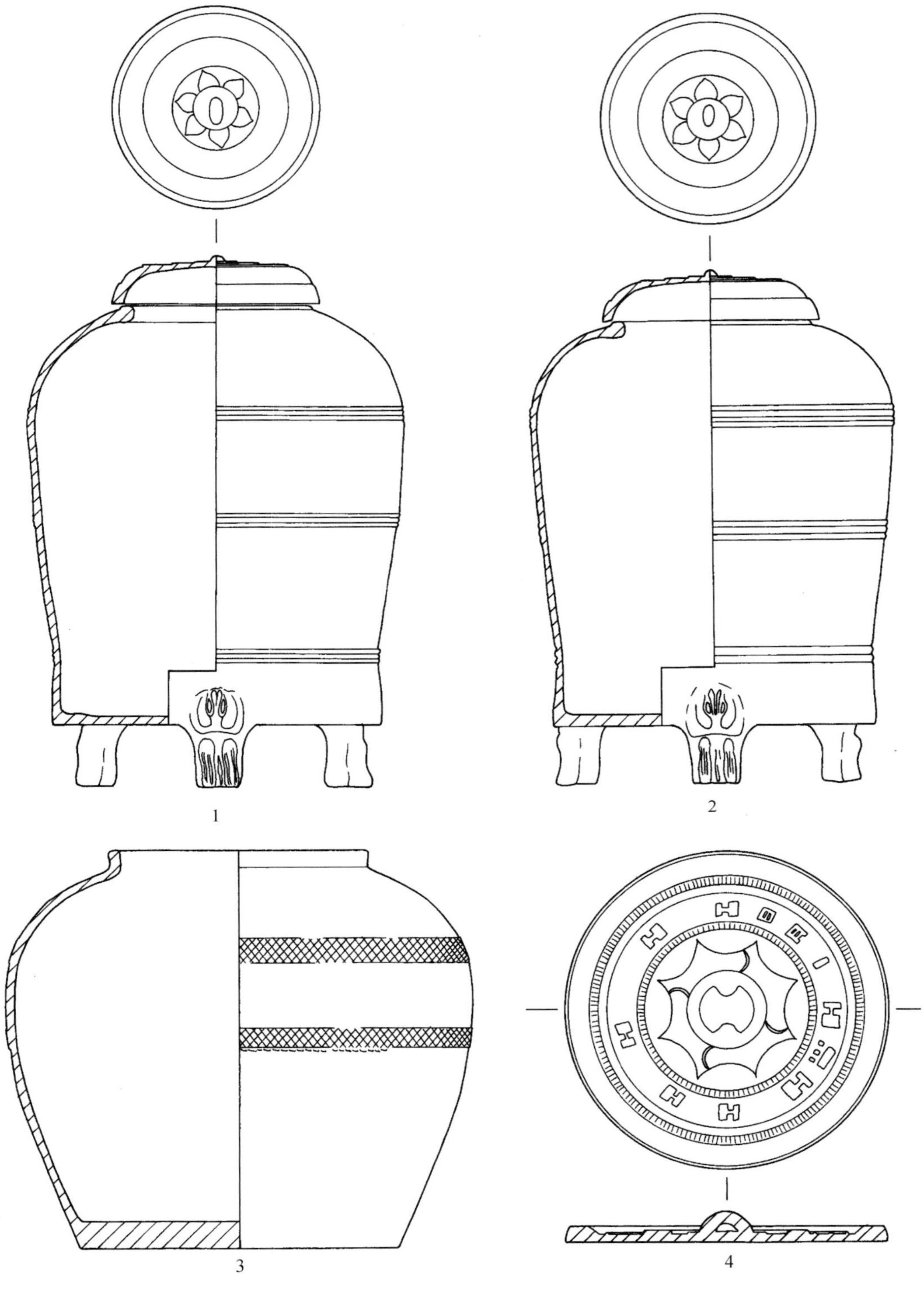

图三三　M8出土器物

1、2. 陶仓（M8∶7、M8∶10）　3. 陶瓮（M8∶4）　4. 铜镜（M8∶12）

陶盆 1件。标本M8：5，泥质灰陶，轮制而成。口部略有变形，敞口，平沿外折，弧腹，平底微内凹。内底及壁面各饰一周凸弦纹。口径31.5~32.5厘米，底径17.5厘米，通高7.5厘米（图三二，4；图版一九，5）。

带盖陶仓 2件。均为泥质灰陶，器身轮制，三足模制。标本M8：7，整个器物形体上下修长，上宽下窄。敛口，圆沿，无颈，上腹丰圆，下腹斜收，平底。底部外侧附三个等距兽形足。腹部饰三组凸弦纹，一组三周。口部置一仓盖，模制而成。圆形，隆顶。顶中心有一长椭圆形纽，其下系三层以纽为中心向外渐大的同心圆面，二层圆面之上饰有六瓣花纹，盖沿饰一周凹弦纹。口径9.7厘米，腹径19.3厘米，底径16厘米，通高27.5厘米（图三三，1；图版二〇，2）。标本M8：10，器形及大小几乎同M8：7，只是口部的仓盖有一个三角形破洞。口径9.7厘米，腹径19厘米，底径15.5厘米，通高27厘米（图三三，2；图版二〇，3）。

陶奁 1件。标本M8：1，泥质灰陶，器身轮制，三足模制。直口，平沿，深腹，直壁，平底。底部外侧附三个等距兽形足。腹底壁面外侧饰一周凸起的宽带纹，其上饰两组时断时续的凹弦纹，一组两周。内腹壁面有数周若隐若现的凹弦纹。口径19.6厘米，底径18厘米，通高17厘米（图三二，8；图版二〇，4）。

陶灶 1套。标本M8：3，由灶体、釜、甑等组成（图三二，1；图版一九，1）。

陶灶体 1件。标本M8：3-1，泥质灰陶，模制，手工拼合而成。平面呈长方形，面平，四壁微下斜收。灶面有三个大小不一的圆形灶眼，中间两个灶眼呈一字形排列，大小相同，前端一角的灶眼较小些。尾部正中平置一圆锥状烟囱，四阿式顶，中部有一出烟孔。在灶面后端一侧阴线刻划有一鱼，鱼鳞做成似蝌蚪的小戳点。灶面边沿饰两条阴线刻的直线纹作装饰。前壁近凸字形，上宽下窄，下部正中有一拱形灶门，其上立有挡火墙，表面以阴线刻的直线纹、三角形纹和菱形网格纹作装饰。底长27.2厘米，底宽18.5厘米，通高21厘米。

小陶釜 3件。分别置于三个灶眼之上。均为泥质灰陶，轮制而成。标本M8：3-2，敛口，圆沿，无颈，上腹扁鼓圆，下腹弧收，腹最大径在中部，平底。口径6厘米，底径4.5厘米，通高4.2厘米。标本M8：3-3，器形同M8：3-2。口径4.8厘米，底径3厘米，通高4厘米。标本M8：3-4，器形较小，直口，平沿，上腹斜直，下腹弧收，腹最大径在中部，平底。口径3.5厘米，底径2.5厘米，通高3.7厘米。

小陶甑 1件。置于后端小陶釜之上。标本M8：3-5，泥质灰陶，轮制而成。敞口，斜直平沿，腹部斜直，平底，底部有数个间距不等的圆形箅孔。口径10厘米，底径4.6厘米，通高4厘米。

小陶碗 1件。置于陶灶体一侧。标本M8：3-6，泥质灰陶，轮制而成。敞口，平沿，弧腹，平底。口径10.8厘米，底径6.2厘米，通高3.8厘米。

小陶勺 1件。置于陶灶体一侧。标本M8：3-7，泥质灰陶，模制而成。器形偏小，上平面呈瓢形，平沿，圜底。勺柄与勺斗均内空，一端较细尖，另一端较圆弧。通长7.9厘米。

2. 铜器

铜器共2件。器类有铜镜、铜钱。

铜镜　1面。标本M8：12，镜体正、背面布满绿锈。保存较好，只是沿部有两处细小裂痕。圆形，镜面微凸。背面镜纽呈桥形，其下有一圆形纽座。纽座外均匀分布四个形似小月牙的纹饰，再向外为八个浅浮雕内向连弧纹，其外分别饰两周短斜线纹，短斜线纹之间散布有阳刻“内清明□□光□日月”铭文，系篆体，每两个字之间有一小处装饰图案，有的形同文字（工字），有的形同花草。直径8.4厘米，缘宽0.6厘米（图三三，4；图版二〇，5）。

铜钱　32枚。标本M8：13，均为五铢，大小基本相同。可分3类，第1类为正面穿下半月五铢，第2类为正面穿上一郭五铢，第3类为正面穿上无郭五铢。

1类　个别为剪轮五铢。标本M8：13-1~M8：13-8，圆形方穿，穿正面无郭，穿下半月。背面有方郭。正面左右侧铸有“五铢”二字，字体为篆体。钱径2.4~2.5厘米（图三四，1~8）。

2类　个别为剪轮五铢。标本M8：13-9~M8：13-14，圆形方穿，穿正面上有一横郭。背面有方郭。正面左右侧铸有“五铢”二字，字体为篆体。钱径2.4~2.5厘米（图三四，9~14；图三五，1）。

3类　个别为剪轮五铢。标本M8：13-2~M8：13-7，圆形方穿，穿正面无郭。背面有方郭。正面左右侧铸有“五铢”二字，字体为篆体。钱径2.4~2.5厘米（图三五，2~7）。

九、M9

位于T0401东部，南与M2相邻。开口于第3层下，打破生土。开口距地表深0.7米。此墓建造比较简单，只是向下挖出了一个长方形竖穴土坑，似为墓道，向下未见墓室和其他设施的痕迹。方向110°。土坑长2.6米，宽0.9米，深3.88米。在清理过程中发现其内填土混杂、较松，底部偶见有散乱的棺灰朽痕，至底未见有人骨架遗骸。估计此墓墓主不知受何原因的影响，而另择地下葬了。未发现有任何随葬品（图三六）。

十、M10

（一）形　制

位于T0601北部，南与M3相邻。开口于第3层下，打破生土。开口距地表深0.3米，墓口距墓底深3米。该墓为一座坐东朝西的竖穴墓道单室土洞墓。方向285°。全墓由墓道、墓门、墓室三部分组成。其修筑方法是先挖一长方形竖穴墓道，然后向东掏洞挖出墓室的雏形，再经过一番仔细修整（图三七；图版二一）。

墓道位于墓室之西。平面呈长方形，西壁斜收，余三边壁面较直，底部平直。口长2.7米，

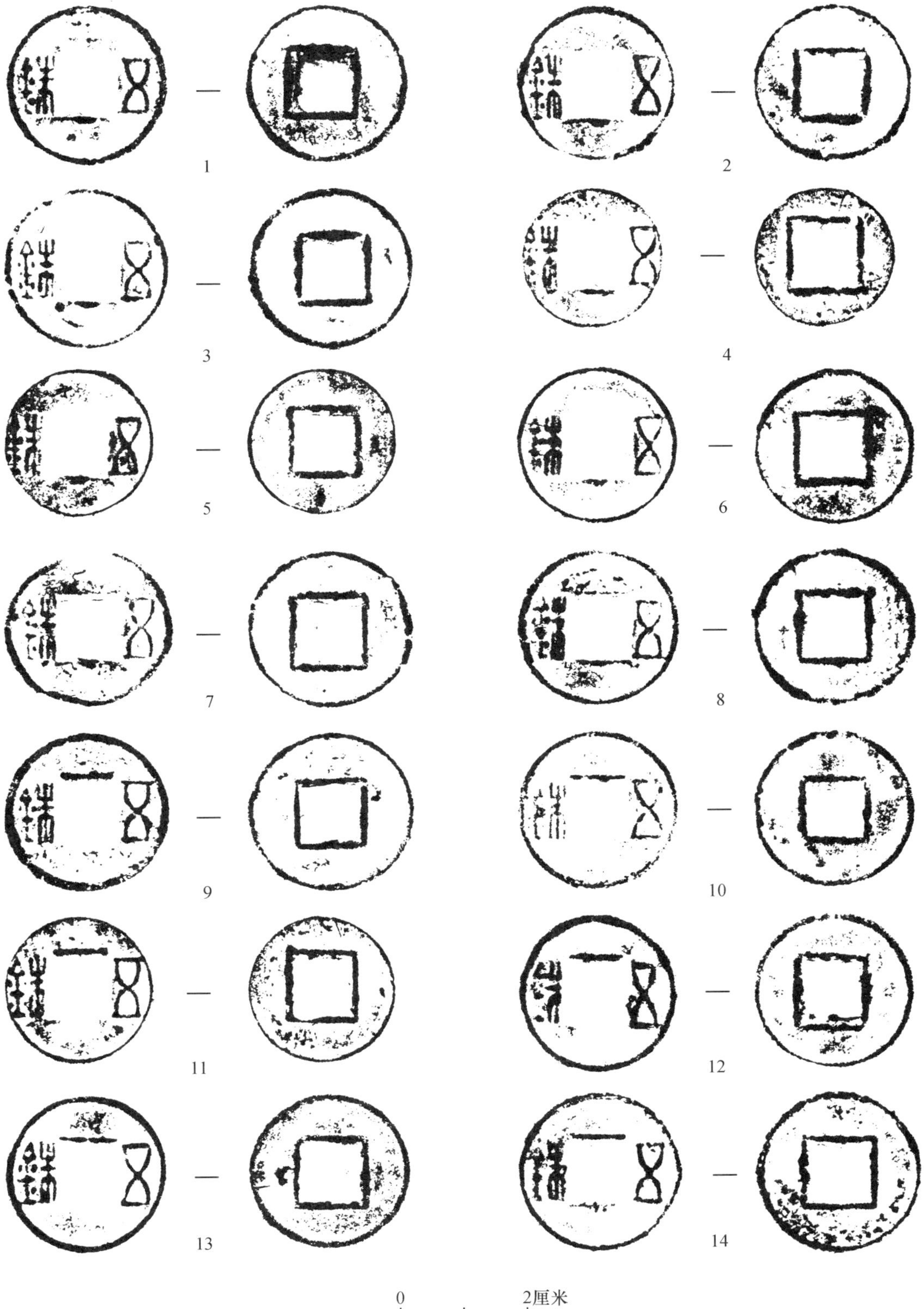

图三四　M8出土五铢钱
（M8：13）
1~8. 1类　9~14. 2类

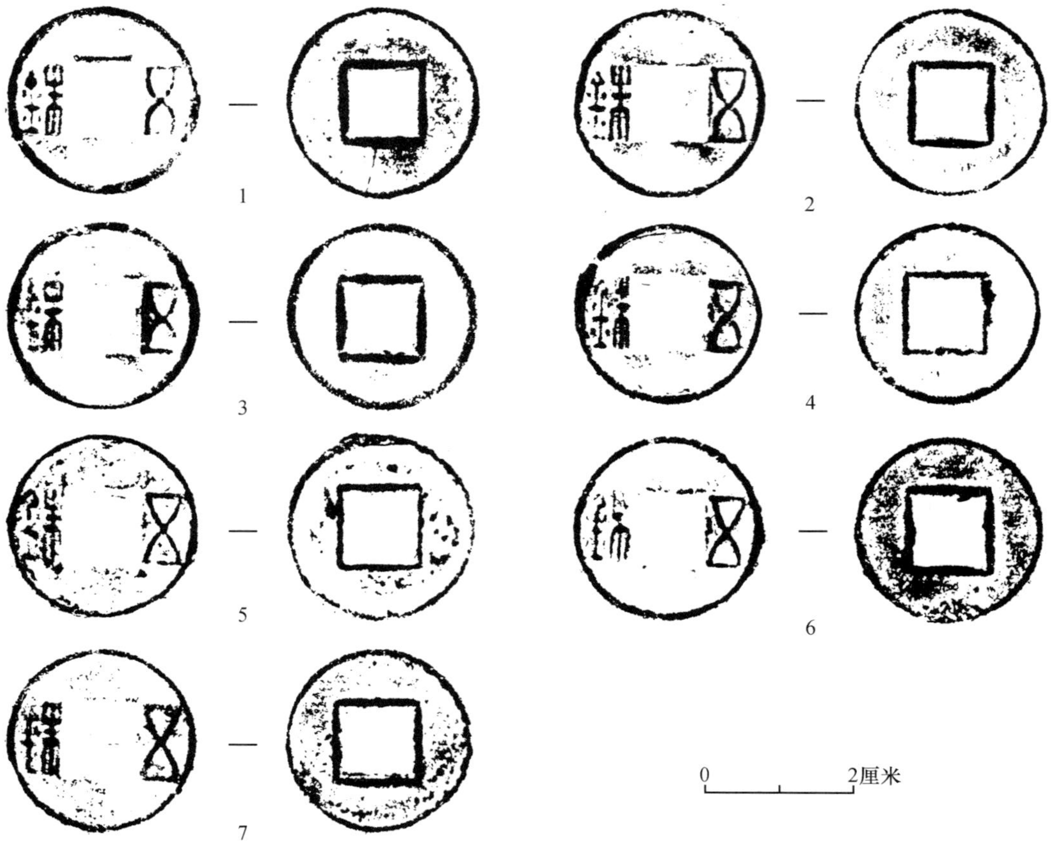

图三五　M8出土五铢钱
（M8：13）
1. 2类　2~7. 3类

宽0.86米；底长2.4米，宽0.84米；深3米。墓道壁面未发现有脚窝痕迹，整个墓道壁面光滑、规整，内填五花土，未经夯打，土质较松。

墓门位于墓道之东。土洞拱券形。宽0.86米，高1米。在清理中未见有封门砖。向东为土洞墓室，平面呈长方形，平顶。长3.4米，宽1.1米，高1米。随葬器物存放于墓室的前端，能辨出器形的有陶罐、陶井、陶灶、陶奁、陶仓、陶耳杯。墓室后端的人骨架大部分已腐烂无存，仅在墓室后端北侧发现数块朽骨。根据墓室规模判断，此墓应为一座单人葬土洞墓。

（二）出土器物

该墓共出土随葬器物12件（套），均为陶器。器类有陶罐、陶奁、陶仓、陶耳杯、陶井、陶灶。

陶罐　4件。均为泥质灰陶，轮制而成。标本M10：1，敛口，平沿，直领，弧肩，鼓腹弧收，平底微内凹。领部饰若隐若现的纵向绳纹，上腹部饰一组两周凹弦纹。口径22厘米，腹径37.5厘米，底径22.6厘米，通高29厘米（图三八，1；图版二二，1）。标本M10：2，敛口，平

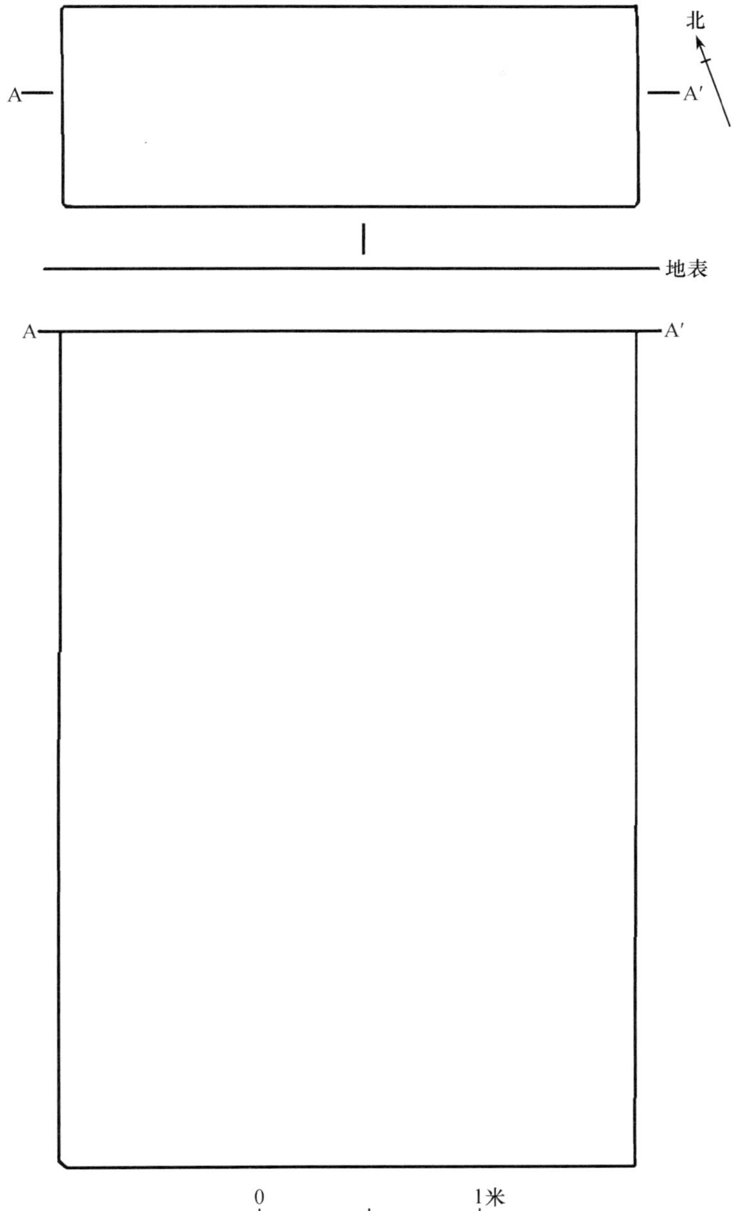

图三六　M9平、剖面图

沿，直领较短，弧肩，鼓腹弧收，平底。口径11厘米，腹径18.5厘米，底径9厘米，通高15厘米（图三九，3）。标本M10：5，器形及纹饰同M10：1。口径16厘米，腹径30.5厘米，底径16厘米，通高23厘米（图三九，1；图版二二，2）。标本M10：6，器形同M10：2。上腹部饰两组凹弦纹，上一组为两周，下一组为一周。口径10.5厘米，腹径17.4厘米，底径8.5厘米，通高14.5厘米（图三九，2）。

陶奁　1件。标本M10：7，泥质灰陶，器身轮制，三足模制。直口，平沿，深腹，直壁，平底。底部外侧附三个等距熊形足。腹底壁面外侧饰一周凸起的宽带纹，其上饰三周纵向短线纹。口径18.5厘米，底径19.5厘米，通高13.3厘米（图三八，2；图版二二，5）。

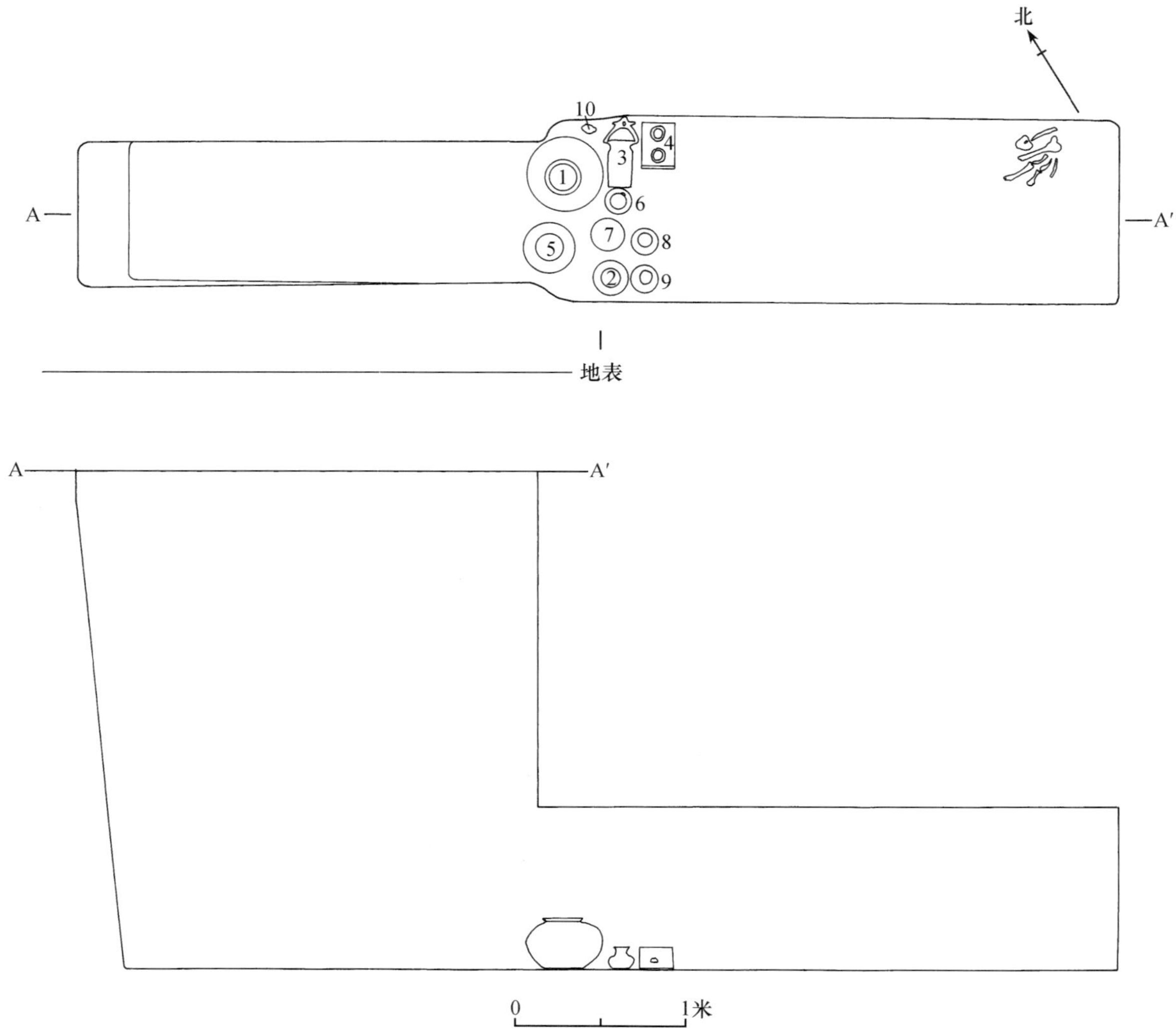

图三七　M10平、剖面图

1、2、5、6. 陶罐　3. 陶井　4. 陶灶　7. 陶奁　8、9. 陶仓　10. 陶耳杯

陶仓　2件。均为泥质灰陶，器身轮制，三足模制。器形及大小几乎相同。标本M10：8，整个器物形体上下修长，上宽下窄。敛口，圆沿，无颈，上腹丰圆，下腹斜收，平底。底部外侧附三个等距兽形足。腹部饰三组凸弦纹，一组三周。口径8.5厘米，腹径18厘米，底径13厘米，通高25.8厘米（图三八，3；图版二二，6）。标本M10：9，器形及纹饰同M10：8。口径8.3厘米，腹径17.8厘米，底径13.5厘米，通高26厘米（图三八，4）。

陶耳杯　3件。均为泥质灰陶，模制而成。标本M10：10-1，口部平面呈椭圆形，平沿，腹部弧收，平底。口部两侧附双耳，双耳上翘，形似月牙。口径8.5~12厘米，底径4.8~8厘米，通高3.6厘米（图三九，4）。标本M10：10-2，器形同M10：10-1。口径8.3~12.4厘米，底径4.7~8厘米，通高3.7厘米（图三九，5）。标本M10：10-3，与上述两件器物相比偏小些。口径7~10厘米，底径4~7厘米（图三九，6）。

陶井　1件。标本M10：3，泥质灰陶，井身轮制，井架模制。井身呈长筒形，井口小于井

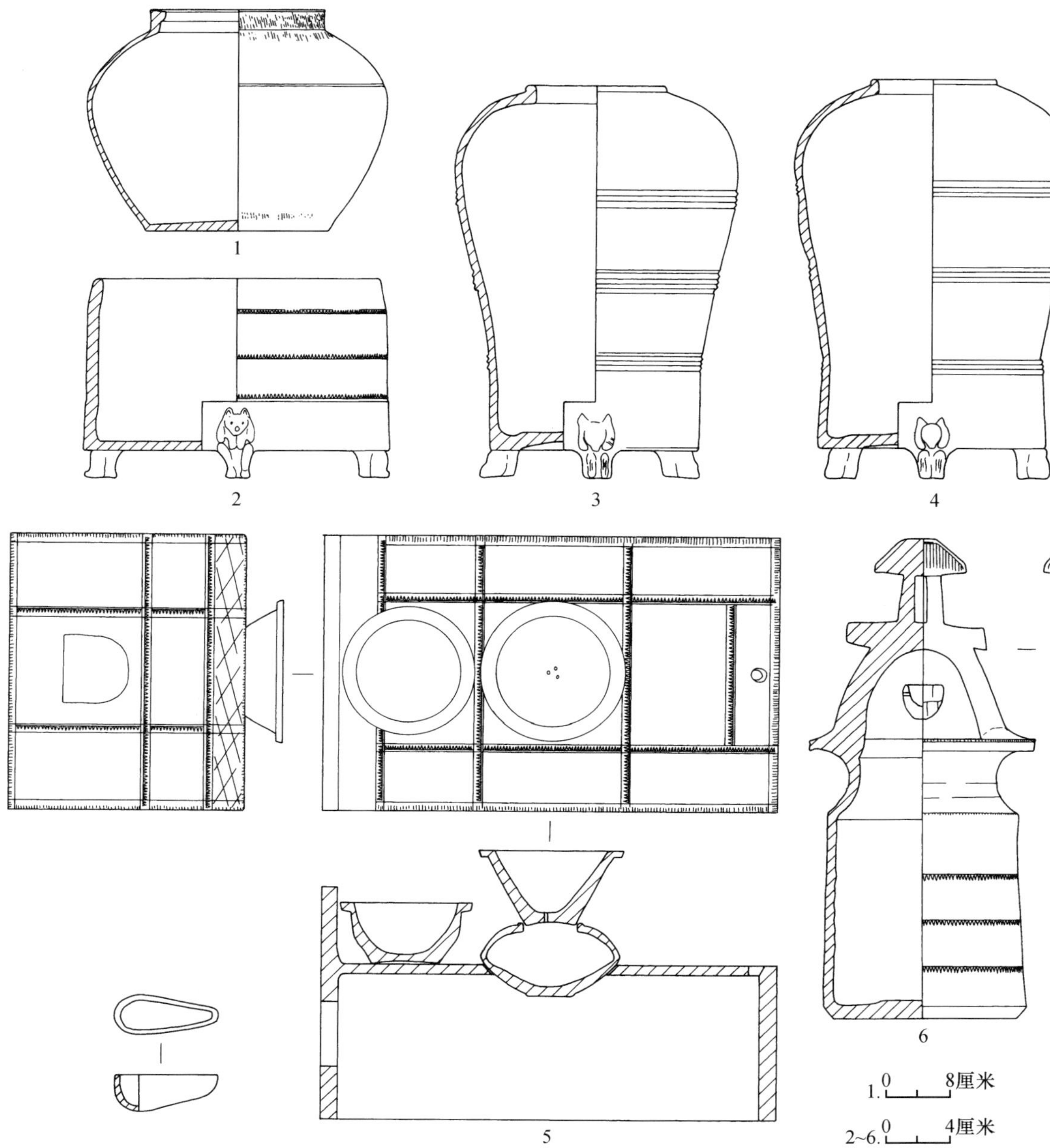

图三八　M10出土陶器

1. 陶罐（M10∶1）　2. 陶奁（M10∶7）　3、4. 陶仓（M10∶8、M10∶9）　5. 陶灶（M10∶4）　6. 陶井（M10∶3）

底，下宽上窄。井口呈圆形，敞口，平沿外折，束颈，直腹，平底。井身饰四周短斜线纹。井沿上有对称的提梁式陶制井架，井架上有四阿顶式井亭，其下井架上装有滑轮。井内置一汲水罐。口径14.5厘米，底径12.5厘米，通高32厘米（图三八，6；图版二二，3）。

陶灶　1套。标本M10∶4，由灶体、釜、甑、盆、勺组成（图三八，5；图版二二，4）。

陶灶体　1件。标本M10∶4-1，泥质灰陶，模制，手工拼合而成。平面呈长方形，面微弧凸，四壁较直。灶面中部有一圆形灶眼，上置一釜一甑。尾部正中有一圆形出烟口。灶面用横

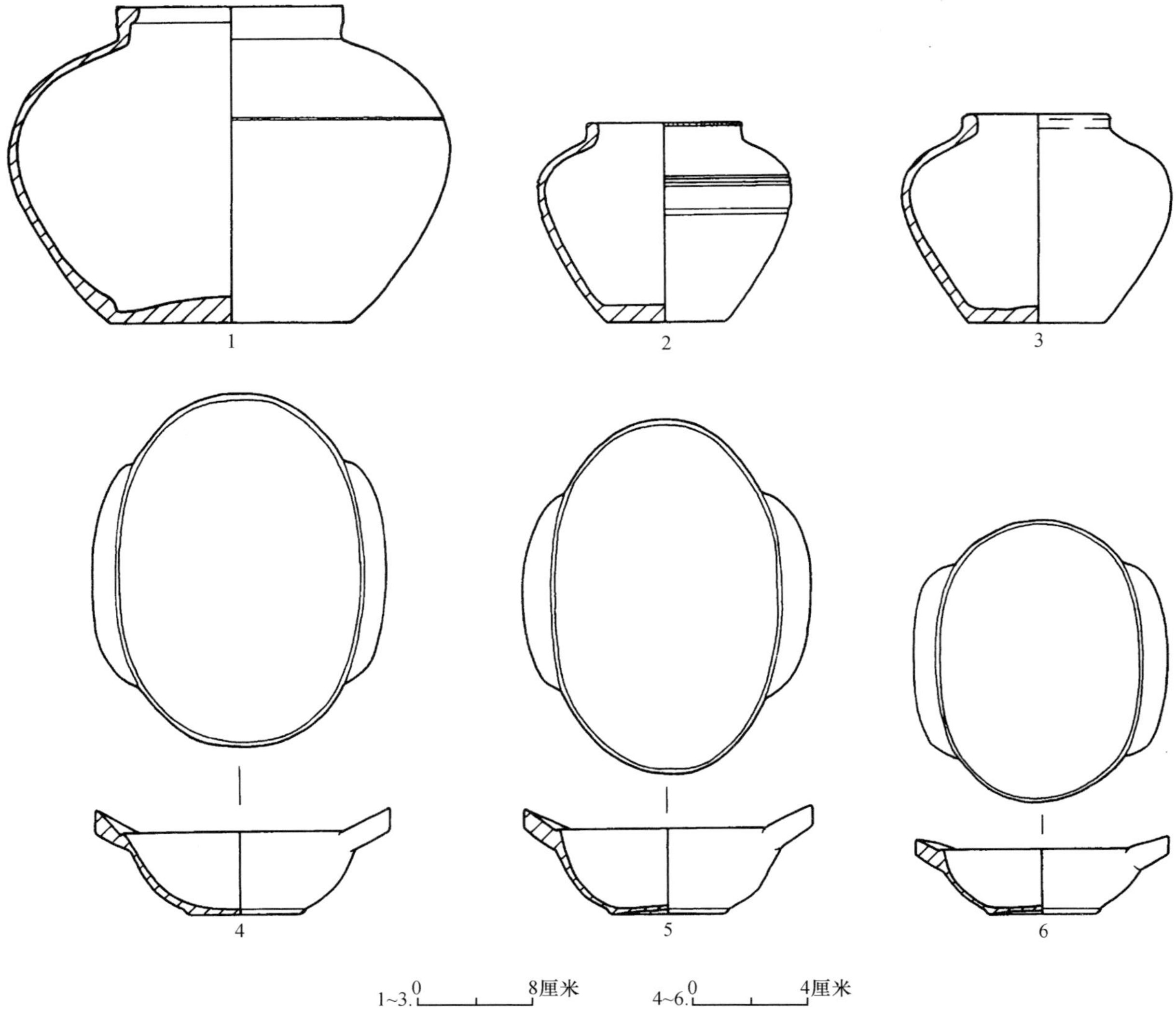

图三九　M10出土陶器

1~3. 陶罐（M10：5、M10：6、M10：2）　4~6. 陶耳杯（M10：10-1、M10：10-2、M10：10-3）

向与纵向垂直的细小短线纹分隔，边沿以细小的短线纹作装饰。前壁呈长方形，上宽下窄，下部正中有一拱形灶门，其上立有挡火墙，表面饰以横向与纵向垂直的细小短线纹，上部饰阴线刻菱形网格纹，边沿则以细小短线纹作装饰。长28.5厘米，宽18厘米，通高15.3厘米。

小陶釜　1件。置于灶眼之上。标本M10：4-2，泥质灰陶，轮制而成。敛口，圆沿，无颈，上腹扁鼓圆，两侧各有一道凸棱，下腹弧收，下腹部亦有一道凸棱，腹最大径在中部，平底。口径4.8厘米，底径3厘米，通高5厘米。

小陶甑　1件。置于小陶釜之上。标本M10：4-3，泥质灰陶，轮制而成。敞口，平沿外折，腹部斜直，平底内凹，底部有三个间距不等的圆形箅孔。口径9厘米，底径3.6厘米，通高4.5厘米。

小陶盆　1件。置于前端灶面之上。标本M10：4-4，泥质灰陶，轮制而成。敞口，平沿外折，弧腹，平底。口径8.5厘米，底径4.4厘米，通高3.8厘米。

小陶勺 1件。标本M10：4-5，泥质灰陶，模制而成。器形偏小，上平面呈瓢形，平沿，圜底。勺柄与勺斗均内空，一端较细尖，另一端较圆弧。通长6.5厘米。

十一、M11

（一）形 制

位于T0402东南部。开口于第3层下，打破生土。开口距地表深0.6米，墓口距墓底深1.54米。该墓为一座坐西朝东的竖穴墓道单室土洞墓。方向110°。全墓由墓道、墓门、墓室、耳室四部分组成，自然倾塌严重。其修筑方法是先挖一长方形竖穴墓道，然后向西掏洞挖出墓室和耳室的雏形，再经过一番仔细修整（图四〇；图版二三）。

墓道位于墓室之东。平面呈长方形，底部平直。长2.1米，宽0.86米，深1.5米。整个墓道壁面光滑、规整，内填五花土，未经夯打，土质较松。

墓门位于墓道之西。土洞拱券形。宽1.28米，高0.78米。在清理中未见有封门砖之类遗存。向西为土洞墓室。平面近刀把形，西窄东宽，弧顶。长3.3米，后端宽约1.4米，前端宽约1.9米，高0.8~1.1米。在墓室的前端北壁向外挖一土洞耳室。宽1.2米，进深0.4米，高0.5米。部分随葬器物存放于内，能辨出器形的有陶罐及陶瓶。在墓室后端葬有并列的两具人骨架，应为夫妻合葬。人骨均头东脚西，仰身直肢葬，已朽。在清理人骨周围的过程中均见有木棺腐烂印痕，平面呈梯形，东宽西窄。北侧棺印痕长约1.8米，宽0.44~0.5米。南侧棺印痕长约1.8米，宽0.44~0.6米。在仔细清理木棺腐烂痕迹的过程中，一些被掩埋于腐灰之下的小型随葬品相继出土，先后在南侧骨架的头部北侧发现1面铜镜、1件铜刷，然后在北侧骨架右臂处发现数枚铜钱。另在两骨架头部以东处随葬有4件陶罐和一些陶器碎片等。

（二）出土器物

该墓共出土随葬器物11件，可分为陶器、铜器两类。

1. 陶器

陶器共8件。器类有陶罐、陶瓶。

陶罐 5件。均为泥质灰陶，轮制而成。标本M11：1，整体上窄下宽。敞口，平沿外折，方唇，束颈，斜肩，腹壁斜弧收，腹最大径在下部，大平底。口径14.8厘米，腹径33厘米，底径30.7厘米，通高30厘米（图四一，1；图版二四，1）。标本M11：2，器形同M11：1。口径15厘米，腹径36.3厘米，底径33.3厘米，通高34.5厘米（图四一，2）。标本M11：3，有些变形，撇口，圆唇，束颈，上腹鼓圆，下腹弧收，腹最大径在中部，平底。口径13.3厘米，腹径23.3厘米，底径13.5厘米，通高28厘米（图四一，4）。标本M11：7，器形较小，敞口，圆唇，短束颈，上腹扁圆，下腹急收，并有刮削痕迹，腹最大径在偏下部，平底。口径5.8厘

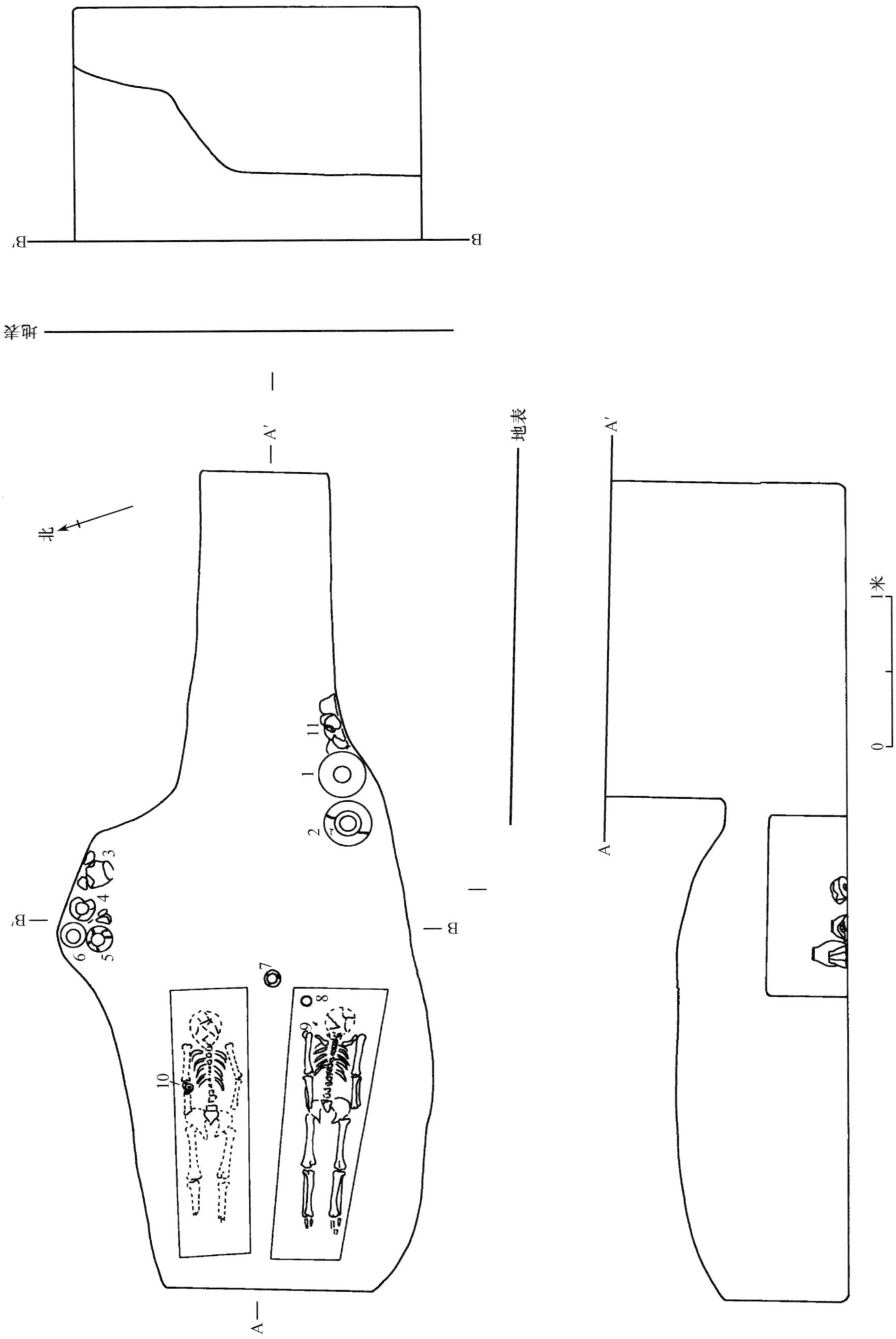

图四〇　M11平、剖面图

1~3、7、11. 陶罐　4~6. 陶瓶　8. 铜镜　9. 铜刷　10. 五铢钱

米，腹径9.5厘米，底径5.4厘米，通高8厘米（图四二，1）。标本M11：11，敞口外撇，方唇，束颈，腹部鼓圆，下腹弧收，腹最大径在中部，平底。腹下部饰有若隐若现的绳纹。口径14.7厘米，腹径36厘米，底径22厘米，通高38厘米（图四一，3；图版二四，2）。

陶瓶　3件。均为泥质灰陶，轮制而成。标本M11：4，器体修长，直口，平沿，束颈，上腹弧圆，下腹弧收，平底内凹。肩部和腹下部均饰两周凹弦纹，腹中部隐约可见纵向平行短线纹。口径8.7厘米，腹径14.7厘米，底径9厘米，通高22厘米（图四一，5；图版二四，3）。标本M11：5，器形同M11：4。肩部和腹下部均饰两周凹弦纹。口径8.5厘米，腹径15厘米，底径9厘米，通高22厘米（图四一，6）。标本M11：6，器形及纹饰同M11：5。口径8.5厘米，腹径15厘米，底径10厘米，通高22.3厘米（图四一，7）。

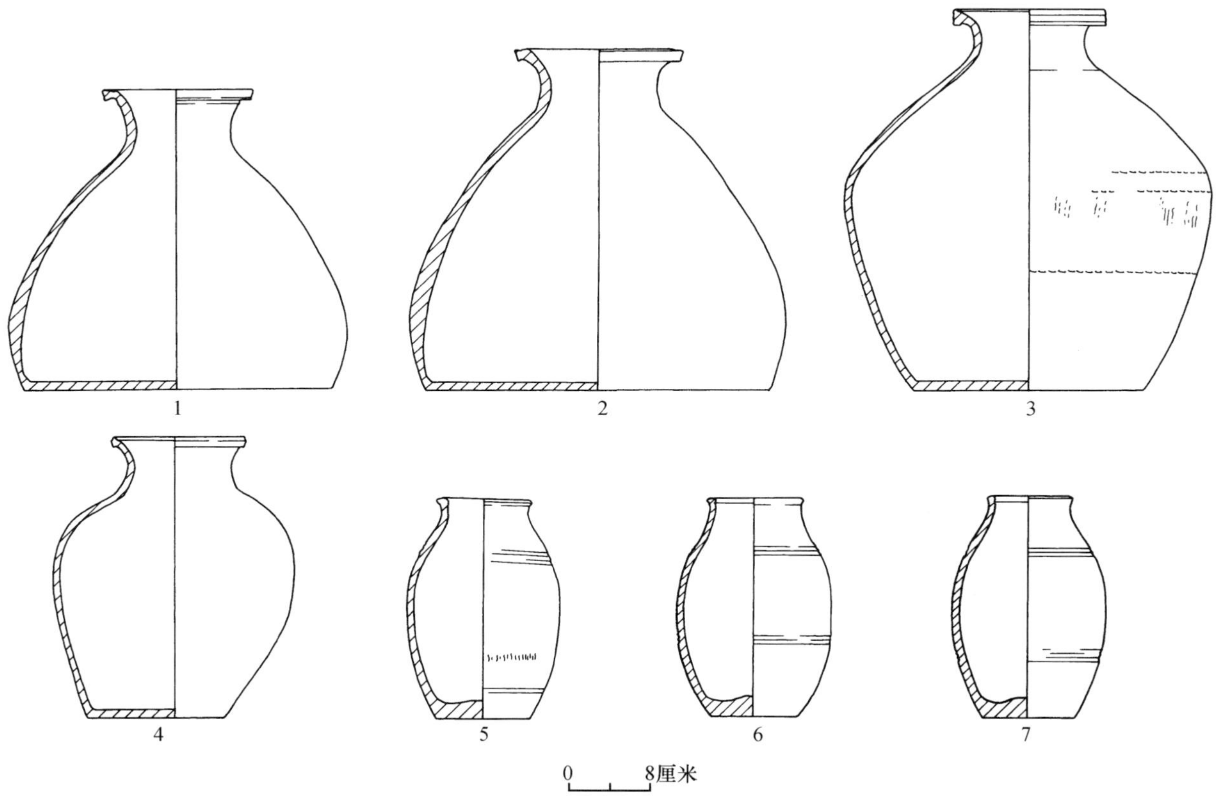

图四一　M11出土陶器

1~4. 陶罐（M11：1、M11：2、M11：11、M11：3）　5~7. 陶瓶（M11：4、M11：5、M11：6）

2. 铜器

铜器共3件。器类有铜镜、铜刷、铜钱。

铜镜　1面。标本M11：8，镜体正、背面布满绿锈。保存完好。圆形，镜面微凸。背面镜纽呈桥形。镜纽周围等距分布八个圆形乳钉纹，其外饰一周凸起的宽带纹，再向外饰一周短斜线纹，宽带纹与短斜线纹之间散布有阳刻“见日之光长母相忘”铭文，系篆体，字之间以“×”形的小装饰图案作间隔。直径6.9厘米，缘宽0.6厘米（图四二，3；图版二四，4）。

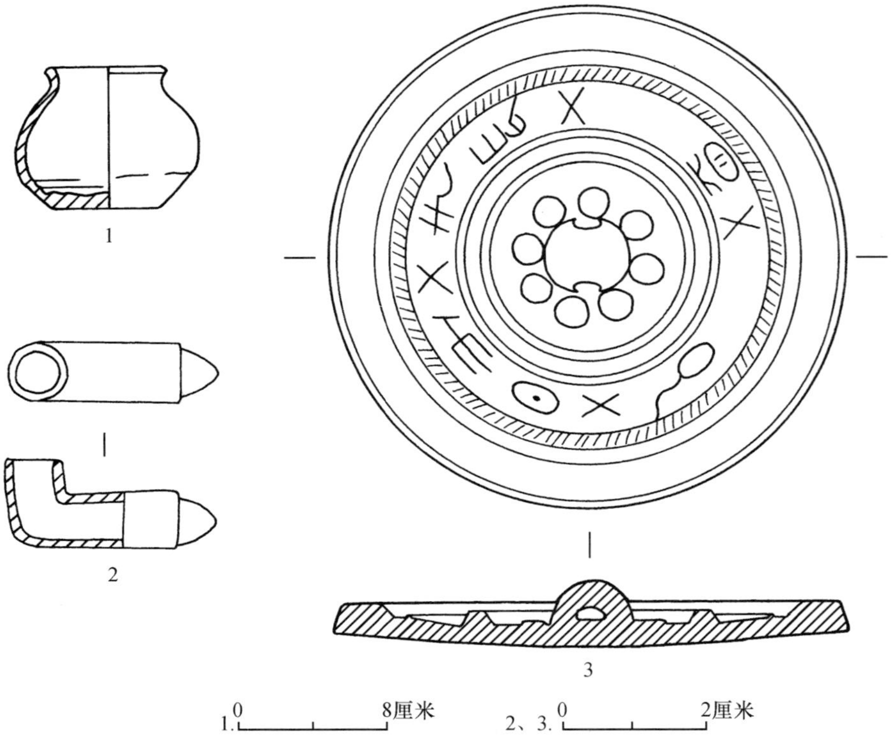

图四二　M11出土器物

1. 陶罐（M11：7）　2. 铜刷（M11：9）　3. 铜镜（M11：8）

铜刷　1件。标本M11：9，通体长满绿锈。已残，仅残留有圆形一端。残长2.7厘米（图四二，2；图版二四，5）。

铜钱　20枚。标本M11：10，均为五铢，大小基本相同。可分3类，第1类为正面穿下半月五铢，第2类为正面穿上一郭五铢，第3类为正面穿上无郭五铢。

1类　标本M11：10-1~M11：10-3，圆形方穿，穿正面无郭，穿下半月。背面有方郭。正面左右侧铸有“五铢”二字，字体为篆体。钱径2.5厘米（图四三，1~3）。

2类　标本M11：10-4~M11：10-7，圆形方穿，穿正面上有一横郭。背面有方郭。正面左右侧铸有“五铢”二字，字体为篆体。钱径2.5厘米（图四三，4~7）。

3类　个别为剪轮五铢。标本M11：10-8~M11：10-10，圆形方穿，穿正面无郭。背面有方郭。正面左右侧铸有“五铢”二字，字体为篆体。钱径2.4~2.5厘米（图四三，8~10）。

十二、M12

（一）形　制

位于T0103北部。开口于第3层下，打破生土。开口距地表深0.46米，墓口距墓底深4.4米。该墓为一座坐东朝西的竖穴墓道单室土洞墓。方向300°。全墓由墓道、墓门、墓室三部分组

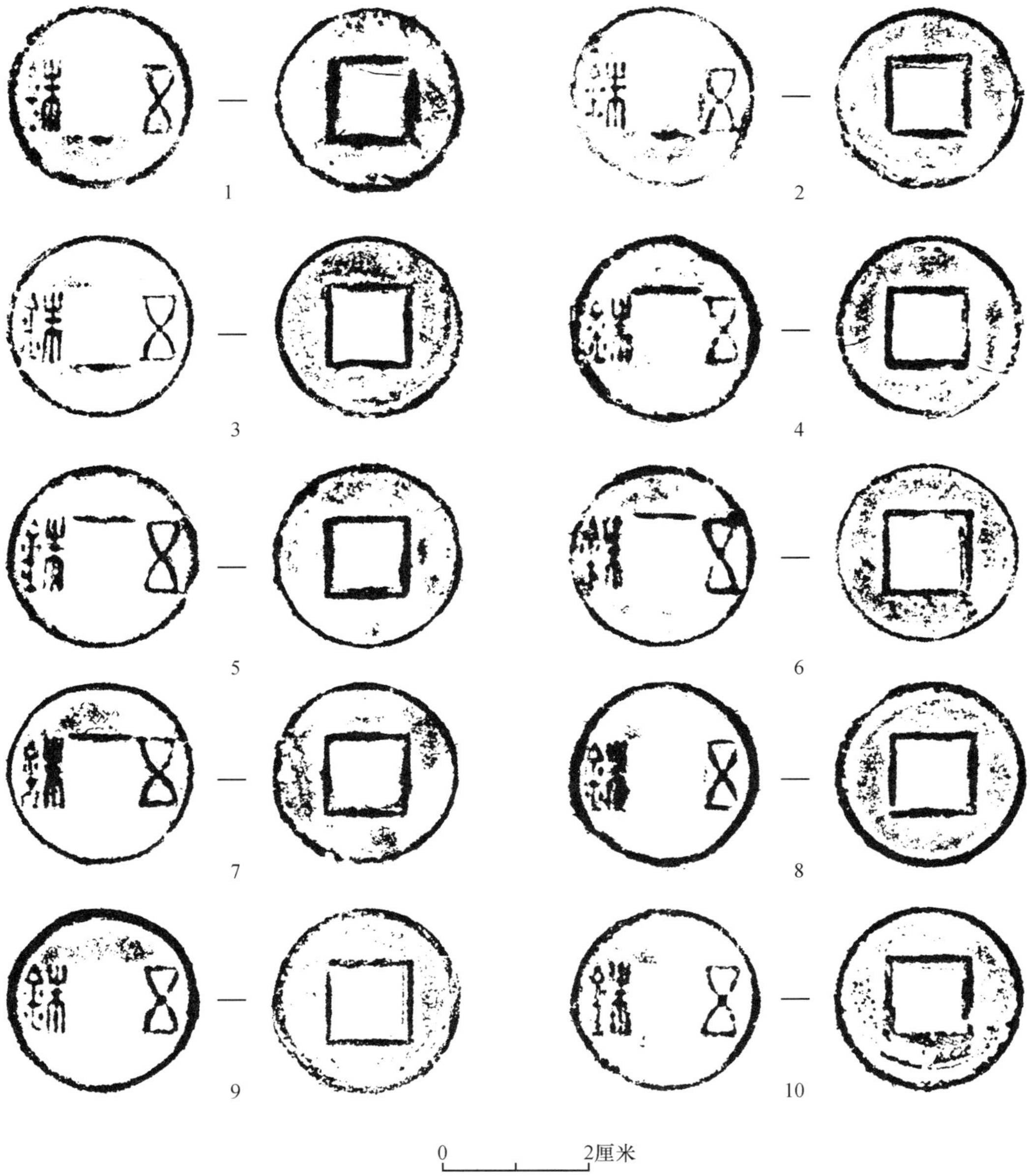

图四三　M11出土五铢钱
（M11∶10）
1~3. 1类　4~7. 2类　8~10. 3类

成。其修筑方法是先挖一长方形竖穴墓道，然后向东掏洞挖出墓室的雏形，再经过一番仔细修整（图四四；图版二五）。

墓道位于墓室之西。平面呈长方形，底呈斜坡状。口长2.6米，宽1米；底长2.5米，宽1米；深4~4.4米。墓道西端南北两壁各设有脚窝，南壁7处，间距0.32~0.5米；北壁6处，间距0.4~0.7米。脚窝的宽、深、高均约0.1米。墓道壁面光滑、规整，内填五花土，未经夯打，土质较松。在靠墓道东端有一椭圆形盗洞，直径约0.5米，盗洞内填土比较松、混杂，其内夹杂有少量的灰陶片。

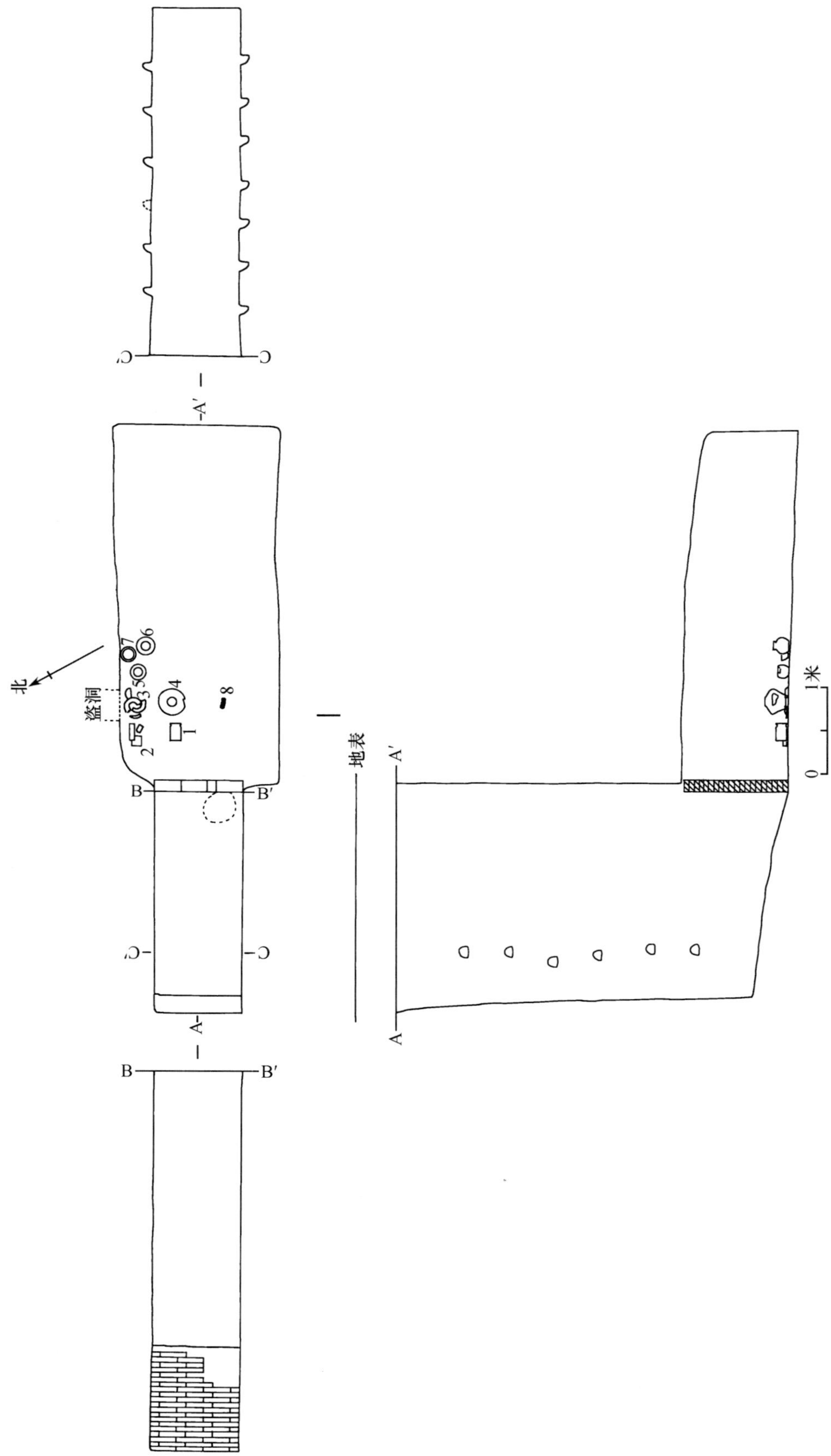

图四四　M12平、剖面图

1. 陶井　2. 陶灶　3. 陶奁　4. 陶仓　5、6. 陶罐　7. 陶盆　8. 大泉五十钱

墓门位于墓道之东。土洞拱券形。宽1米，高1.2米。墓门用青砖错缝平砌20层封堵。砖规格为30×14—5厘米。向东为土洞墓室，平面呈长方形，弧顶。长4.1米，宽1.8~1.9米，高1.2米。另在墓室前端北壁发现有一圆形盗洞，此洞与北邻的M13南壁相通。由于该墓受到严重盗扰，故通常葬于墓室后端的葬具及人骨架已荡然无存，其数目不详。根据相邻墓葬的形制特点和此墓的规模，初步推测该墓应为一座双人合葬墓。在仔细清理墓室的过程中，一些被掩埋于腐灰之下的随葬品在墓室前端北侧相继出土，可辨出器形的有陶井、陶灶、陶奁、陶仓、陶罐、陶盆等和一些陶器残片，还发现数枚铜钱。

（二）出土器物

该墓共出土随葬器物8件（套），可分为陶器、铜器两类。

1. 陶器

陶器共7件（套）。器类有陶奁、陶仓、陶罐、陶盆、陶井、陶灶。

陶奁 1件。标本M12：3，泥质灰陶，器身轮制，三足模制。直口，平沿，深腹，直壁，平底。底部外侧附三个等距熊形足。腹底壁面外侧饰一周凸起的宽带纹，其上饰三周短线纹。口径19.5厘米，底径19.3厘米，通高13.5厘米（图四五，6；图版二六，3）。

陶仓 1件。标本M12：4，泥质灰陶，器身轮制，三足模制。整个器物形体上宽下窄。敛口，圆唇，无颈，丰肩，上腹鼓圆，下腹斜收，平底微内凹。底部外侧附三个等距兽形足。上腹部饰三组以短斜线纹作装饰的凸弦纹，一组两周，最下端再饰一周凹弦纹。口径11.5厘米，腹径27.7厘米，底径16厘米，通高26.4厘米（图四五，5；图版二六，4）。

陶罐 2件。均为泥质灰陶，轮制而成。标本M12：5，子母口，无颈，上腹扁鼓圆，下腹弧收，平底内凹。口径12厘米，腹径17.3厘米，底径10厘米，通高12.5厘米（图四五，2；图版二六，5）。标本M12：6，敞口，弧沿外卷，圆唇，短束颈，溜肩，鼓腹弧收，平底。口径10.5厘米，腹径18厘米，底径13厘米，通高17厘米（图四五，4；图版二六，6）。

陶盆 1件。标本M12：7，泥质灰陶，轮制而成。敞口，平沿外折，圆唇，弧腹，平底。上腹部饰有不规整的凸弦纹。口径15.7厘米，底径7厘米，通高7.8厘米（图四五，3；图版二六，2）。

陶井 1件。标本M12：1，泥质灰陶，井身轮制，井架模制。上部已残。井身呈长筒形，井口小于井底，下宽上窄。井口呈圆形，敞口，平沿外折，束颈，直腹，平底。井身饰四组短斜线纹，其中第二组为两周凸起的短斜线纹。井沿上有对称的提梁式陶制井架，井架上井亭已不存。口径13.3厘米，底径12.5厘米，残高29厘米（图四五，1）。

陶灶 1套。标本M12：2，由灶体、釜、甑、盆组成（图四六；图版二六，1）。

陶灶体 1件。标本M12：2-1，泥质灰陶，模制，手工拼合而成。平面呈长方形，面微弧凸，四壁较直，灶外三边分别立有挡火墙以及与其相连的单面坡式顶、双面坡式顶围墙，墙高低不一。灶面有三个大小不一的圆形灶眼，中间两个灶眼呈一字形排列，前端灶眼较大，后端

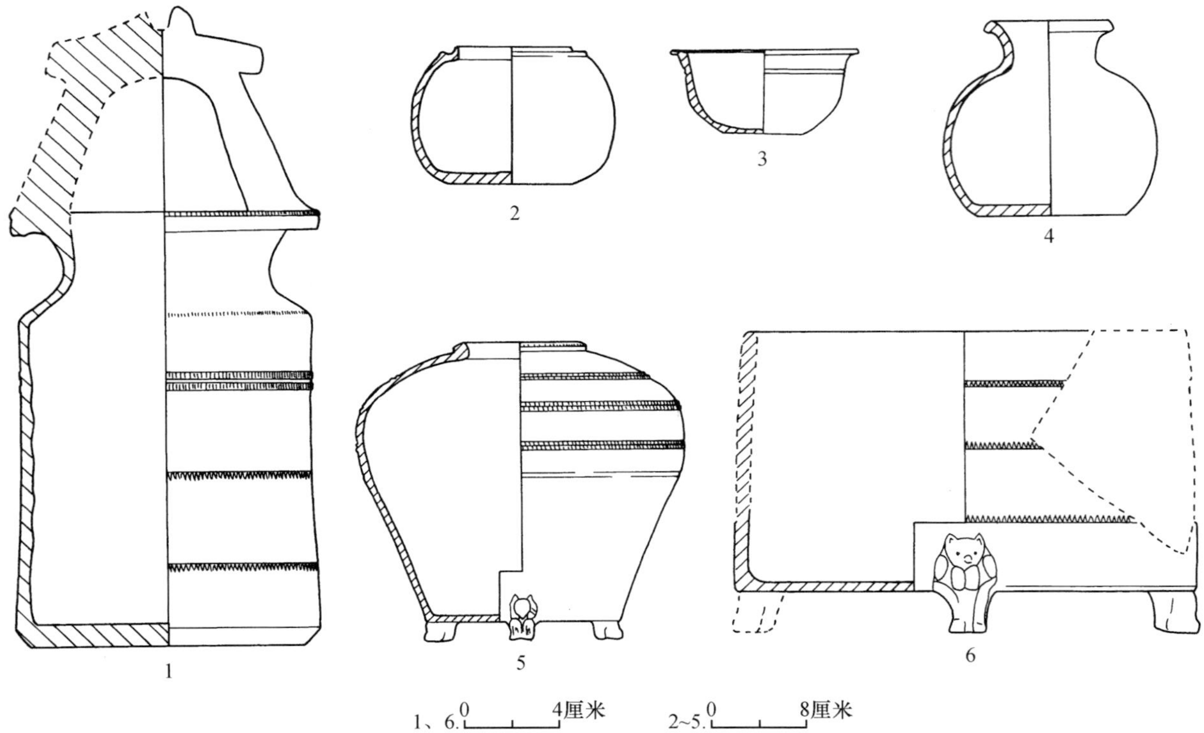

图四五　M12出土陶器

1. 陶井（M12∶1）　2、4. 陶罐（M12∶5、M12∶6）　3. 陶盆（M12∶7）　5. 陶仓（M12∶4）　6. 陶奁（M12∶3）

灶眼较小，另在前端一侧设有一小型圆形灶眼。尾部不见出烟口。在灶面前端一侧阴线刻划有一鱼，鱼鳞做成c字形。灶面用横向与纵向垂直的细小短线纹作间隔。前壁呈长方形，下部有一横长方形灶门，灶门上部向前平伸一挡火墙，表面以阴线刻的细小短线纹、三角形纹、环纹和菱形网格纹作装饰。底长35厘米，底宽22.6厘米，通高24厘米。

小陶釜　1件。置于前端灶眼之上。标本M12∶2-2，泥质灰陶，轮制而成。敛口，圆沿，无颈，上腹扁鼓圆，下腹弧收，腹最大径在中部，平底。底部有一道凸弦纹。口径7.5厘米，底径3.8厘米，通高7.8厘米。

小陶甑　1件。置于小陶釜之上。标本M12∶2-3，泥质灰陶，轮制而成。敞口，平沿外折，圆唇，腹部斜直，平底，底部有八个间距不等的圆形箅孔。上腹部饰有数周凸弦纹。口径13.6厘米，底径4.8厘米，通高7.8厘米。

小陶盆　1件。置于后端灶眼之上。标本M12∶2-4，泥质灰陶，轮制而成。敞口，平沿外折，圆唇，弧腹，平底。口径12.2厘米，底径4.5厘米，通高5厘米。

2. 铜器

铜钱　5枚。标本M12∶8，均为大泉五十，大小基本相同。标本M12∶8-1~M12∶8-3，圆形方穿，穿正背两面均有方郭。正面铸有“大泉五十”四字，篆体。钱径2.7厘米（图四七）。

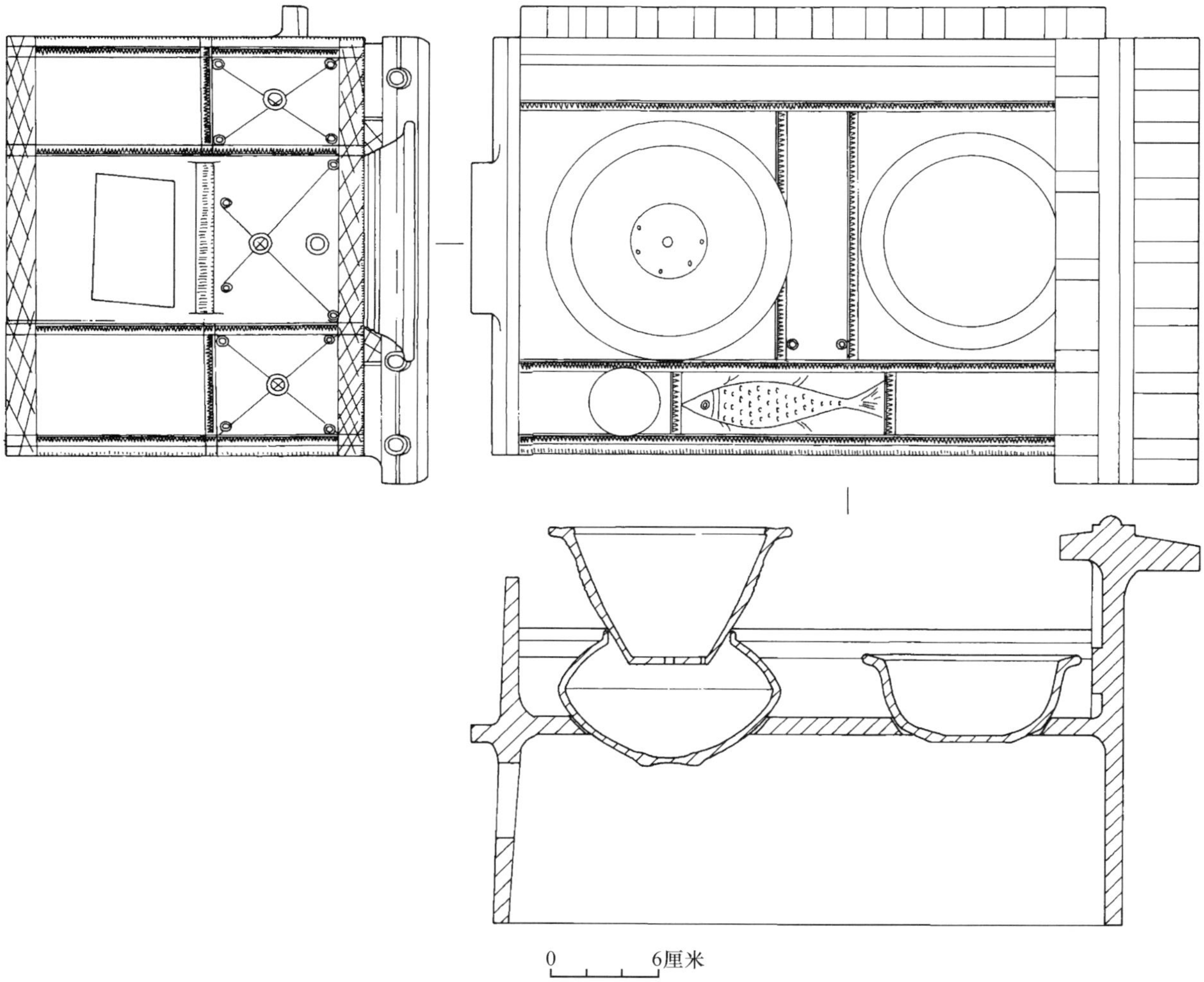

图四六　M12出土陶灶
（M12∶2）

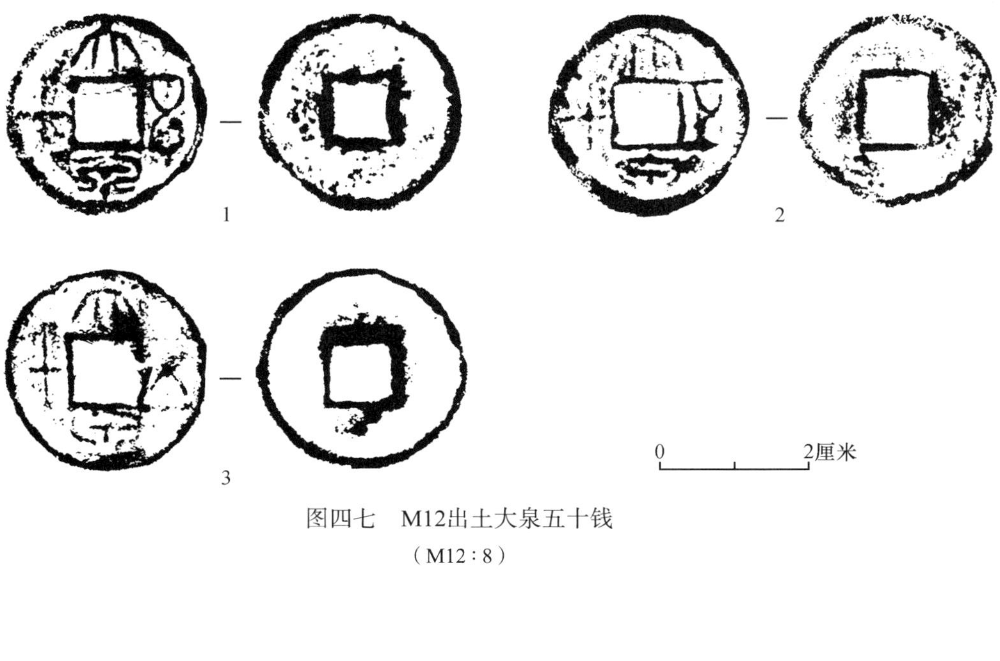

图四七　M12出土大泉五十钱
（M12∶8）

十三、M13

（一）形　制

位于T0104南部，南与M12紧邻。开口于第3层下，打破生土。开口距地表深0.4米，墓口距墓底深4.64米。该墓为一座坐东朝西的竖穴墓道单室土洞墓。方向300°。全墓由墓道、墓门、墓室、耳室四部分组成。其修筑方法是先挖一长方形竖穴墓道，然后向东掏洞挖出墓室和耳室的雏形，再经过一番仔细修整（图四八；图版二七）。

墓道位于墓室之西。平面呈长方形，底呈斜坡状。口长2.7米，宽1米；底长2.5米，宽1米；深4.2~4.6米。墓道西端南北两壁各设有脚窝，南壁6处，间距0.32~0.5米；北壁5处，间距0.3~1.2米。脚窝的宽、深、高均约0.1米。墓道壁面光滑、规整，内填五花土，未经夯打，土质较松。

墓门位于墓道之东。土洞拱券形。宽1米，高1.4米。墓门用内外双层青砖封堵，外层上下共砌10层，高1.4米。其砌法为内层平砌，外层下面8层呈人字形斜砌，上面2层平砌。砖规格为30×14—5厘米。墓门向东挖一与封门砖平行的长方形凹槽，长1.4米，宽0.2米，深0.2米。向东为土洞墓室，平面呈十字形，平顶。长4.3米，宽1.1~1.9米，高1.2米。在墓室前端南北两侧向外各挖一土洞耳室。北耳室宽0.8米，进深0.86米，高1.06米。部分随葬器物存放于内，能辨出器形的有陶罐、陶瓮、陶仓。南耳室宽0.9米，进深0.6米，高1.06米。部分器物随葬其内，能辨出器形的有陶圈厕、陶井、陶仓、陶灶等器物。另在南耳室南部发现有一圆形盗洞，此洞与南邻的M12北壁相通。故此墓也应受到一定程度的盗扰。墓室后端有并列的两棺腐灰痕迹，平面呈梯形。长均为1.9米，宽均为0.6~0.72米。北侧棺灰之内置一具人骨架，腐蚀太甚，墓主头西脚东，仰身直肢葬。南侧骨架腐蚀无存，其下见有铺洒白灰的现象。此墓当为一座夫妻合葬墓。在仔细清理棺灰的过程中，一些被掩埋于腐灰之下的小型随葬品相继出土，在北侧骨架头部偏南发现1面铜镜，然后在南侧棺灰中部偏南发现了数枚铜钱。由于该墓受到盗扰，在墓室前端散见有陶奁、陶盘、陶杯。

（二）出土器物

该墓共出土随葬器物17件（套），可分为陶器、铜器两类。

1. 陶器

陶器共15件（套）。器类有陶仓、陶耳杯、陶盘、陶杯、陶奁、陶罐、陶瓮、陶圈厕、陶井、陶灶。

陶瓮　1件。标本M13：11，泥质灰陶，轮制而成。敞口，圆沿，凸唇，短束颈，上腹鼓

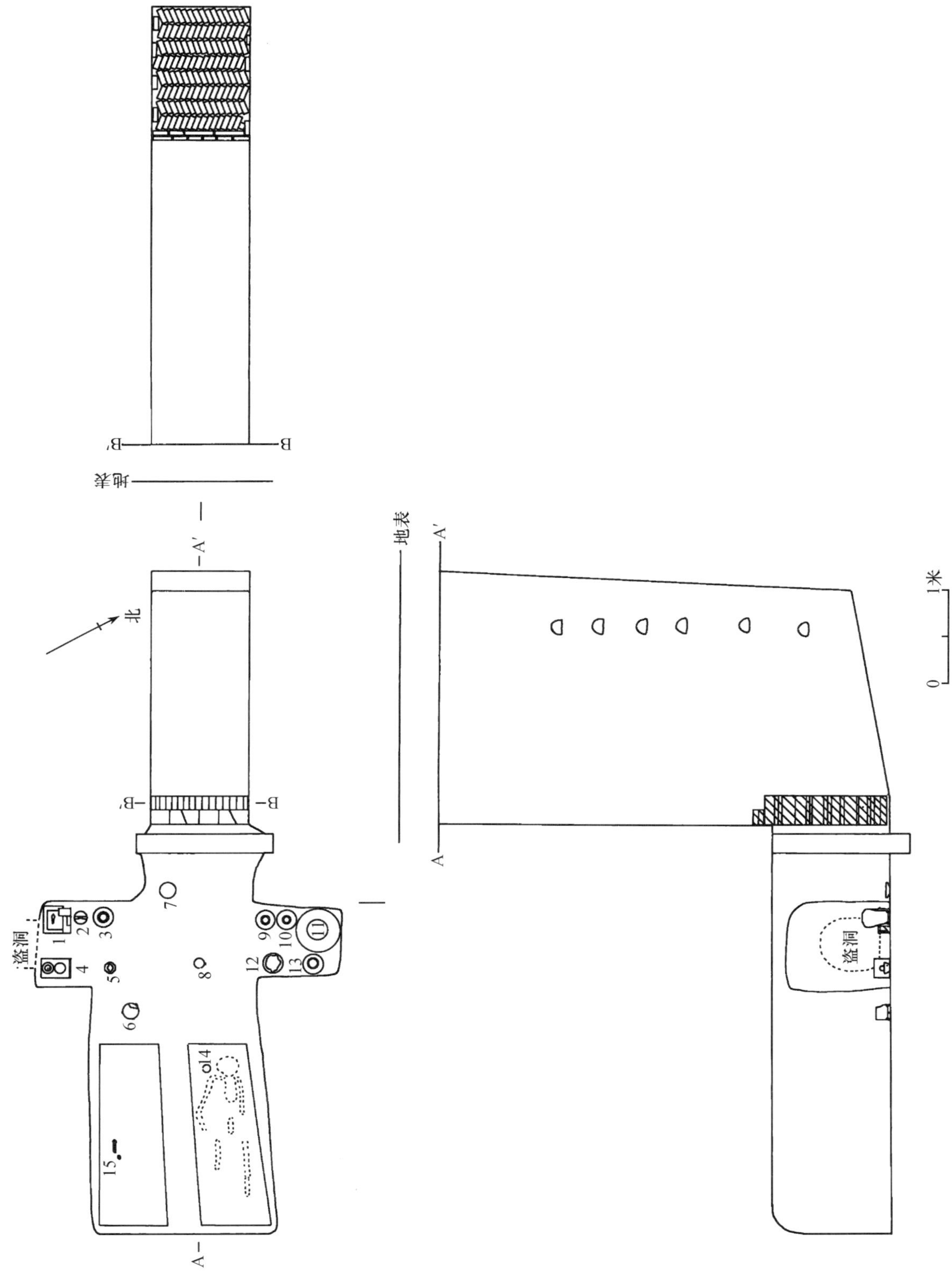

图四八　M13平、剖面图

1. 陶圈厕　2. 陶井　3、12、13. 陶仓　4. 陶灶　5. 陶耳杯　6. 陶奁　7. 陶盘　8. 陶杯　9、10. 陶罐　11. 陶瓮　14. 铜镜　15. 五铢钱

圆，下腹弧收，平底。上腹部饰两周凸起的宽带纹，其间散布有均匀的小戳点纹。口径25厘米，腹径46厘米，底径25.5厘米，通高40.3厘米（图四九，4；图版二九，4）。

陶仓　3件。均为泥质灰陶，器身轮制，三足模制。除大小不同外，器形相同。标本M13：3，整个器物形体上下修长，上宽下窄。敛口，圆沿，无颈，上腹丰圆，下腹斜收，平底。底部外侧附三个等距兽形足。腹部饰三组凸弦纹，一组三周。口径8.3厘米，腹径18.3厘米，底径15厘米，通高28厘米（图五〇，1；图版二八，3）。标本M13：12，形体较为瘦长，器形同M13：3。下腹部饰三组短斜线纹，一组两周，不规整，有的模糊不清。口径9.3厘米，腹径18.3厘米，底径14.5厘米，通高32.3厘米（图五〇，2）。标本M13：13，器形及纹饰同M13：3。口径8.3厘米，腹径17.5厘米，底径14.5厘米，通高27厘米（图四九，3）。

陶耳杯　3件。均为泥质灰陶，模制而成（图版二八，5）。标本M13：5-1，口部平面呈椭圆形，平沿，腹部弧收，平底。口部两侧附双耳，双耳上翘，形似月牙。口径8~12.3厘米，底径4.5~7.2厘米，通高4.4厘米（图五〇，4）。标本M13：5-2，器形同M13：5-1。口径7~11.4厘米，底径4~6.5厘米，通高3.8厘米（图五〇，5）。标本M13：5-3，与上述两件器物相比偏小些。口径6~8.7厘米，底径3.3~5厘米，通高3厘米（图五〇，6）。

陶盘　1件。标本M13：7，泥质灰陶，轮制而成。敞口，斜沿外折，双唇，浅折腹，平底内凹。内底及壁面各饰一周凸弦纹。口径16厘米，底径8.6厘米，通高3.7厘米（图五〇，7；图版二八，6）。

陶杯　1件。标本M13：8，泥质灰陶，器身轮制，器纽捏制。口微敛，平沿，直腹，平底。外壁上部有一纽，中部有一孔。腹部饰三周短线纹。口径9.5厘米，底径9.5厘米，通高8.3厘米（图五〇，8；图版二九，1）。

陶奁　1件。标本M13：6，泥质灰陶，器身轮制，三足模制。直口，平沿，深腹，直壁，平底。底部外侧附三个等距兽形足。腹部饰三周短线纹。口径16.6厘米，底径16.7厘米，通高13.6厘米（图五〇，9；图版二九，2）。

陶罐　2件。均为泥质灰陶，轮制而成。标本M13：9，敞口，弧沿外卷，圆唇，短束颈，溜肩，鼓腹弧收，并有刮削痕迹，平底。口径9.1厘米，腹径16.6厘米，底径10厘米，通高18厘米（图五〇，10；图版二九，3）。标本M13：10，器形同M13：9。口径9.4厘米，腹径17厘米，底径10厘米，通高18.5厘米（图五〇，11）。

陶圈厕　1件。标本M13：1，泥质灰陶，模制，手工拼合而成。整体平面近方形，由长方形猪圈和斜坡宽台路面及其一端立砌的厕房组成。入口处系一斜坡高台路面，路面饰阴线刻直线纹、菱形网格纹、双环纹，其一端平台上建一长方形小屋式厕所，顶为可活动的双面坡式。厕所内下设长方形便池与其向下相连的两个猪窝相通，正对斜坡路面一壁开一长方形厕门，左右两壁上部正中各开有一横向长方形的透气窗。猪圈内有一陶猪，呈站立状，形象逼真。整体四面皆有低矮的围墙，墙外壁光素，上端做成单面坡式。底长23.5厘米，底宽23.5厘米，通高17.5厘米（图四九，1；图版二八，1）。

陶井　1件。标本M13：2，泥质灰陶，井身轮制，井架模制。井身呈长筒形，井口小于井

图四九　M13出土陶器

1. 陶圈厕（M13∶1）　2. 陶井（M13∶2）　3. 陶仓（M13∶13）　4. 陶瓮（M13∶11）

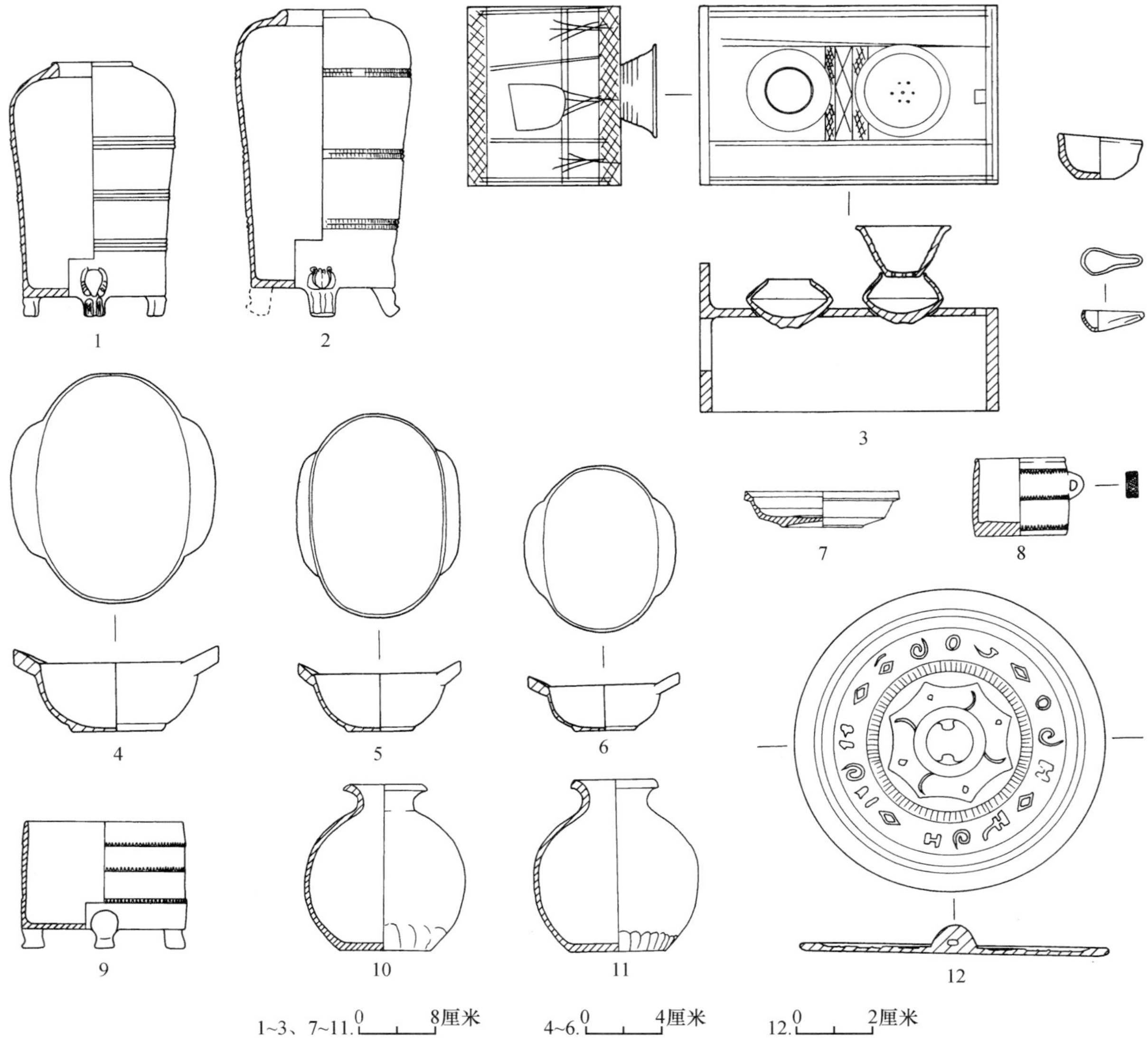

图五〇　M13出土器物

1、2. 陶仓（M13∶3、M13∶12）　3. 陶灶（M13∶4）　4~6. 陶耳杯（M13∶5-1、M13∶5-2、M13∶5-3）　7. 陶盘（M13∶7）　8. 陶杯（M13∶8）　9. 陶奁（M13∶6）　10、11. 陶罐（M13∶9、M13∶10）　12. 铜镜（M13∶14）

底。井口呈圆形，敞口，平沿外折，束颈，直腹，平底。沿部以短斜线纹作装饰，井身饰四组短斜线纹，其中第二组和第四组为三周凸起的短斜线纹。井沿上有对称的提梁式陶制井架，井架上有四阿顶式井亭，井架表面以阴线刻的直线纹、菱形网格纹、环状纹作装饰。井内置一圆口、弧腹、平底汲水罐。口径12.4厘米，底径11.6厘米，通高28厘米（图四九，2；图版二八，2）。

陶灶　1套。标本M13∶4，由灶体、釜、甑、碗、勺组成（图五〇，3；图版二八，4）。

陶灶体　1件。标本M13∶4-1，泥质灰陶，模制，手工拼合而成。平面呈长方形，面微弧凸，四壁较直。灶面有两个大小相同的圆形灶眼，呈一字形排列。尾部正中有一方形出烟口。

灶面及边框饰阴线刻的直线纹，两灶眼之间饰菱形网格纹、三角形纹作间隔。前壁呈长方形，下部有一拱形灶门，极不规整，其上立有挡火墙，表面以阴线刻直线纹、不规则三角形纹、菱形网格纹作装饰。长30厘米，宽18~19厘米，通高25.5厘米。

小陶釜 2件。分别置于两个灶眼之上。标本M13：4-2，泥质灰陶，轮制而成。敛口，圆沿，无颈，上腹扁鼓圆，下腹弧收，腹最大径在中部，平底。底部有一道凸弦纹。口径4.9厘米，底径2.5厘米，通高5厘米。标本M13：4-3，器形同M13：4-2。口径5厘米，底径2.3厘米，通高5厘米。

小陶甑 1件。置于后端小陶釜之上。标本M13：4-4，泥质灰陶，轮制而成。敞口，平沿外折，腹部斜直，平底，底部有七个间距不等的圆形箅孔。内外壁饰有数周凸弦纹。口径10.2厘米，底径4厘米，通高5.4厘米。

小陶碗 1件。置于陶灶体一侧。标本M13：4-5，泥质灰陶，轮制而成。敞口，平沿，弧腹内收，平底。口径9厘米，底径4.5厘米，通高4.5厘米。

小陶勺 1件。置于陶灶体一侧。标本M13：4-6，泥质灰陶，模制。器形偏小，上平面呈瓢形，平沿，圜底。勺柄与勺斗均内空，一端较细尖，另一端较圆弧。通长6.4厘米。

2. 铜器

铜器共2件。器类有铜镜、铜钱。

铜镜 1面。标本M13：14，镜体正、背面布满绿锈。保存完好。圆形，镜面微凸。背面镜纽呈半球形，其下有一圆形纽座。纽座外均匀分布四个形似小月牙的纹饰，再向外为八个浅浮雕内向连弧纹，其外分别饰两周短斜线纹，短斜线纹之间散布有阳刻“见日之光天下大明”铭文，系篆体，每两个字之间有一小处装饰图案，有的形同菱形，有的形同卷云。直径7.8厘米，缘宽0.6厘米（图五〇，12；图版二九，5）。

铜钱 23枚。标本M13：15，均为五铢，大小基本相同。可分3类，第1类为正面穿下半月五铢，第2类为正面穿上一郭五铢，第3类为正面穿上无郭五铢。

1类 个别为剪轮五铢。标本M13：15-1~M13：15-4，圆形方穿，穿正面无郭，穿下半月。背面有方郭。正面左右侧铸有“五铢”二字，字体为篆体。钱径2.4~2.5厘米（图五一（A），1~4）。

2类 部分为剪轮五铢。标本M13：15-5~M13：15-9，圆形方穿，穿正面上有一横郭。背面有方郭。正面左右侧铸有“五铢”二字，字体为篆体。钱径2.4~2.5厘米（图五一（A），5~9）。

3类 个别为剪轮五铢。标本M13：15-10~M13：15-19，圆形方穿，穿正面无郭。背面有方郭。正面左右侧铸有“五铢”二字，字体为篆体。钱径2.4~2.5厘米（图五一（B））。

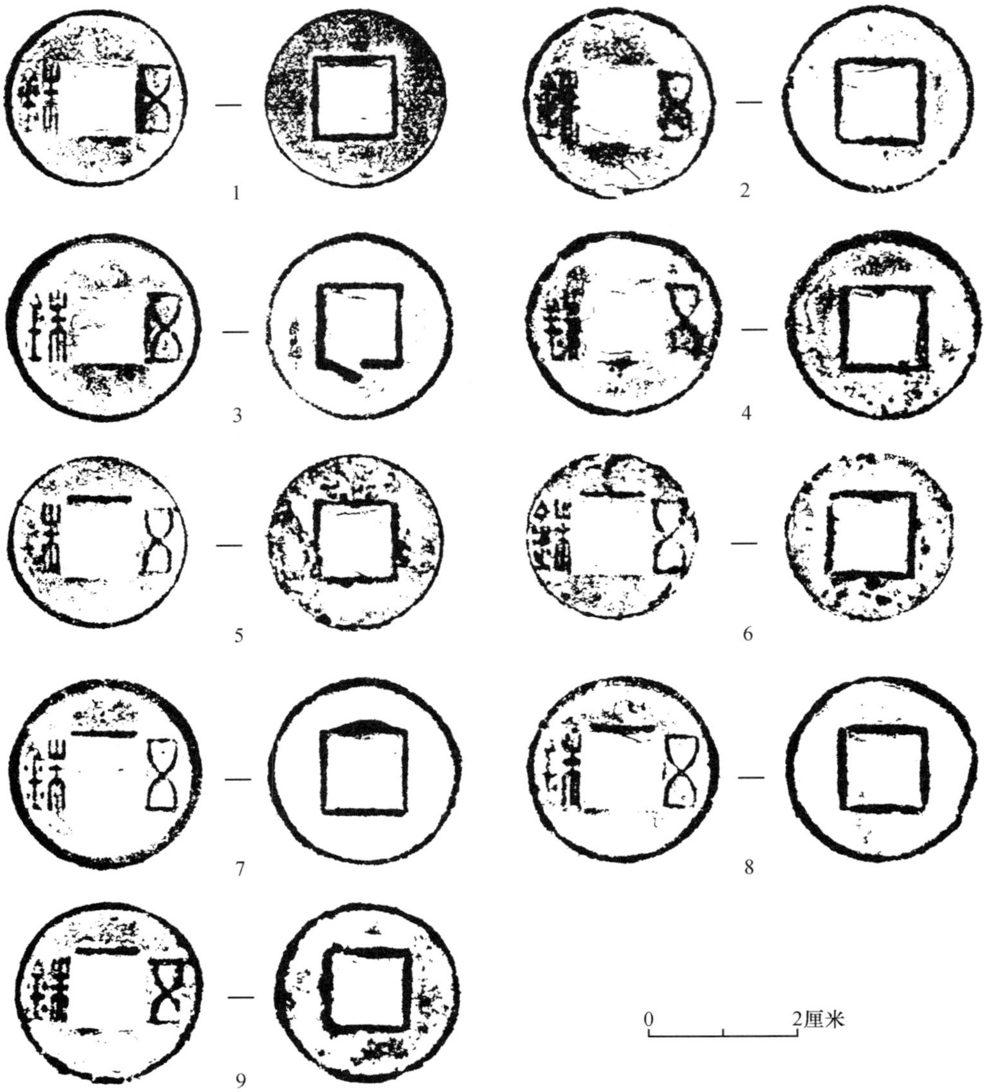

图五一（A）　M13出土五铢钱
（M13∶15）
1~4. 1类　5~9. 2类

十四、M14

（一）形　　制

位于T0502东南部，向东横跨T0602，南与M15紧邻。开口于第3层下，打破生土。开口距地表深0.72米，墓口距墓底深5.1米。该墓为中间竖穴墓道双室土洞墓，其中东墓室未砌砖。方向110°。全墓由墓道、墓门、东西墓室、耳室四部分组成。此墓保存较好。其修筑方法是先挖一长方形竖穴墓道，然后在墓道底部东、西两侧分别掏洞挖出东、西墓室和耳室的雏形，经过修整，再在土圹内用小砖砌筑西墓室和墓道（图五二；图版三〇）。

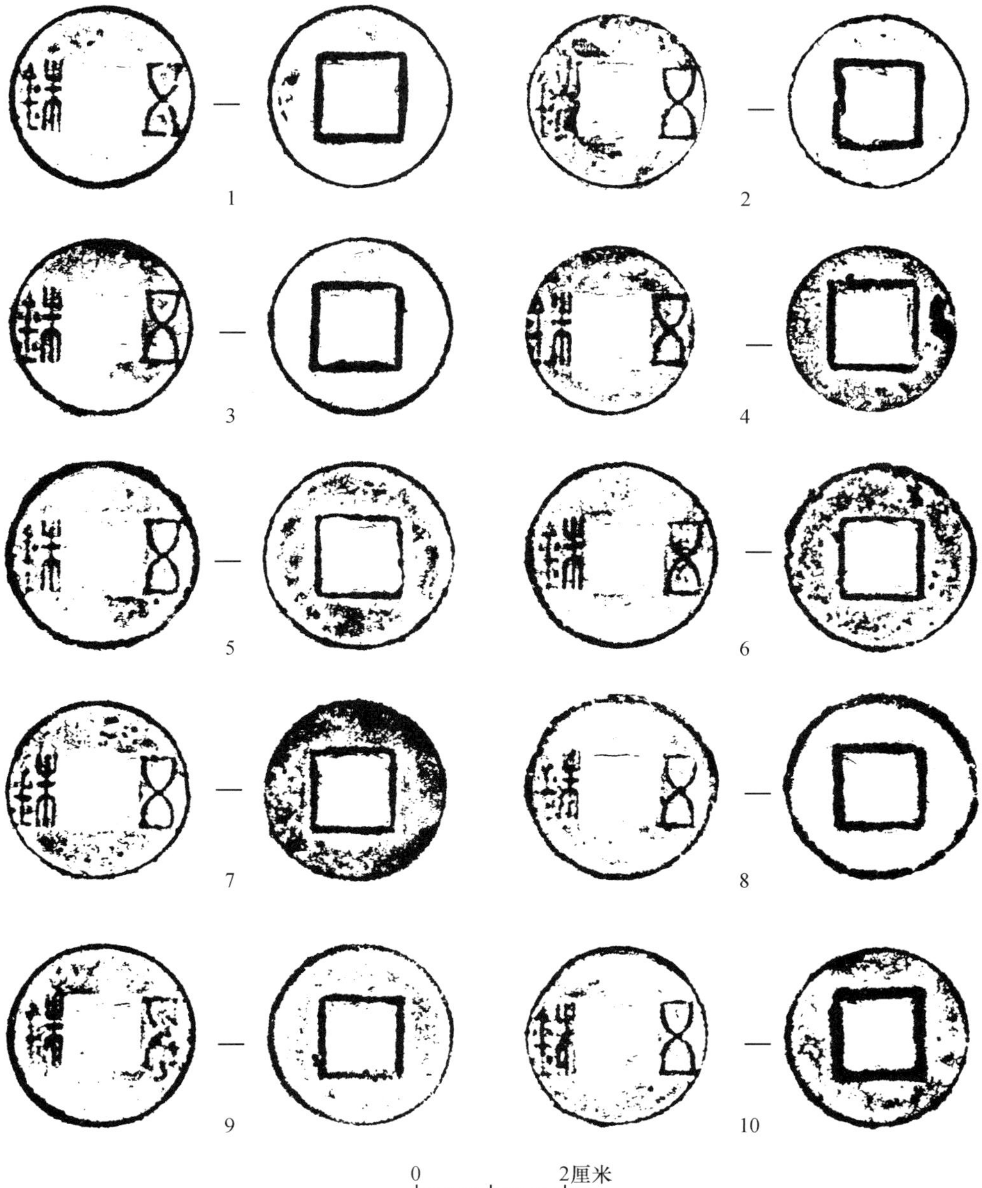

图五一（B）　M13出土五铢钱
（M13：15）
1~10. 3类

墓道开设于两墓室中部。平面呈长方形，平底。长2.7米，宽1.1米，深5.84米。南北两壁用青灰色素面条形小砖错缝平砌13层，底部用青灰色素面小砖平铺，铺法为中间为一排竖砖，两侧为平砖。砖规格为47×14—8厘米。耳室开设于墓道北壁底部，系一长方形土洞耳室。宽1.1米，进深1.3米，高1.1米。其内随葬有1件陶灶和一些散碎铜饰件。墓道内填五花土，土质较松，未经夯打。墓道底部东西两侧为两个相对的门洞。东门洞宽1.2米，高1.5米。西门洞宽1米，高1.1米。两门洞均未见有封门砖。

东墓室位于墓道之东。平面呈长方形。长3.3米，宽1.3米。墓室北侧发现一些残破陶器，

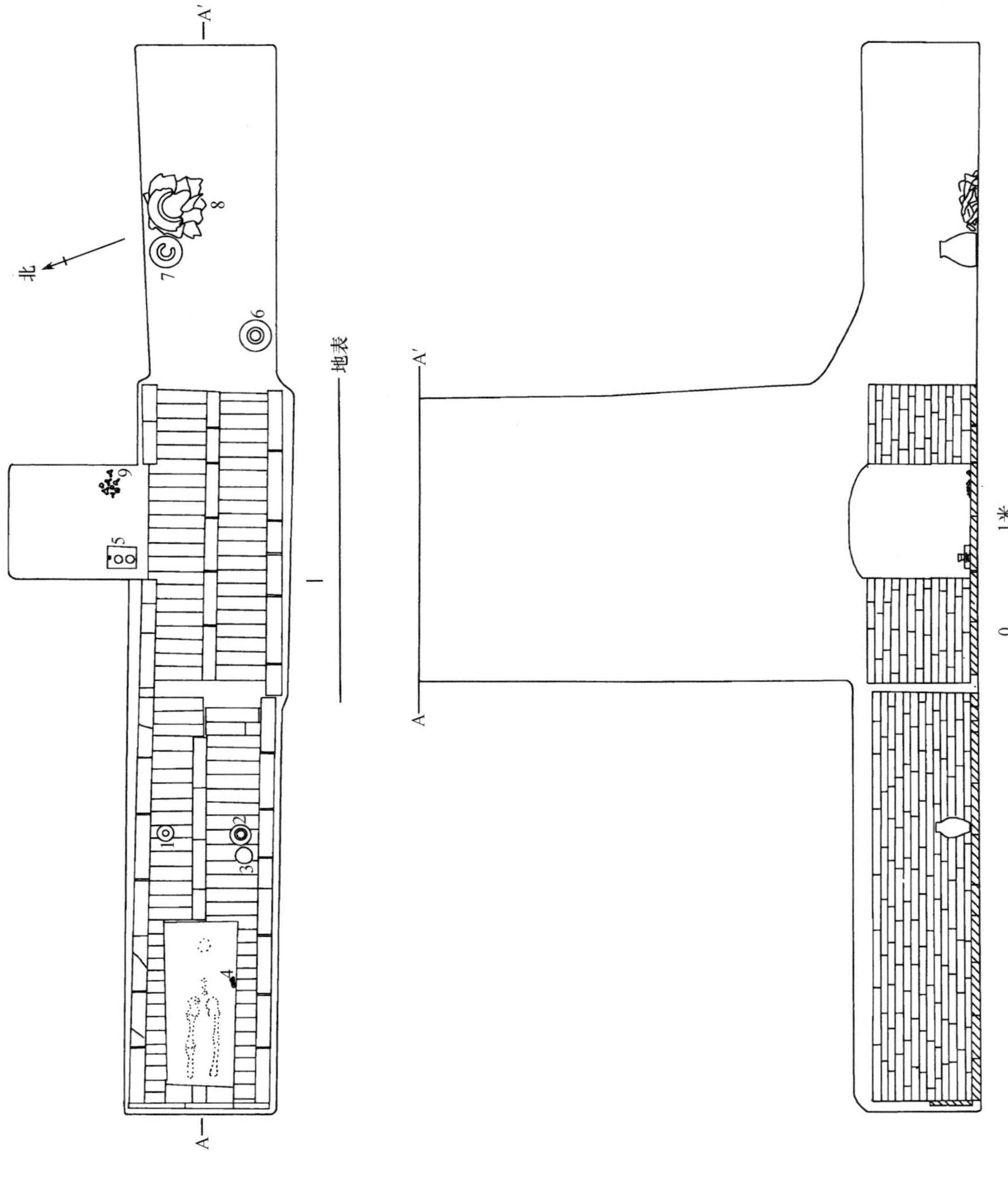

图五二　M14平、剖面图

1. 陶瓶　2、6、7. 陶罐　3. 铜釜　4. 铜钱　5. 陶灶　8. 陶瓮　9. 铜饰件

分别是陶罐、陶瓮，在西端靠南壁处随葬1件陶罐。未发现人骨架遗存。

西墓室位于墓道之西。平面呈长方形。长3.9米，宽1米。墓室入口与南北两壁分别留有一宽0.08~0.16米的凹槽。南北两壁采用小砖错缝平砌13层，墓底用小砖平铺，铺法为中间为一排竖砖，两侧为平砖。墓室西端中部隐约可见木棺腐烂痕迹。长约1.7米，宽0.6~0.7米。其内置一具腐朽严重的人骨架，大部分骨块已无存，仅剩下一些下肢骨残段，但可以看出为单人葬，墓主头应朝东，葬式似为仰身直肢葬。在墓主骨架南侧随葬有数枚铜钱。墓室内积满淤土，土质细腻、较松，随葬器物均散存于淤土之中，随葬品有1件陶瓶、1件陶罐、1件铜釜。

（二）出土器物

该墓共出土随葬器物9件（套），可分为陶器、铜器两类。

1. 陶器

陶器共6件（套）。器类有陶罐、陶瓶、陶瓮、陶灶。

陶罐　3件。均为泥质灰陶，轮制而成。标本M14：2，敞口，圆唇上凸，呈盘口状，高束颈，溜肩，鼓腹斜收，平底。口径14厘米，腹径25厘米，底径14.8厘米，通高32.3厘米（图五三，3）。标本M14：6，整体上窄下宽。敞口，平沿外折，方唇，束颈，斜肩，腹壁斜弧收，腹最大径在下部，大平底。口径15.8厘米，腹径32.7厘米，底径28.7厘米，通高33.5厘米（图五三，1；图版三一，1）。标本M14：7，器形同M14：6。口径16厘米，腹径33.8厘米，底径29厘米，通高35厘米（图五三，2）。

陶瓶　1件。标本M14：1，泥质灰陶，轮制而成。器体修长，直口，平沿，束颈，上腹弧圆，下腹弧收，平底略凹。肩部和腹下部均饰两周凹弦纹，腹中部隐约可见纵向平行短线纹。口径8.6厘米，腹径18.5厘米，底径10.5厘米，通高30厘米（图五三，4；图版三一，2）。

陶瓮　1件。标本M14：8，泥质灰陶，轮制而成。器形硕大，敛口，圆唇，短颈，丰肩，腹部鼓圆内收，平底内凹。口径31.4厘米，腹径50厘米，底径25.5厘米，通高43厘米（图五三，5）。

陶灶　1套。标本M14：5，由灶体、釜、盆、甑组成（图五四）。

陶灶体　1件。标本M14：5-1，泥质灰陶，模制，手工拼合而成。平面呈圆角长方形，四壁较直，四个转角呈弧形。灶面有两个圆形灶眼，呈一字形排列。尾部斜置一方柱形烟囱，顶部为削角圆形。前壁下部有一长方形灶门，灶门之上有一平伸的挡火墙。长25厘米，宽20厘米，通高14.5厘米。

小陶釜　2件。分别置于两个灶眼之上。均为泥质灰陶，轮制而成。标本M14：5-2，敛口，撇沿，上腹鼓圆，下腹斜收，平底。口径6.3厘米，底径2.6厘米，通高6.3厘米。标本M14：5-3，敞口，平沿，腹部斜直内收，平底。口径9.4厘米，底径4.5厘米，通高3.7厘米。

小陶甑　1件。置于前端小陶釜之上。标本M14：5-4，泥质灰陶，轮制而成。敞口，平沿

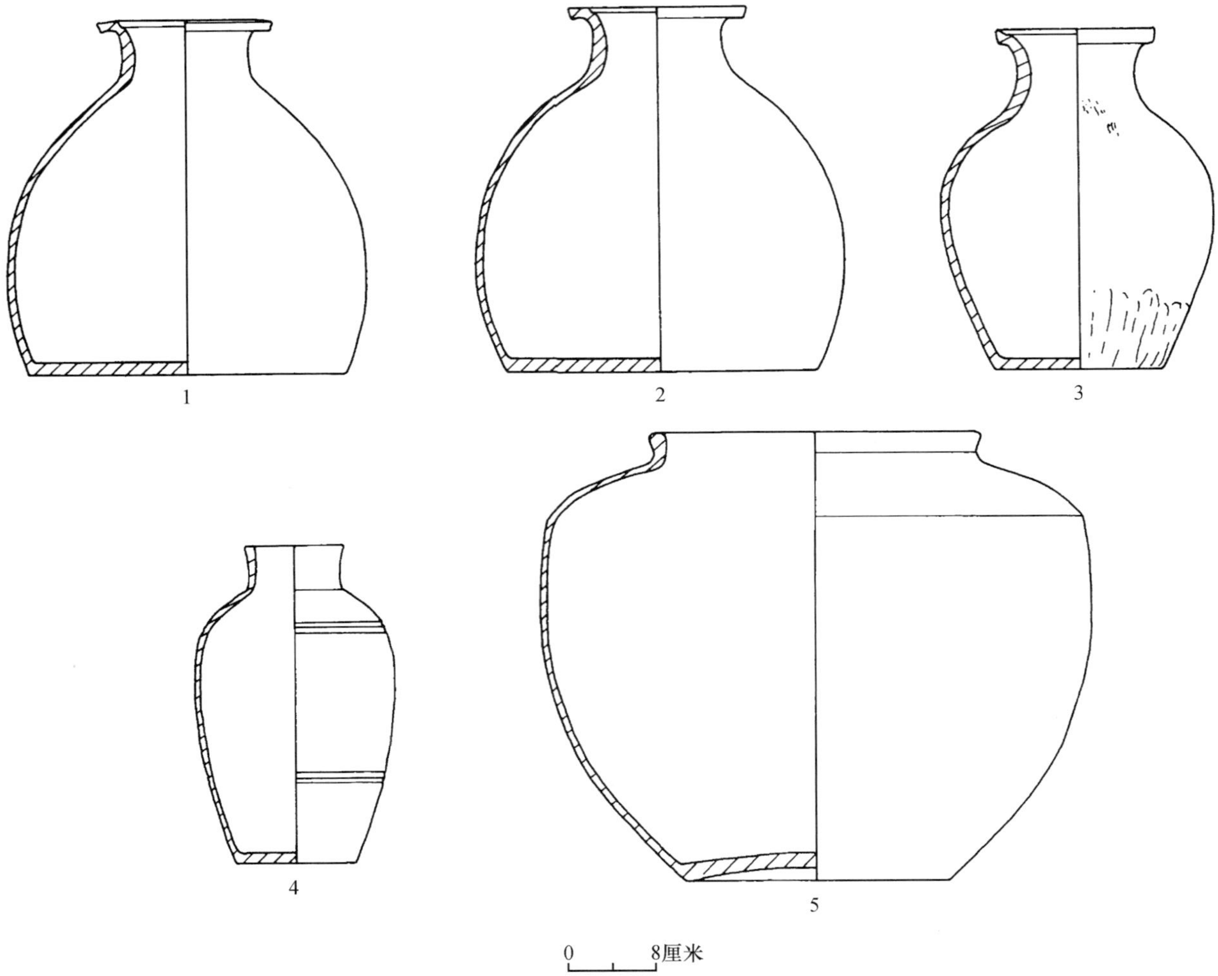

图五三　M14出土陶器

1~3. 陶罐（M14：6、M14：7、M14：2）　4. 陶瓶（M14：1）　5. 陶瓮（M14：8）

外折，腹部斜直内收，平底，底部有六个分布均匀的圆形箅孔。口径9.3厘米，底径3.5厘米，通高4.5厘米。

小陶盆　2件。均为泥质灰陶，轮制而成。标本M14：5-5，敞口，平沿外折，腹壁斜直，平底。口径10.4厘米，底径5厘米，通高4.3厘米。标本M14：5-6，器形同M14：5-5，口部残缺。口径9.7厘米，底径4厘米，通高4厘米。

2. 铜器

铜器有铜饰件、铜釜、铜钱三类。

铜饰件　数件。标本M14：9，均已残断。器形有的呈细长S形；还有的呈管状，一端为四瓣花叶状；也有面微隆起、其下带纽的圆形器等。性质不明（图版三一，4）。

铜釜　1件。标本M14：3，通体长满绿锈。口沿和腹部已残缺。撇口，斜平沿，鼓腹，圜底。通高8.5厘米（图版三一，3）。

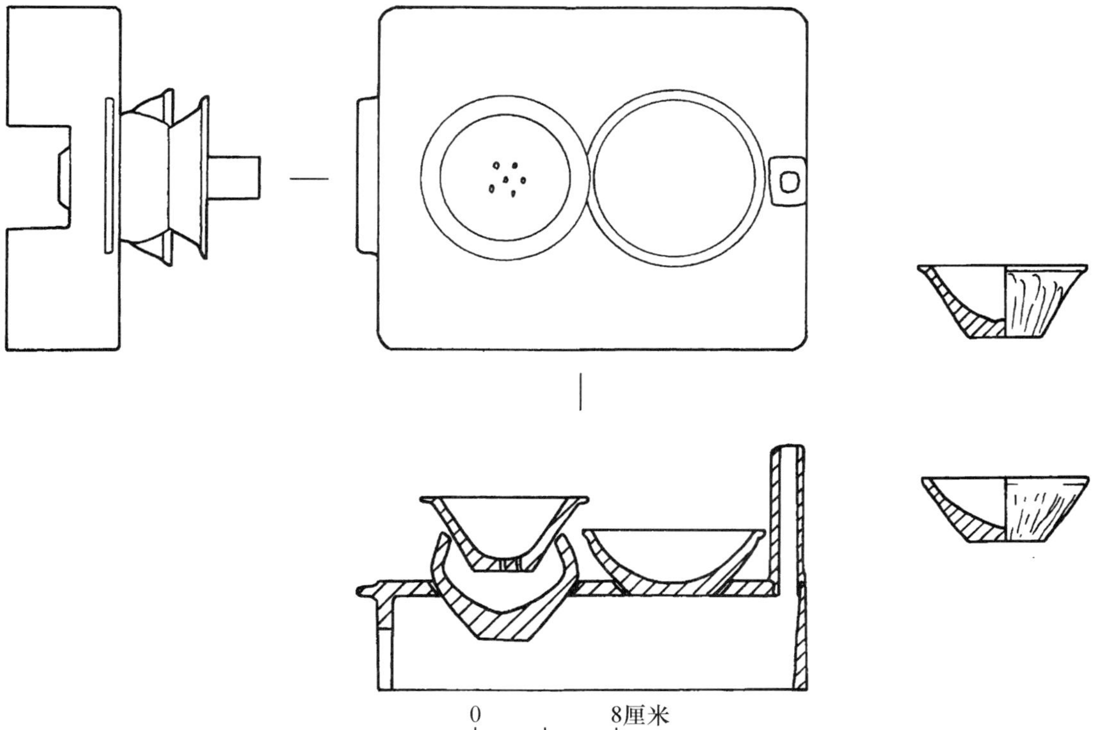

图五四 M14出土陶灶
（M14：5）

铜钱 4枚。标本M14：4，大小相同，腐蚀严重。有的已黏接，有的正面穿上钻有圆孔，钱文多模糊不清，难以识读。个别铜钱正面隐约可见“五铢”二字，无法拓片（图版三一，5）。

十五、M15

（一）形 制

位于T0502东南部，南与M16紧邻。开口于第3层下，打破生土。开口距地表深0.78米，墓口距墓底深5.1米。方向110°。该墓为一座坐西朝东的竖穴墓道单室土洞墓，由墓道、墓门、墓室三部分组成。其修筑方法是先挖一长方形竖穴墓道，然后掏洞挖出墓室的雏形，经过修整，再在土圹内用空心砖砌筑墓室（图五五；图版三二）。

墓道位于墓室之东。平面呈长方形。长2.8米，宽1米，深5.1米。底部用小砖东西向竖铺，由西向东共4排。小砖规格为40×16—8厘米。南北两壁用空心砖东西向立砌，上下两层，每壁4块，共8块。砖面均戳印有菱形纹、乳钉纹，做工精细、美观、大方。空心砖规格为126×44—12厘米。东端用两块南北向立砌的空心砖封口。砖规格为110×44—12厘米，表面纹饰与前述者相同。在墓道的西端有一不规则的椭圆形盗洞，直径约0.7米。墓道内填五花土和

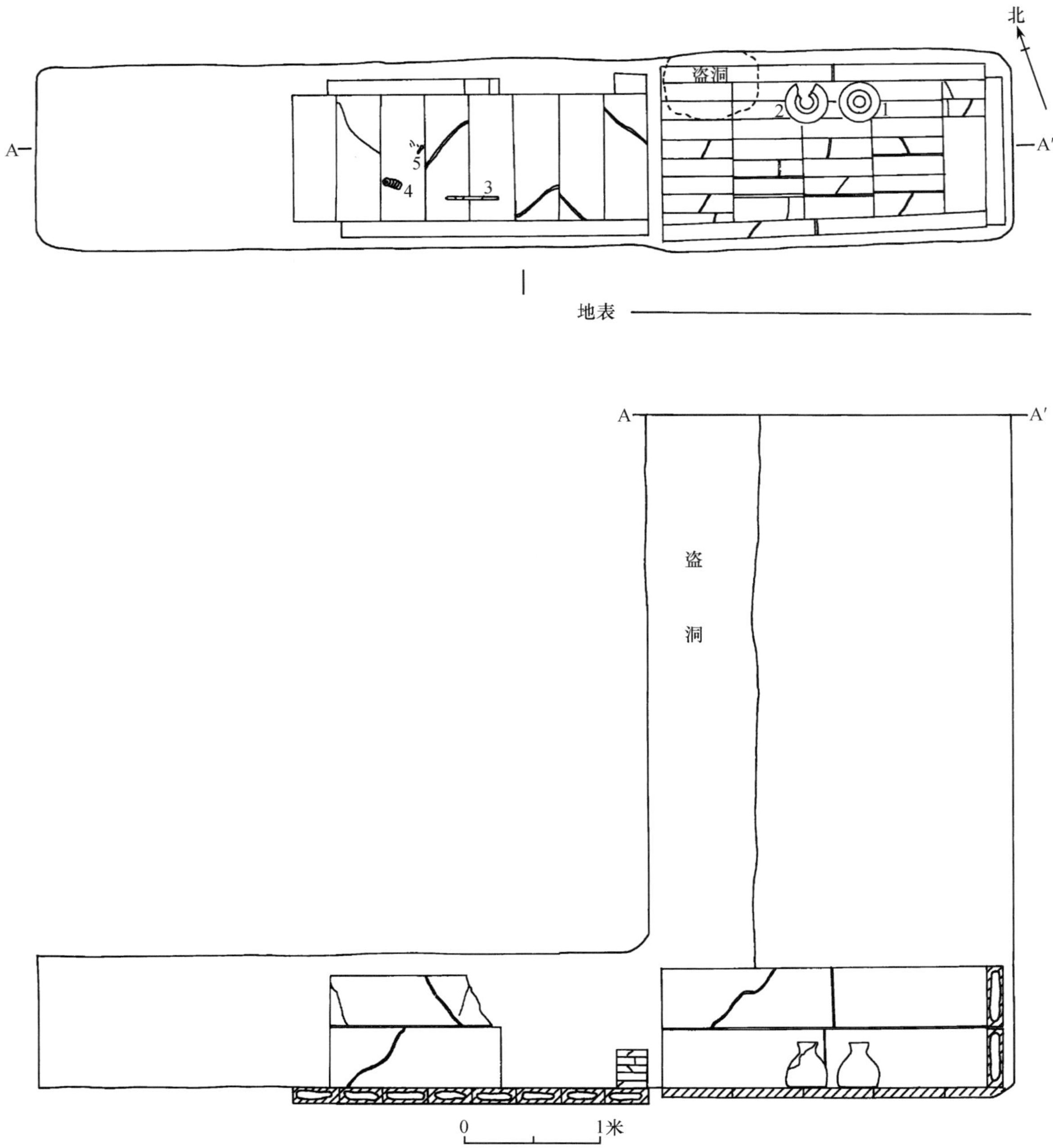

图五五　M15平、剖面图

1、2. 陶罐　3. 铁剑　4. 五铢钱　5. 铜带钩

扰土，土质较松，未经夯打。

墓门残留有用小砖直砌的残墙，残高0.28米。墓门残宽0.98米，高1米。未见有封门砖。

墓室位于墓道之西。平面呈长方形。长4.5米，宽1.35米。墓室用大小不一的空心砖砌成，砖面戳印有菱形纹、乳钉纹等，图案布局有序，十分精美。南北两壁立砌的空心砖大多已脱落无存，仅在北壁残留有两块，仍可以看出砌法为东西向对缝立砌，分上下两层。空心砖规格为

126×42—12厘米。底部由东向西依次用大小相同的8块空心砖南北向平铺，再向西没有铺地砖，推测为盗墓所致。空心砖规格为98×36—12厘米。根据我们发掘此墓掌握的情况分析得知，墓室顶部原本就没有封顶的空心砖，其顶部应为土洞墓顶。由于该墓遭到严重盗掘，墓主的遗骨和葬具均荡然无存。墓室内积满扰土，土质较杂、松软，大部分随葬器物已被盗掘，个别器物移位散存于扰土之中，仅在墓室中发现锈迹斑斑的1件残铁剑、1件铜带钩以及数枚铜钱。此外，在墓道北壁处发现2件陶罐，其中1件已残破。

（二）出土器物

该墓共出土随葬器物5件，可分为陶器、铜器、铁器三类。

1. 陶器

陶器共2件。器类仅有陶罐。

陶罐　2件。均为泥质灰陶，轮制而成。标本M15：1，整体上窄下宽。敞口，平沿外折，方唇，束颈，斜肩，腹壁斜弧收，腹最大径在下部，大平底。口径13.7厘米，腹径34厘米，底径30厘米，通高32厘米（图五六，1）。标本M15：2，器形同M15：1。口径13.6厘米，腹径34.3厘米，底径31厘米，通高33厘米（图五六，2）。

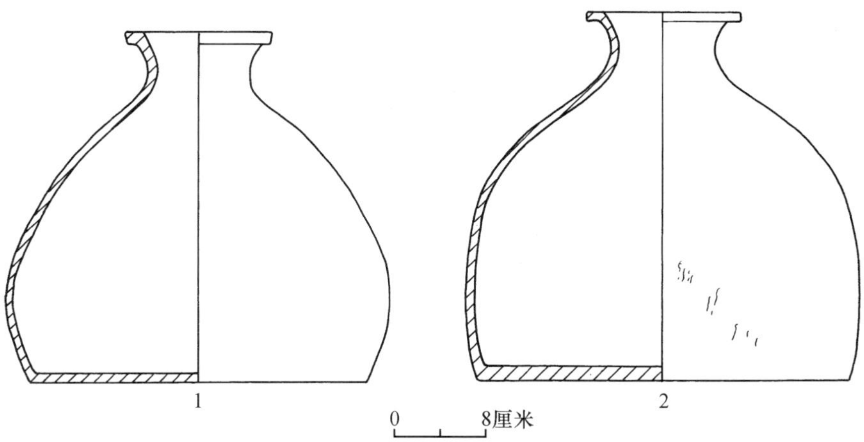

图五六　M15出土陶罐

1. M15：1　2. M15：2

2. 铜器

铜器共2件。器类有铜带钩、铜钱。

铜带钩　1件。标本M15：5，通体长满绿锈。钩部已残断。整体呈S形，一端作螭龙首，作回望状，钩体上面呈弧圆状，下面较平，并有圆柱，柱顶呈椭圆形，近于一端。通长9.5厘米（图五七，8）。

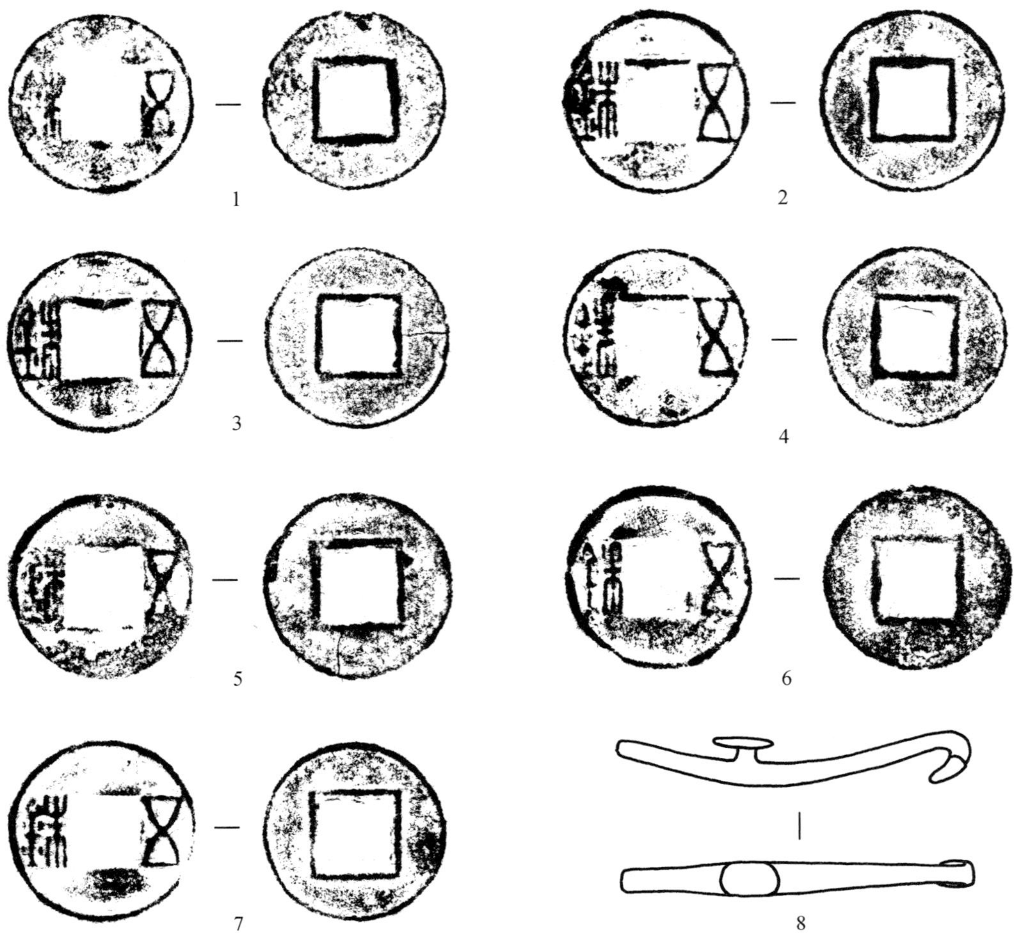

1~7. 0　2厘米　8. 0　4厘米

图五七　M15出土五铢钱、铜带钩

1. 1类五铢钱（M15：4-1）　2~4. 2类五铢钱（M15：4-2~M15：4-4）
5~7. 3类五铢钱（M15：4-5~M15：4-7）　8. 铜带钩（M15：5）

铜钱　8枚。标本M15：4，均为五铢，大小相同。可分3类，第1类为正面穿下半月五铢，第2类为正面穿上一郭五铢，第3类为正面穿上无郭五铢。

1类　标本M15：4-1，圆形方穿，穿正面无郭，穿下半月。背面有方郭。正面左右侧铸有“五铢”二字，字体为篆体。钱径2.5厘米（图五七，1）。

2类　标本M15：4-2~M15：4-4，圆形方穿，穿正面上有一横郭。背面有方郭。正面左右侧铸有“五铢”二字，字体为篆体。钱径2.5厘米（图五七，2~4）。

3类　标本M15：4-5~M15：4-7，圆形方穿，穿正面无郭。背面有方郭。正面左右侧铸有“五铢”二字，字体为篆体。钱径2.5厘米（图五七，5~7）。

3. 铁器

铁剑　1件。标本M15：3，因腐蚀剥落太甚，只保存剑体的少部分残段。

十六、M16

（一）形　　制

位于T0502东南部。开口于第3层下，打破生土。开口距地表深0.8米，墓口距墓底深5.1米。该墓为一座坐西朝东的竖穴墓道单室土洞墓，除受到自然破坏之外，基本保存较好。方向110°。全墓由墓道、墓门、墓室、耳室四部分组成。其修筑方法是先挖一长方形竖穴墓道，然后掏洞挖出墓室和耳室的雏形，经过修整，再在土圹内用空心砖砌筑墓室和耳室（图五八；图版三三）。

墓道位于墓室之东。平面呈长方形，平底。长2.6米，宽0.94米，深5.1米。墓道内填五花土，土质较松，未经夯打。

墓门位于墓道之东，较为规整。宽1米，高0.96米。未见有封门砖。

墓室位于墓道之西。平面呈长方形。长4米，宽0.96~1米。墓室用规格不一的空心砖砌成，砖面戳印有菱形纹、乳钉纹等，图案精美。南、北两壁用10块空心砖东西向对缝立砌，分上下两层，北壁6块，南壁4块。砖规格为140×40—12厘米。西端用两块空心砖南北向立砌封口。底部用11块空心砖南北向平铺。砖规格为100×36—16厘米。由于此墓较深，墓顶自然坍塌严重，只残留有少许的封顶砖南北向覆盖于墓室南、北两壁之上。耳室开设于墓室入口处的南壁，平面呈长方形。宽0.98米，进深2.9米，高0.75米。耳室底部用7块相同的空心砖东西向平铺，周壁砌筑方法与墓室砌筑方法相同。耳室的封顶空心砖保存较好，其规格为100×36—12厘米。耳室门则用两块规格80×30—16厘米的空心砖竖砌两侧，其上平盖一块规格145×30—16厘米的空心砖，构筑十分考究。墓室内积满淤土，土质细腻、较松。在耳室的入口处发现3件陶罐，另在耳室的东侧随葬有铜提梁卣、铜釜、铜勺、陶罐等，在耳室的西侧随葬有陶罐、残碎铁炉、铜钱等。在清理墓室时，发现葬具腐朽严重，已成朽灰，其内的部分骨块腐烂无存，但隐约可见此墓是单人葬，墓主头东脚西，仰身直肢葬。在墓主头部一侧出土1面铜镜，在墓室北壁东端出土铜钫和铜盆各1件。

（二）出土器物

该墓共出土随葬器物16件，可分为陶器、铜器、铁器三类。

1. 陶器

陶器共8件。器类有陶罐、陶瓮。

陶罐　7件。均为泥质灰陶，轮制而成。标本M16：4，整体上窄下宽。敞口，平沿外折，方唇，束颈，斜肩，腹壁弧收，腹最大径在下部，大平底。口径14.1厘米，底径31.2厘米，通

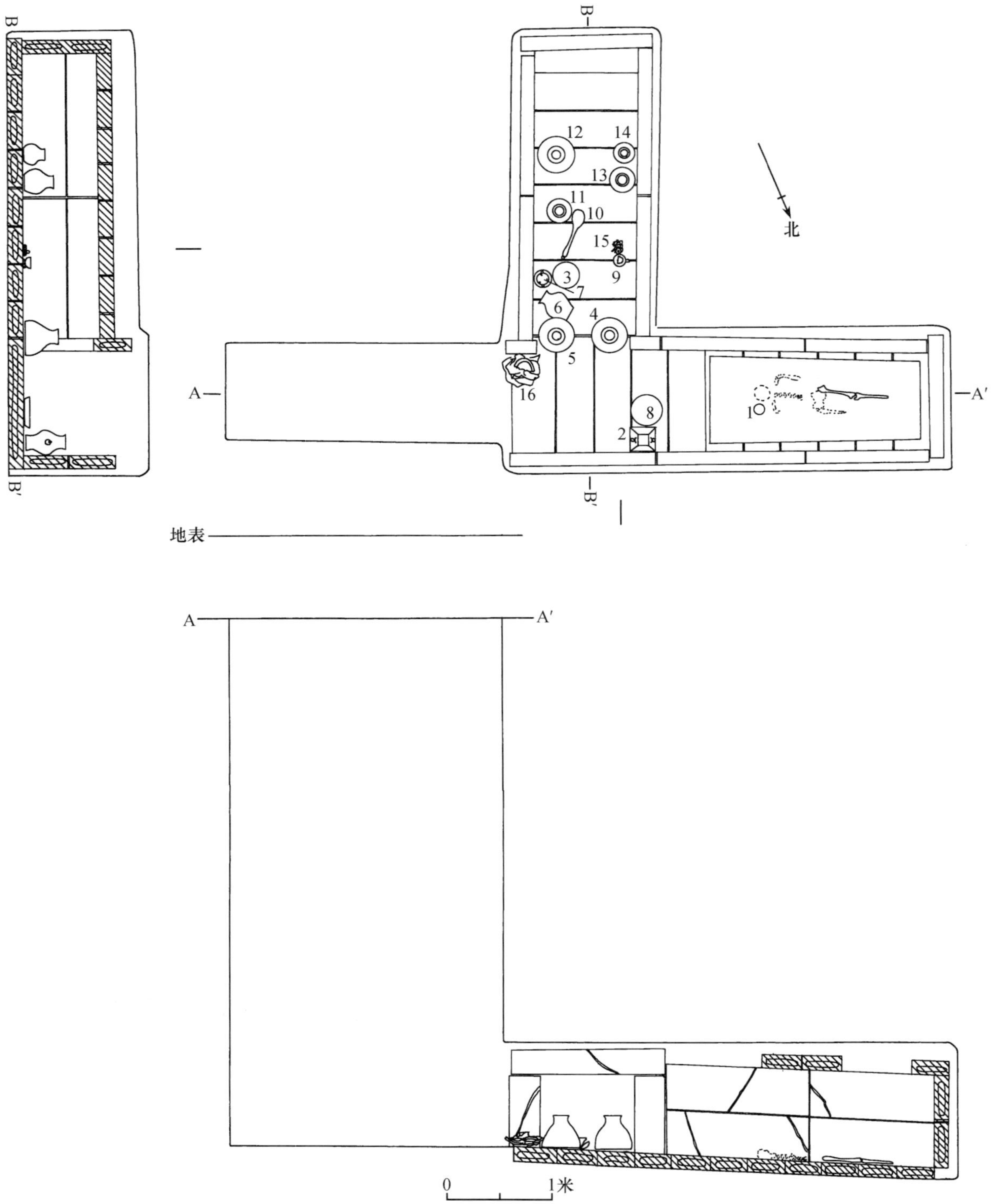

图五八　M16平、剖面图

1. 铜镜　2. 铜钫　3. 铜釜　4~6、11~14. 陶罐　7. 铜提梁卣　8. 铜盆　9. 铁炉　10. 铜勺　15. 五铢钱　16. 陶瓮

高29厘米（图五九，1；图版三四，1）。标本M16∶5，器形同M16∶4。口径14厘米，底径31厘米，通高29厘米（图五九，2）。标本M16∶6，口似盘口状，敞口外卷，圆唇上凸，束颈，溜肩，鼓腹弧收，平底。腹中下部饰数周时断时续的细弦纹，其下至底可见刮削痕。口径13.5厘米，腹径24.3厘米，底径12.5厘米，通高30厘米（图五九，4；图版三四，2）。标本M16∶11，器形同M16∶6。腹中下部饰时断时续的弦纹。口径14.4厘米，腹径24.5厘米，底径14.2厘米，通高30厘米（图五九，5；图版三四，3）。标本M16∶12，器形同M16∶4。口径14厘米，底径33厘米，通高31厘米（图五九，3）。标本M16∶13，器形同M16∶6。腹中下部饰时断时续的弦纹。口径12.8厘米，腹径24.5厘米，底径14.8厘米，通高30厘米（图五九，6）。标本M16∶14，敞口，方唇外卷，束颈，鼓腹内收，腹最大径在中部，平底。口径10.5厘米，腹径18.8厘米，底径12.5厘米，通高19.5厘米（图五九，7；图版三四，4）。

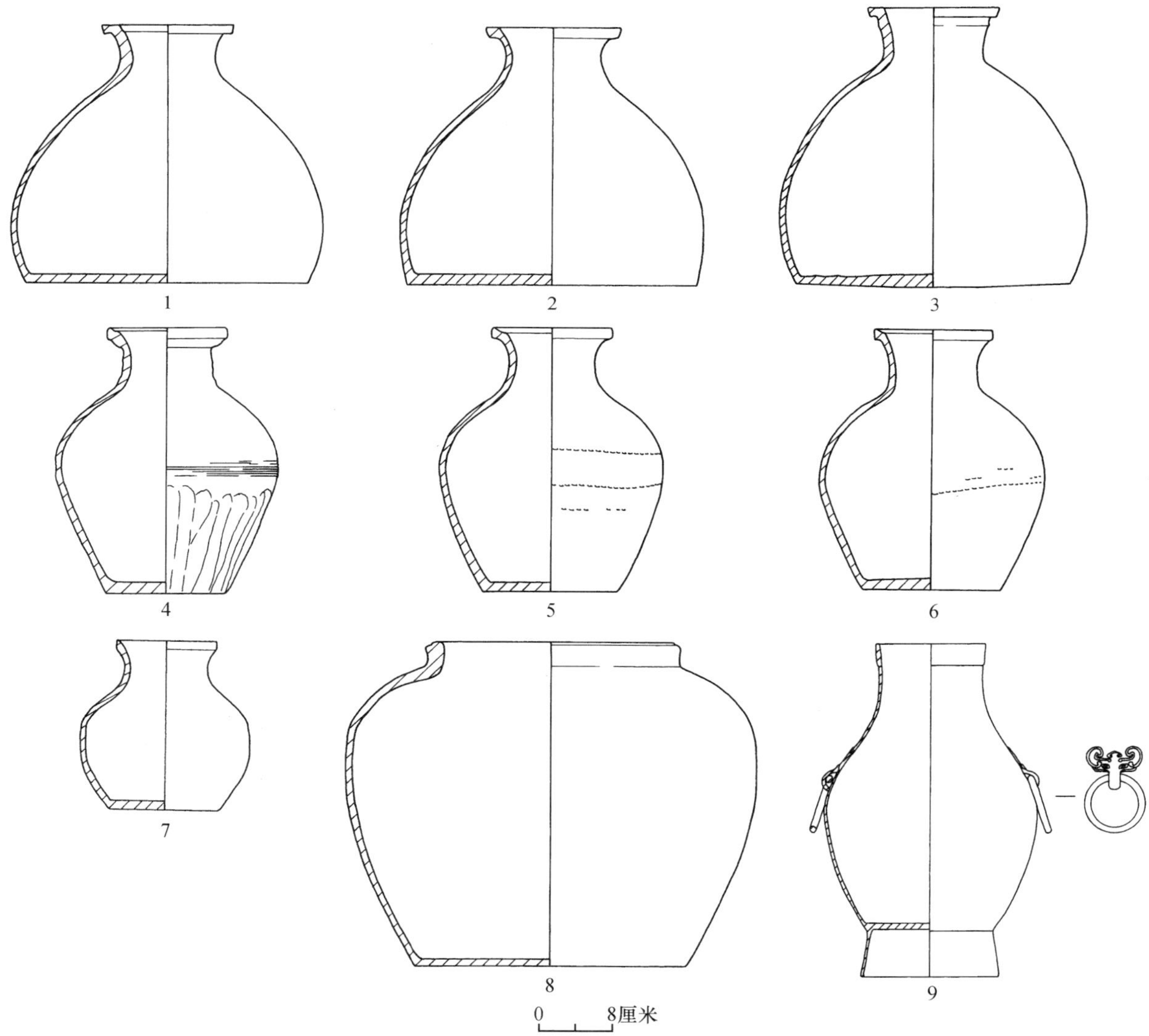

图五九　M16出土器物

1~7. 陶罐（M16∶4、M16∶5、M16∶12、M16∶6、M16∶11、M16∶13、M16∶14）　8. 陶瓮（M16∶16）　9. 铜钫（M16∶2）

陶瓮　1件。标本M16：16，泥质灰陶，轮制而成。敛口，圆沿，矮领，丰肩，鼓腹弧收，平底。沿部有一周弦线。口径28厘米，腹径45厘米，底径29.8厘米，通高36厘米（图五九，8；图版三四，5）。

2. 铜器

铜器共7件。器类有铜钫、铜提梁卣、铜勺、铜盆、铜釜、铜镜、铜钱。

铜钫　1件。标本M16：2，残损较严重，口、颈、腹部均有变形、断裂、空洞的现象。方口，平沿，颈微束，腹部四棱弧状内收，圈足。上腹部铸有对称铺首衔环，其中一环已残。口径11.4厘米，腹径22厘米，足径13.8厘米，通高38厘米（图五九，9；图版三四，6）。

铜提梁卣　1件。标本M16：7，分铸而成。自然腐蚀严重，卣盖和卣体粘在一起，卣体底部有较大腐蚀空洞。卣盖圆形，盖面微隆起，其上铸有三个等距的蹲状兽形纽，兽头均向外，其中一个已残。卣体扁圆，鼓腹，圜底，肩部铸有对称带孔双系，系中穿有环状链式提梁。腹下部铸有三个等距兽形足。盖径9厘米，腹径16厘米，通高18厘米（图六〇，1；图版三五，1）。

铜勺　1件。标本M16：10，保存完好。勺斗平面呈椭圆形，内壁弧收，勺柄呈弧状凹槽形，柄端铸有铺首衔环。勺斗直径10~12厘米，深4厘米。勺柄槽深1.4厘米。通长37.5厘米（图六〇，2；图版三五，2）。

铜盆　1件。标本M16：8，自然损坏严重。直口，平沿外折，折腹，假圈足。口径31厘米，底径14厘米，通高8厘米（图六〇，3；图版三五，3）。

铜釜　1件。标本M16：3，保存较好。敛口，平沿外折，深腹，圜底。口径21.7厘米，腹深8厘米，通高8.2厘米（图六〇，4；图版三五，4）。

铜镜　1面。标本M16：1，镜体正、背面布满绿锈。已裂为两半。圆形，镜面微凸。背面镜纽无存。以镜纽为中心向外分别饰一周凸弦纹和十六个浅浮雕内向连弧纹，再向外饰一周十六个等距的浅浮雕乳钉纹，其中有的为并列乳钉，乳钉间散布变形云纹，向外则又是一周凸弦纹，凸弦纹之外是十六个浅浮雕内向连弧纹组成的镜缘。直径9.3厘米，缘宽0.6厘米（图版三五，5）。

铜钱　81枚。标本M16：15，均为五铢，大小相同。可分3类，第1类为正面穿下半月五铢，第2类为正面穿上一郭五铢，第3类为正面穿上无郭五铢。

1类　标本M16：15-1~M16：15-10，圆形方穿，穿正面无郭，穿下半月。背面有方郭。正面左右侧铸有“五铢”二字，字体为篆体。钱径2.5厘米（图六一，1~10）。

2类　标本M16：15-11~M16：15-20，圆形方穿，穿正面上有一横郭。背面有方郭。正面左右侧铸有“五铢”二字，字体为篆体。钱径2.5厘米（图六一，11~16；图六二，1~4）。

3类　标本M16：15-21~M16：15-30，圆形方穿，穿正面无郭。背面有方郭。正面左右侧铸有“五铢”二字，字体为篆体。钱径2.5厘米（图六二，5~14）。

3. 铁器

铁炉　1件。标本M16：9，残损锈蚀严重。敛口，扁圆腹，腹部一侧铸有握柄，圜底，三矮足，其中两足已残毁。残高7.6厘米（图版三五，6）。

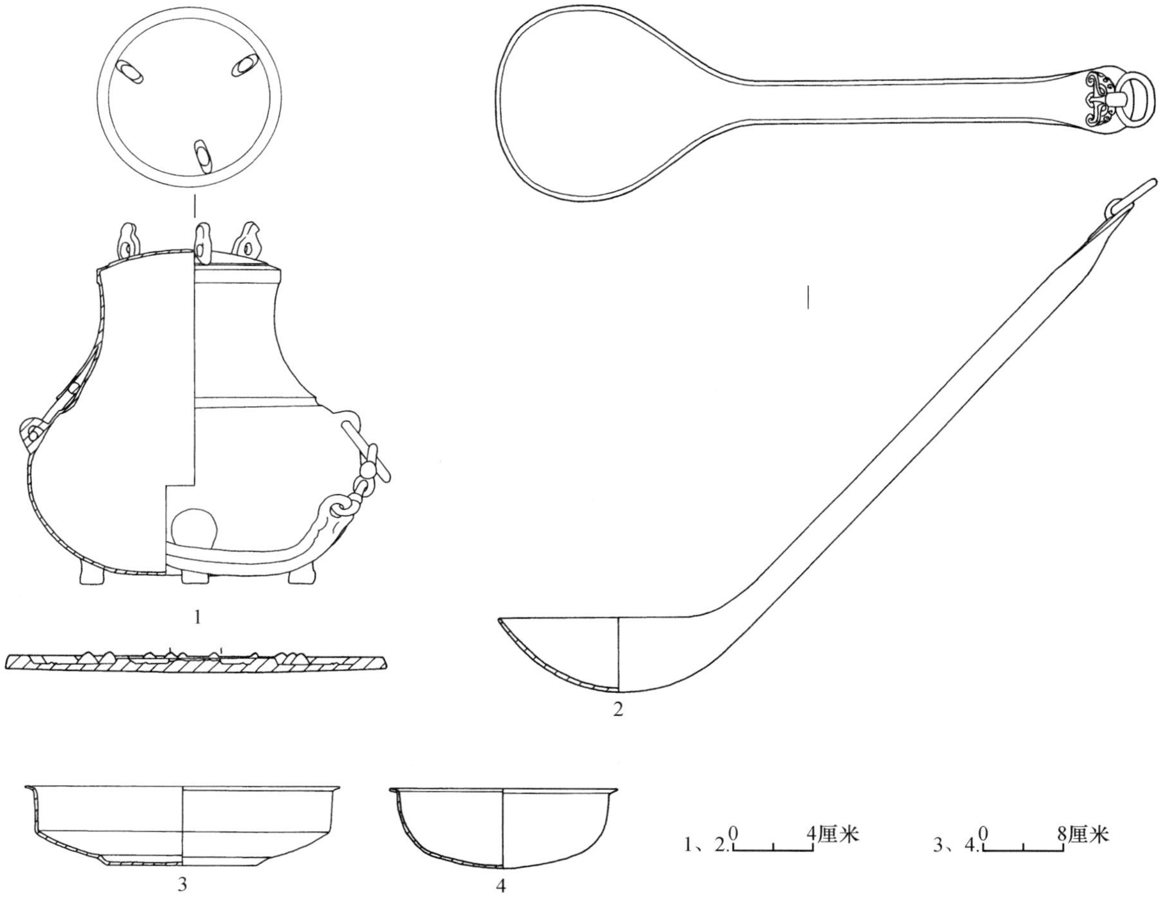

图六〇　M16出土铜器

1. 铜提梁卣（M16：7）　2. 铜勺（M16：10）　3. 铜盆（M16：8）　4. 铜釜（M16：3）

十七、M17

（一）形　制

位于T0303西北部，南与M7相邻。开口于第3层下，打破G2和生土。开口距地表深1米，墓口距墓底深3.64米。该墓为一座坐东朝西的竖穴墓道单室土洞墓，此墓受到了一定程度的自然损坏。方向288°。全墓由墓道、墓门、墓室、耳室四部分组成。其修筑方法是先挖一长方形竖穴墓道，然后向东掏洞挖出、墓室和耳室的雏形，再经过一番仔细修整（图六三；图版三六）。

墓道位于墓室之西。平面呈梯形，底呈斜坡状。口长2.46米，宽0.84~1.06米；底长2.46米，宽0.84~1.06米；深3.46~3.59米。墓道西端南北两壁各设有脚窝，南壁4处，间距0.32~0.5米；北壁5处，间距0.5~0.6米。脚窝的宽、深、高均约为0.1米。墓道壁面光滑、规整，内填五花土，未经夯打，土质较松。

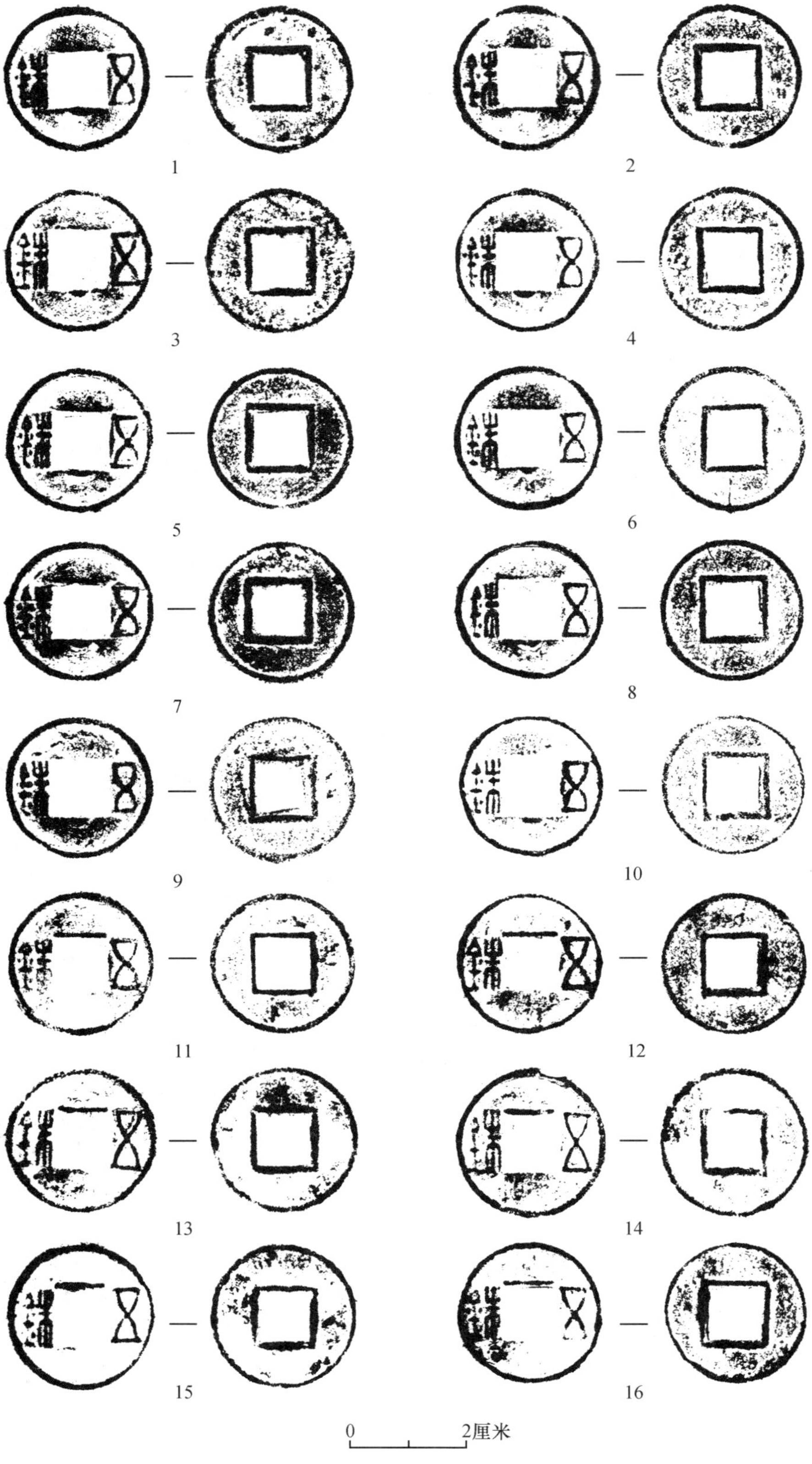

图六一　M16出土五铢钱
（M16∶15）
1~10. 1类　11~16. 2类

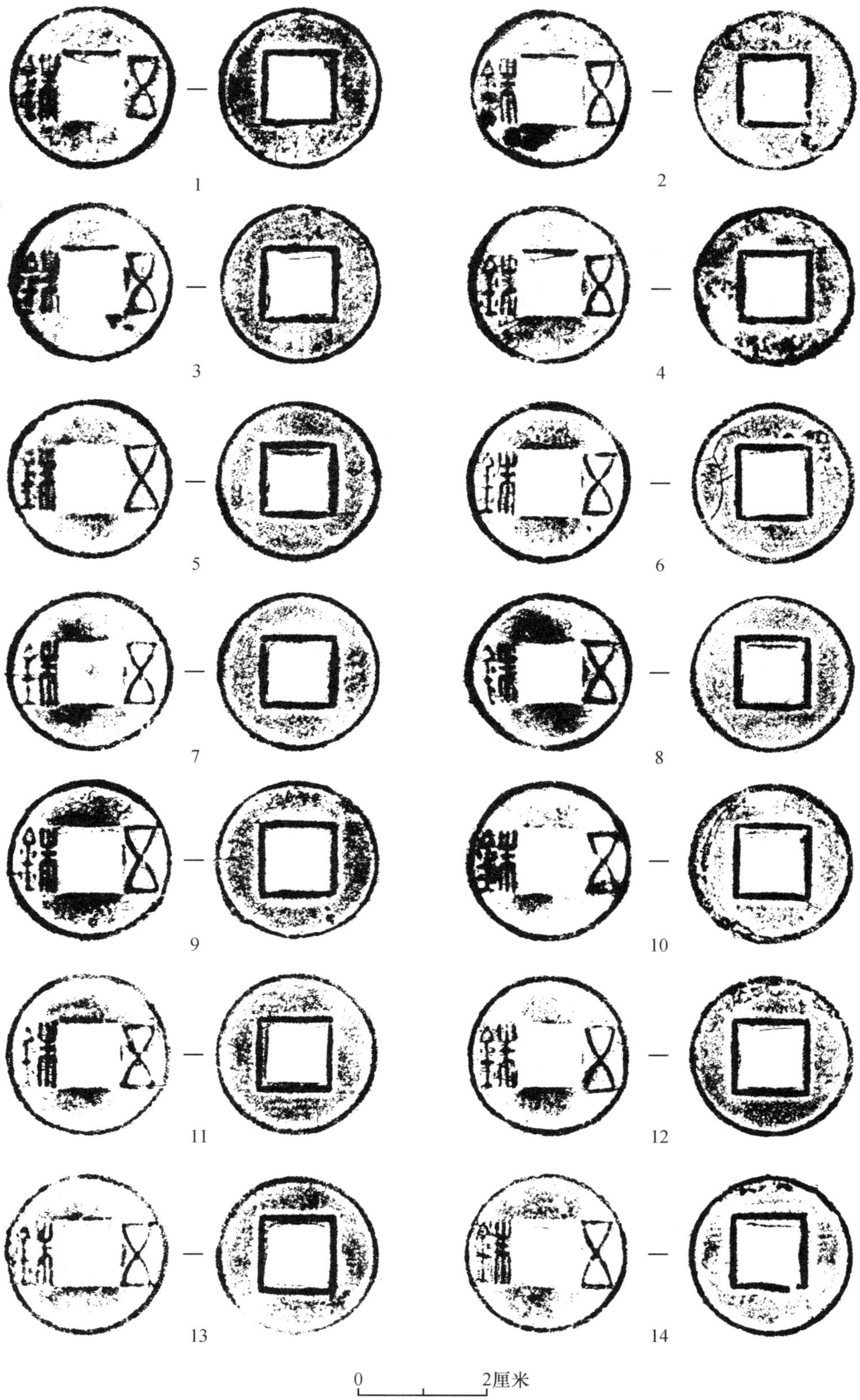

图六二 M16出土五铢钱

（M16：15）

1~4. 2类 5~14. 3类

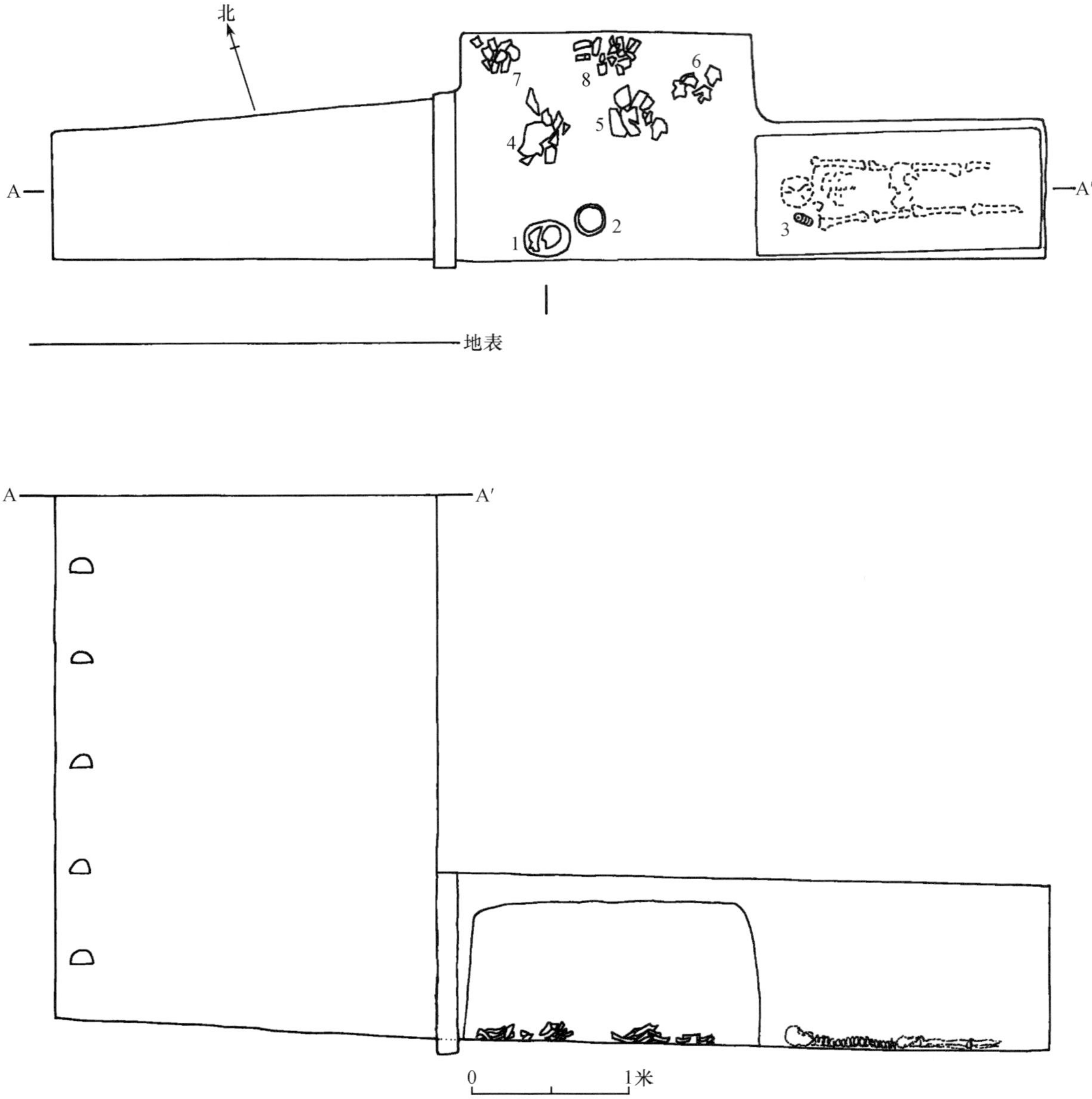

图六三　M17平、剖面图

1. 铜盆　2. 铜釜　3. 五铢钱　4~7. 陶罐　8. 陶瓮

墓门位于墓道之东。土洞拱券形。宽1.06米，高1.1米。未见封门砖。向东挖一南北向长方形凹槽，长1.16米，宽0.14米，深0.1米。再向东为土洞墓室，平面呈刀把形，平顶。长3.8米，宽0.9~1.1米，高1.1米。在墓室前端北壁向外挖一土洞耳室。宽1.9米，进深0.4米，高0.92米。部分随葬器物碎片散存于内，可辨器形有陶罐、陶瓮。在墓室后端发现有单棺朽灰痕迹，平面呈长方形。长1.84米，宽0.8米。其内置一具人骨架，腐蚀太甚，部分骨块已腐蚀无存，墓主头西脚东，仰身直肢葬。在仔细清理棺灰的过程中，一些被掩埋于腐灰之下的小型随葬品相继出土，在骨架头部南侧发现数枚铜钱，在墓室前端发现有随葬的铜釜、铜盆，均已残损。

（二）出土器物

该墓共出土随葬器物8件，可分为陶器、铜器两类。

1. 陶器

陶器共5件。器类有陶瓮、陶罐。

陶罐　4件。均为泥质灰陶，轮制而成。标本M17：4，破损严重。敞口，平沿外折，短束颈，广肩，上腹鼓圆，下腹斜收，平底。腹部饰两周模糊不清的宽带纹。口径15厘米，腹径36厘米，底径22厘米，通高36.5厘米（图六四，2；图版三七，2）。标本M17：5，口部已残。敞口外撇，圆唇，束颈较长，上腹鼓圆，下腹斜收，平底。口径14厘米，腹径23.8厘米，底径11.8厘米，通高30.6厘米（图六四，3；图版三七，3）。标本M17：6，器形及大小几乎同M17：5。口径14厘米，腹径23厘米，底径11厘米，通高31厘米（图六四，4）。标本M17：7，器形同M17：6，只是偏小些。口径11.8厘米，腹径19.5厘米，底径10.5厘米，通高22.3厘米（图六四，5）。

陶瓮　1件。标本M17：8，泥质灰陶，轮制而成。破损严重。敞口，斜沿，圆唇，无颈，上腹鼓圆，下腹弧收，平底。上腹部饰两周若隐若现的宽带纹，其间散布有类似绳纹的

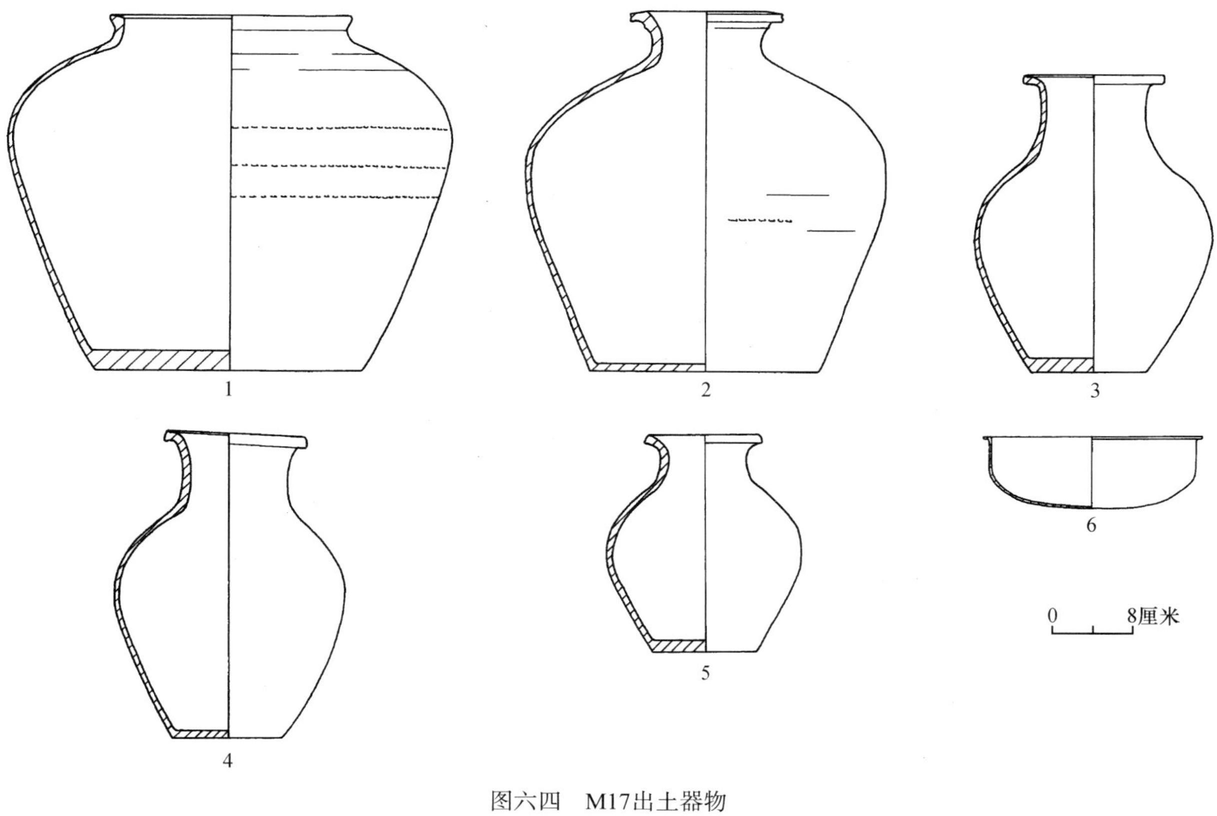

图六四　M17出土器物

1. 陶瓮（M17：8）　2~5. 陶罐（M17：4、M17：5、M17：6、M17：7）　6. 铜釜（M17：2）

纹饰，模糊不清。口径25厘米，腹径45厘米，底径26厘米，通高36.5厘米（图六四，1；图版三七，1）。

2. 铜器

铜器共3件。器类有铜盆、铜釜、铜钱。

铜盆　1件。标本M17：1，器身内外长满绿锈。腐蚀太甚，严重变形，仅残留有盆底及一些碎铜片（图版三七，4）。

铜釜　1件。标本M17：2，器身内外长满绿锈。已破损，略有变形，口部有开裂剥落现象，腹部一侧至底部有一腐蚀剥落的残洞。敛口，平沿外折，深腹，圜底。口径21.5厘米，通高7.5厘米（图六四，6；图版三七，5）。

铜钱　10枚。标本M17：3，均为五铢，大小基本相同。可分3类，第1类为正面穿下半月五铢，第2类为正面穿上一郭五铢，第3类为正面穿上无郭五铢。

1类　5枚。标本M17：3-1~M17：3-5，圆形方穿，穿正面无郭，穿下半月。背面有方郭。正面左右侧铸有“五铢”二字，字体为篆体。钱径2.5厘米（图六五，1~5）。

2类　2枚。标本M17：3-6、M17：3-7，圆形方穿，穿正面上有一横郭。背面有方郭。正面左右侧铸有“五铢”二字，字体为篆体。钱径2.5厘米（图六五，6、7）。

3类　3枚。标本M17：3-8~M17：3-10，圆形方穿，穿正面无郭。背面有方郭。正面左右侧铸有“五铢”二字，字体为篆体。钱径2.5厘米（图六五，8~10）。

十八、M18

（一）形　　制

位于T0303东北部，南与M17相邻。开口于第3层下，打破G2和生土，被M19打破。开口距地表深0.66米，墓口距墓底深4.6米。该墓为一座坐东朝西的竖穴墓道单室土洞墓，除受到自然破坏外，基本保存较好。方向280°。全墓由墓道、墓门、墓室、耳室四部分组成。其修筑方法是先挖一长方形竖穴墓道，然后向东掏洞挖出墓室和耳室的雏形，再经过一番仔细修整（图六六；图版三八）。

墓道位于墓室之西。平面近梯形，底呈斜坡状。口长2.7米，宽0.9~1.4米；底长2.7米，宽0.9~1.4米；深4.32~4.5米。南北两壁未发现脚窝。墓道壁面光滑、规整，内填五花土，未经夯打，土质较松。

墓门位于墓道之东。土洞拱券形。宽1.4米，高1.4米。未见封门砖。向东挖一南北向的长方形凹槽，长1.5米，宽0.1米，深0.1米。再向东为土洞墓室，平面近长方形，平顶。长3.6米，宽1.4~1.6米，高1.4米。在墓室前端南壁向外挖一土洞耳室。宽1.6米，进深1米，高0.8米。部分随葬器物和陶器碎片散存于内，能辨出器形的有陶罐、铜镜（已残）等器物。墓室后端发现

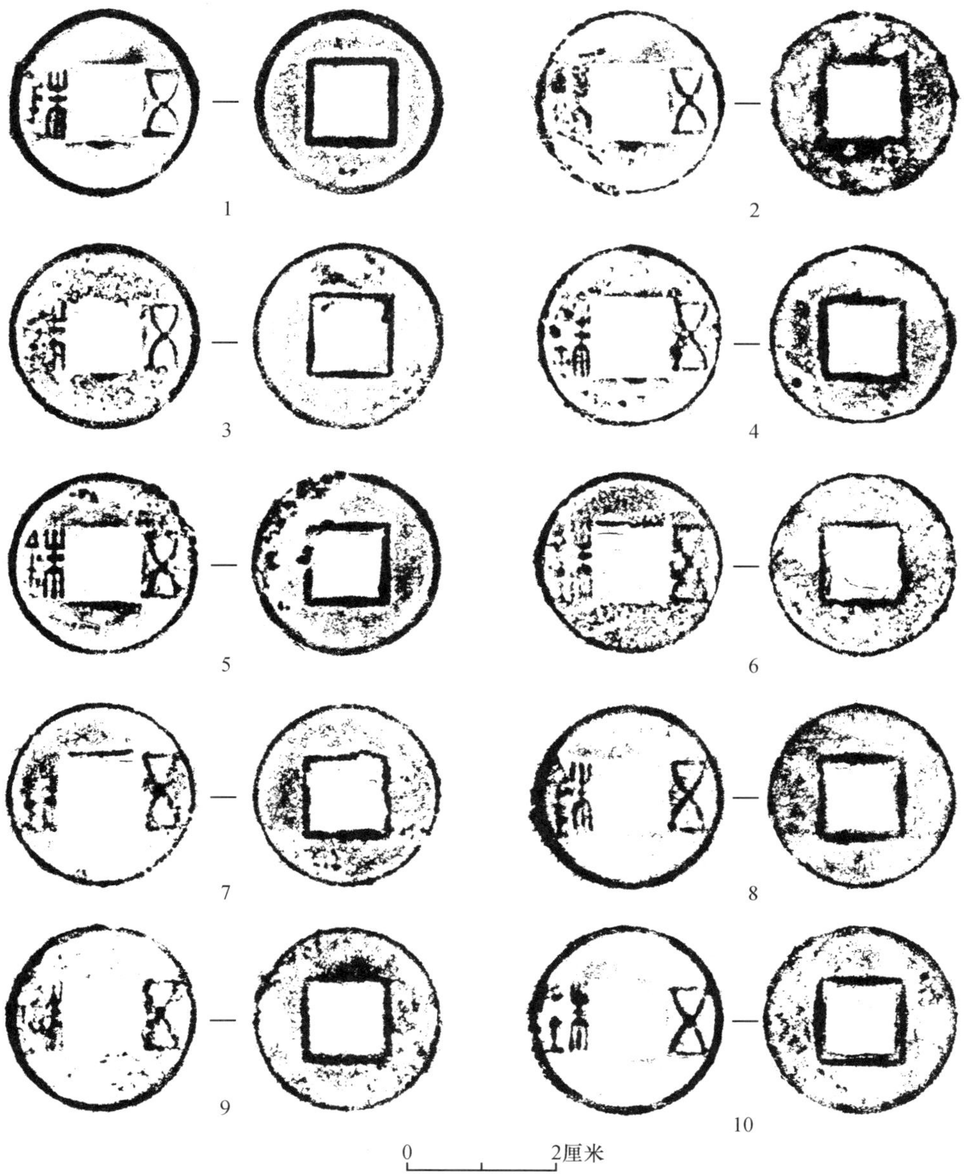

图六五　M17出土五铢钱
（M17：3）
1~5. 1类　6、7. 2类　8~10. 3类

有双棺朽灰的痕迹，南侧者平面呈梯形，北侧者平面近长方形。二者长均为2.1米，南侧者宽0.62~0.72米，北侧者宽0.6米。其内均置一具人骨架，腐蚀太甚，部分骨块已腐蚀无存，墓主均为头西脚东，仰身直肢葬，当为夫妻合葬墓。在仔细清理棺木朽灰的过程中，一些被掩埋于腐灰之下的小型随葬品相继出土，在南侧骨架头部西南侧发现1面残铜镜以及数枚铜钱，同时在其腹部发现1件残铁剑和1件铜带钩，另在北侧骨架左手部位发现数枚铜钱。

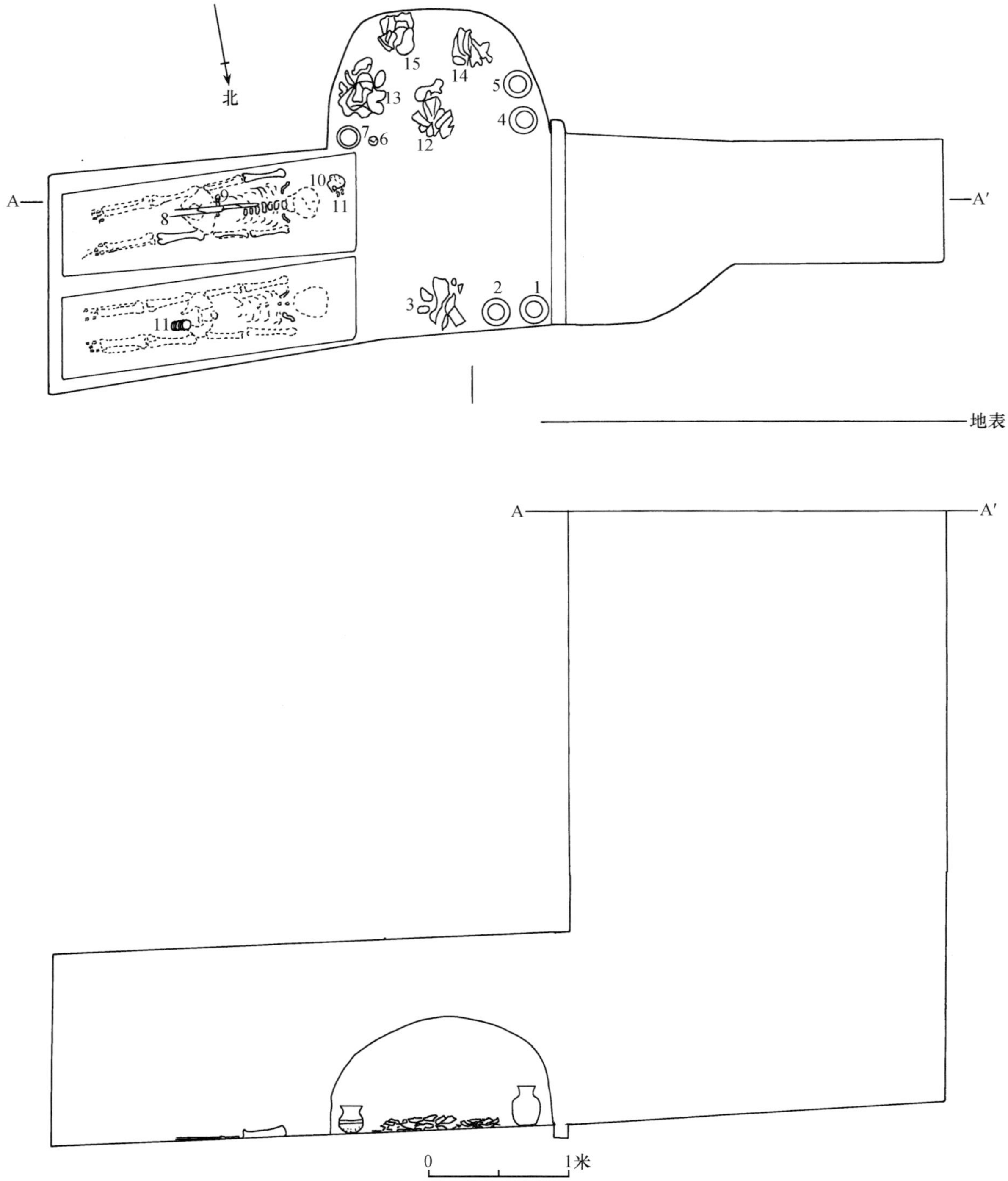

图六六　M18平、剖面图

1~5、7、12、13、15. 陶罐　8. 铁剑　6、10. 铜镜　9. 铜带钩　11. 五铢钱　14. 陶瓮

（二）出土器物

该墓共出土随葬器物15件，可分为陶器、铜器、铁器三类。

1. 陶器

陶器共10件。器类有陶瓮、陶罐。

陶瓮　1件。标本M18：14，泥质灰陶，轮制而成。破损严重。敞口，圆沿，尖唇，无颈，上腹鼓圆，下腹弧收，平底。上腹部饰三周网状宽带纹。口径22.3厘米，腹径38.2厘米，底径23.5厘米，通高30厘米（图六七，1；图版三九，1）。

陶罐　9件。均为泥质灰陶，轮制而成。标本M18：1，敞口外卷，圆唇，短束颈，上腹鼓圆，下腹弧收，平底。腹中下部至底有刮削痕。口径12厘米，腹径23.5厘米，底径12.2厘米，通高30厘米（图六七，3；图版三九，3）。标本M18：2，器形同M18：1。口径12厘米，腹径23厘米，底径13.5厘米，通高27.5厘米（图六七，4）。标本M18：3，敞口，平沿外折，方唇，短束颈，上腹鼓圆，下腹弧收，平底。腹中上部至肩饰两周凹弦纹及一周时断时续的凹弦纹。口径13.8厘米，腹径23.9厘米，底径12厘米，通高28.5厘米（图六七，9）。标本M18：4，敞口外卷，方唇，短束颈，上腹弧圆，下腹弧收，平底。口沿饰一周凹弦纹，腹部饰有若隐若现的绳纹。口径13.5厘米，腹径22.7厘米，底径14厘米，通高29厘米（图六七，6）。标本M18：5，器形同M18：1。口径12.5厘米，腹径22.5厘米，底径12.3厘米，通高27.5厘米（图六七，5）。标本M18：7，敞口，斜直平沿，高束颈，上腹鼓圆，下腹弧收，平底。上腹部饰三周凸弦纹，下腹至底饰粗绳纹和方格纹。口径13.7厘米，腹径15.8厘米，底径7.5厘米，通高18.8厘米（图六七，10；图版三九，4）。标本M18：12，器形同M18：3，腹部饰有若隐若现的凹点虚线纹。口径16.3厘米，腹径35厘米，底径31.6厘米，通高36厘米（图六七，7）。标本M18：13，器形同M18：12。腹中部饰两周时断时续的弦纹。口径14厘米，腹径31.5厘米，底径15.5厘米，通高35厘米（图六七，8）。标本M18：15，破损严重。敞口，平沿外折，短束颈，折肩，腹斜直收，腹最大径位于上部，平底。上腹部饰有若隐若现的弦纹，上部阴线刻一类似符号的图案作装饰。口径17厘米，腹径39厘米，底径21厘米，通高40厘米（图六七，2；图版三九，2）。

2. 铜器

铜器共4件。器类有铜镜、铜带钩、铜钱。

铜镜　2面。均已残。标本M18：6，镜体正、背面布满绿锈。已碎为五块。镜体较薄，圆形，镜面微凸。背面镜纽为桥形，纽座饰一周短斜线纹。纽座外均匀分布大小相同的乳钉纹作装饰，其中个别乳钉还光亮如新，再向外饰一周短斜线纹，其外饰十六个浅浮雕内向连弧纹。直径6.5厘米，缘宽0.4厘米（图六七，11）。标本M18：10，镜体背面长满绿锈，正面局部光亮如初，余皆布满绿锈。残甚，部分残块腐蚀殆尽，无法复原。但从残留的镜片可知，镜面呈圆形，镜面微凸。背面镜纽为莲峰形，纽座饰一周外向连弧纹。纽座外饰一周高浮雕内向连弧纹，再向外饰两周短斜线纹，短斜线纹之间分布有排列有序的数个高浮雕乳钉纹，有的为一个，有的为两个，还有个别乳钉外饰一周环纹，镜缘饰大小相同的内向连弧纹。缘宽0.7厘米（图六七，12）。

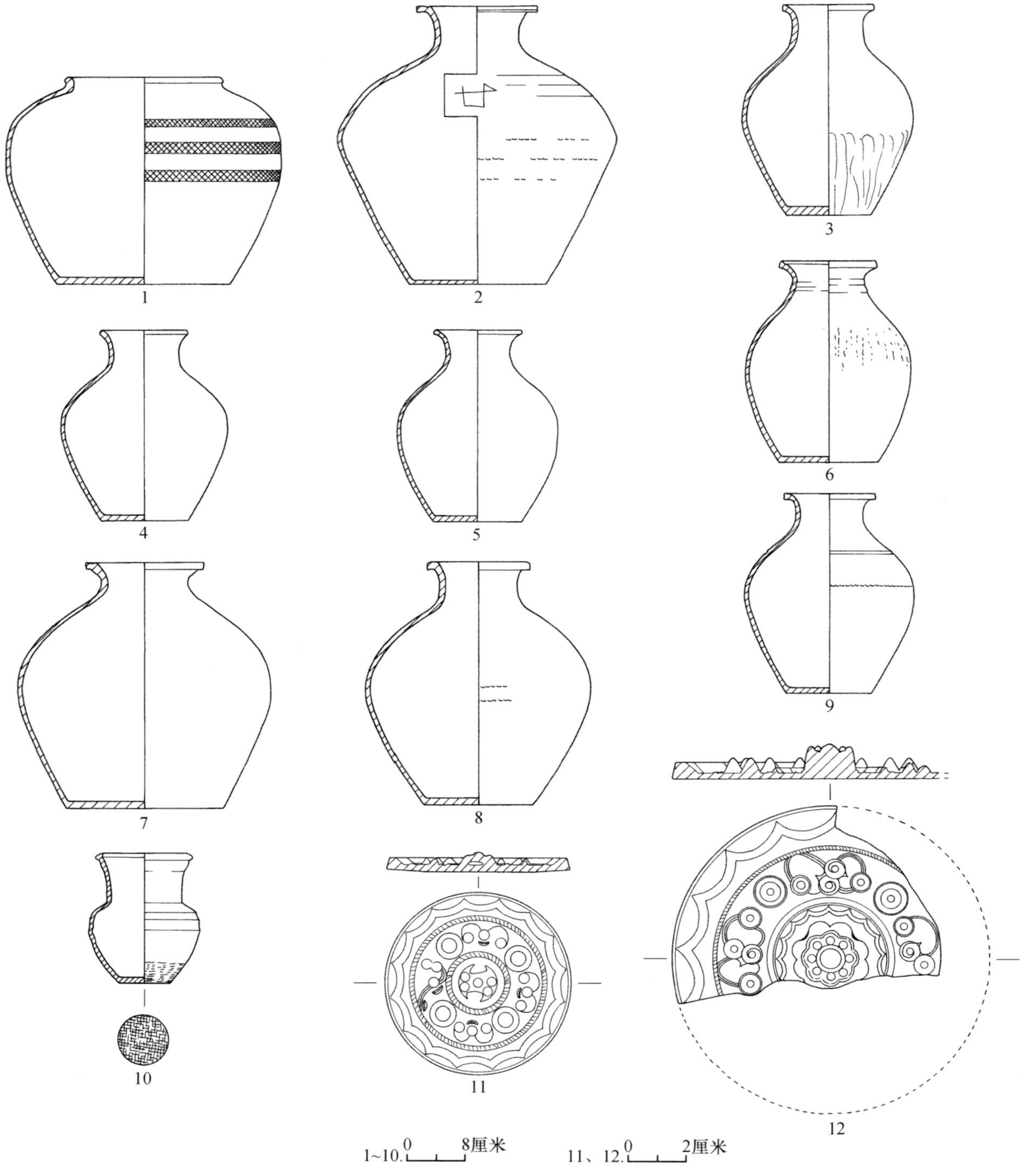

图六七　M18出土器物

1. 陶瓮（M18∶14）　2~10. 陶罐（M18∶15、M18∶1、M18∶2、M18∶5、M18∶4、M18∶12、M18∶13、M18∶3、M18∶7）
11、12. 铜镜（M18∶6、M18∶10）

铜带钩　1件。标本M18∶9，通体长满绿锈。保存完好。整体呈S形，一端作螭龙首，作回望状，钩体上面呈弧圆状，下面较平，并有圆柱，柱顶呈圆形，近于一端。通长9.5厘米（图六八，11；图版三九，6）。

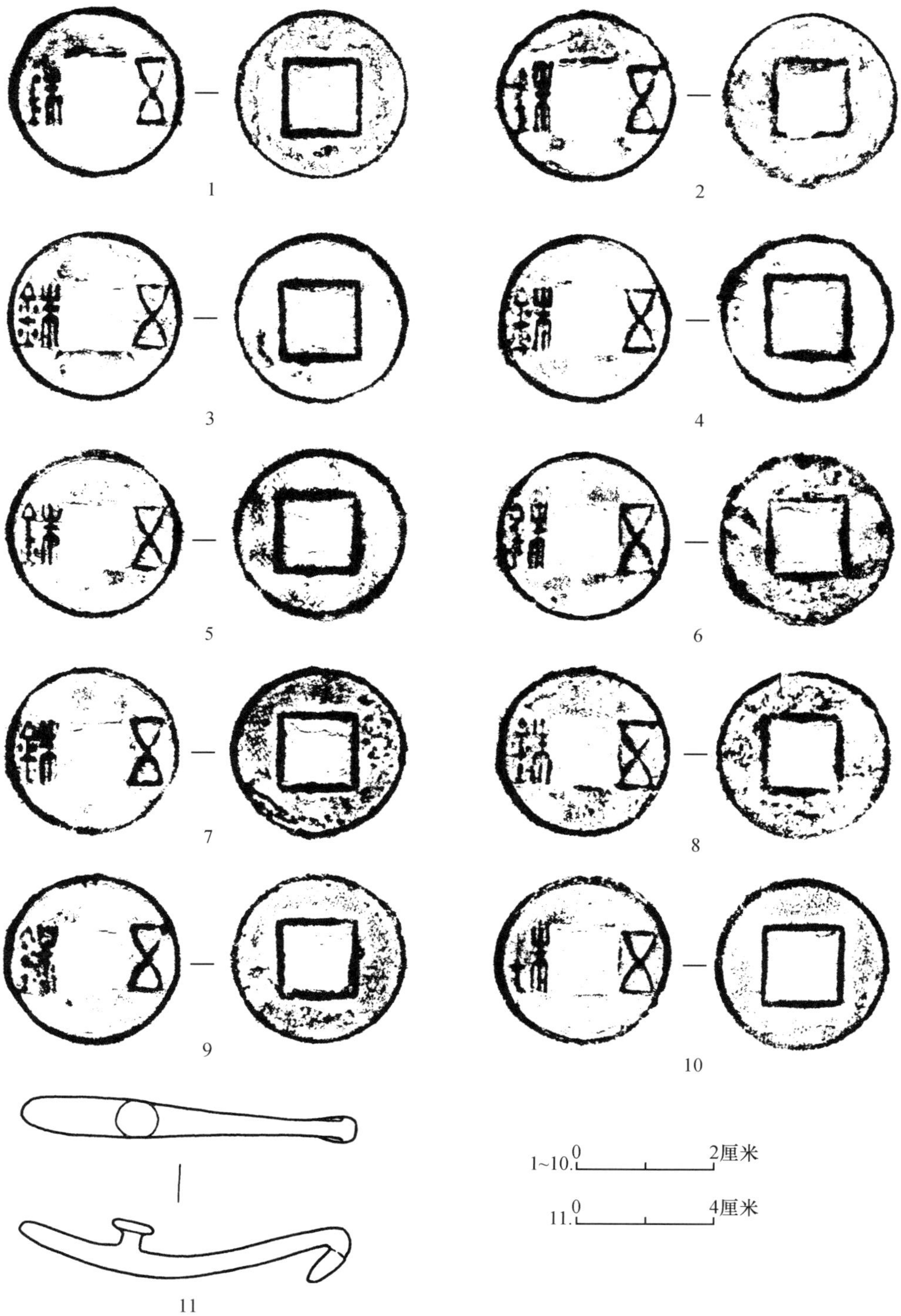

图六八　M18出土五铢钱、铜带钩

1、2. 1类五铢钱（M18：11-1、M18：11-2）　3~10. 2类五铢钱（M18：11-3~M18：11-10）

11. 铜带钩（M18：9）

铜钱　10枚。标本M18：11，均为五铢，大小基本相同。可分为2类，第1类为正面穿上一郭五铢，第2类为正面穿上无郭五铢。

1类　2枚。标本M18：11-1、M18：11-2，圆形方穿，穿正面上有一横郭。背面有方郭。正面左右侧铸有“五铢”二字，字体为篆体。钱径2.5厘米（图六八，1、2）。

2类　8枚。标本M18：11-3~M18：11-10，圆形方穿，穿正面无郭。背面有方郭。正面左右侧铸有“五铢”二字，字体为篆体。钱径2.5厘米（图六八，3~10）。

3. 铁器

铁剑　1件。标本M18：8，剑体呈红棕色。腐蚀太甚，已残数段，前端一段剑体几乎剥落殆尽，仅残留剑体后段。剑柄一端为铁芯外包青铜所制。剑身脊部凸起，双面刃。剑柄残长10厘米，剑身残长36厘米，通体残长49厘米（图版三九，5）。

十九、M19

（一）形　制

位于T0304东南部。开口于第3层下，打破G2和生土，同时打破了M18墓室的北半部分。开口距地表深0.6米，墓口距墓底深3.4米。该墓为一座坐东朝西的竖穴墓道单室土洞墓。方向302°。全墓由墓道、墓门、墓室、耳室四部分组成。其修筑方法是先挖一长方形竖穴墓道，然后向东掏洞挖出墓室和耳室的雏形，再经过一番仔细修整（图六九；图版四〇）。

墓道位于墓室之西。平面呈长方形，底呈斜坡状。口长2.6米，宽1米；底长2.6米，宽1米；深3.2~3.4米。南北两壁未发现脚窝。墓道壁面规整，内填五花土，未经夯打，土质较松。

墓门位于墓道之东。土洞拱券形。宽1米，高1.2米。墓门用封门砖呈人字形封堵。砖规格为30×15—5厘米。向东为土洞墓室，平面近长方形，弧顶。长3.8米，宽0.9~1米，高1.2米。在墓室前端南壁向外挖一土洞耳室。宽0.8米，进深0.9米，高0.54米。大多数随葬器物存放于内，能辨出器形的有陶罐、陶灶、陶仓。在墓室后端发现有单棺朽灰的痕迹，平面呈梯形。长2.24米，宽0.6~0.8米。其内置一具人骨架，腐蚀严重，部分骨块已腐蚀无存，墓主头西脚东，仰身直肢葬。在仔细清理骨架的过程中，一些被掩埋于腐灰之下的小型随葬品被发现，在骨架胸部右侧发现数枚铜钱。此外，在墓室前端发现有陶奁、陶仓各1件。

（二）出土器物

该墓共出土随葬器物12件（套），可分为陶器、铜器两类。

1. 陶器

陶器共11件（套）。器类有陶罐、陶仓、陶奁、陶灶。

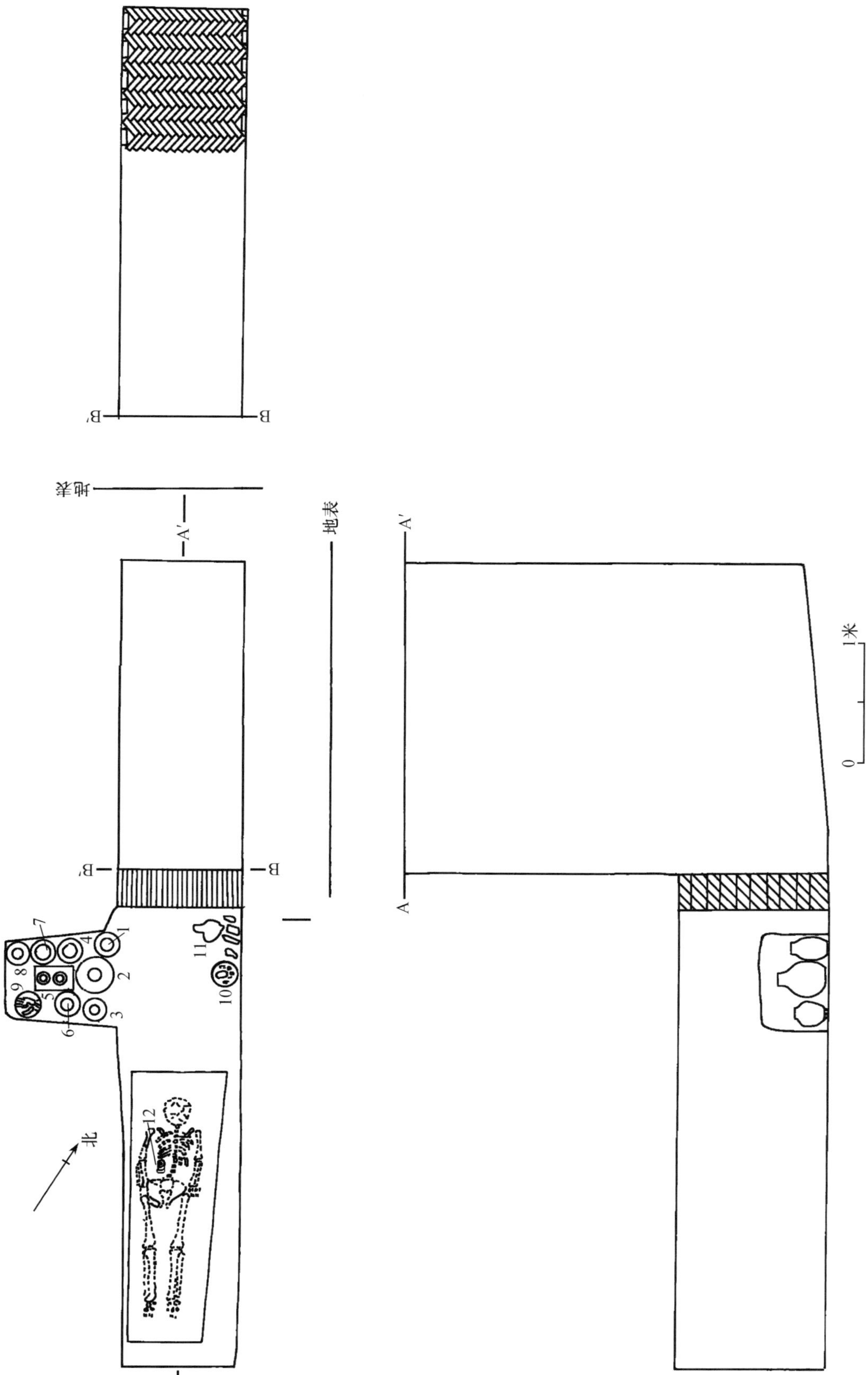

图六九　M19平、剖面图

1、2、4、6、7. 陶罐　3、8、9、11. 陶仓　5. 陶灶　10. 陶奁　12. 五铢钱

陶罐　5件。均为泥质灰陶，轮制而成。标本M19：1，敞口外卷，圆唇，短束颈，上腹鼓圆，下腹弧收，腹最大径在中部，平底。腹中部饰两周若隐若现的弦纹。口径14.5厘米，腹径23.8厘米，底径12.5厘米，通高31.4厘米（图七〇，2）。标本M19：2，器形较大，敞口，平沿外折，方唇，短束颈，弧肩，鼓腹弧收，腹最大径在中部，平底。上腹部饰数周凹弦纹。口径16厘米，腹径35厘米，底径23厘米，通高40.5厘米（图七〇，1；图版四一，1）。标本M19：4，敞口，弧沿外卷，圆唇，短束颈，鼓腹弧收，并有刮削痕迹，平底。腹部留有若隐若现的制作轮痕数周，颈部饰一组两周凹弦纹。口径12厘米，腹径20.5厘米，底径11.5厘米，通高23厘米（图七〇，4；图版四一，2）。标本M19：6，敛口，平沿，尖唇，矮颈，上腹鼓圆，下腹弧收，腹最大径在上部，平底。口径13厘米，腹径22.4厘米，底径13厘米，通高19.4厘米（图七〇，5；图版四一，3）。标本M19：7，器形同M19：1，形体较M19：1偏小些。腹下部饰纵向不规则线条纹。口径12厘米，腹径19.3厘米，底径12厘米，通高24.7厘米（图七〇，3）。

陶仓　4件。均为泥质灰陶，器身轮制，三足模制。标本M19：3，整个器物形体上下修长，上宽下窄。敛口，圆沿，无颈，上腹丰圆，下腹斜收，平底。底部外侧附三个等距兽形足。腹部饰三组凸弦纹，一组三周。口径9.3厘米，腹径20.7厘米，底径17.5厘米，通高27.5厘米（图七〇，6；图版四一，4）。标本M19：8，器形同M19：3。腹部饰三组凸弦纹，上一组为两周，下两组为一周。口径9.3厘米，腹径21厘米，底径18厘米，通高27.7厘米（图七〇，7）。标本M19：9，器形及纹饰同M19：3。口径8.6厘米，腹径19.5厘米，底径17.5厘米，通高28.5厘米（图七〇，9）。标本M19：11，器形及纹饰同M19：3。口径9.5厘米，腹径21.5厘米，底径18.5厘米，通高30.5厘米（图七〇，8）。

陶奁　1件。标本M19：10，泥质灰陶，器身轮制，三足模制。直口，平沿，深腹，直壁，平底。底部外侧附三个等距兽形足。上腹部与腹底壁面外侧各饰一周凸起的宽带纹。口径19.5厘米，底径18.5厘米，通高16厘米（图七〇，11；图版四一，6）。

陶灶　1套。标本M19：5，由灶体、釜、甑、碗、勺组成（图七〇，10；图版四一，5）。

陶灶体　1件。标本M19：5-1，泥质灰陶，模制，手工拼合而成。平面呈长方形，面平，四壁较直。灶面有两个大小相同的圆形灶眼，呈一字形排列。尾部正中有一圆形出烟口。灶面及边沿饰阴线刻的直线纹，两灶眼之间饰菱形网格纹、三角形纹作间隔。前壁呈凸字形，下部有一拱形灶门，较规整，其上立有挡火墙，表面以阴线刻直线纹、菱形网格纹作装饰。长29厘米，宽20厘米，通高18厘米。

小陶釜　2件。分别置于两个灶眼之上。均为泥质灰陶，轮制而成。标本M19：5-2，敛口，圆沿，无颈，上腹扁鼓圆，下腹弧收，腹最大径在中部，平底，并有刮削痕迹，不太规则。口径6.4厘米，底径3.5厘米，通高4.3厘米。标本M19：5-3，器形同M19：5-2。口径6.5厘米，底径3.5厘米，通高4厘米。

小陶甑　1件。置于后端小陶釜之上。标本M19：5-4，泥质灰陶，轮制而成。敞口，平沿外折，腹部斜直，平底，底部有六个间距不等的菱形箅孔。内壁还留有制作的数周轮痕。口径10.6厘米，底径3.7厘米，通高6厘米。

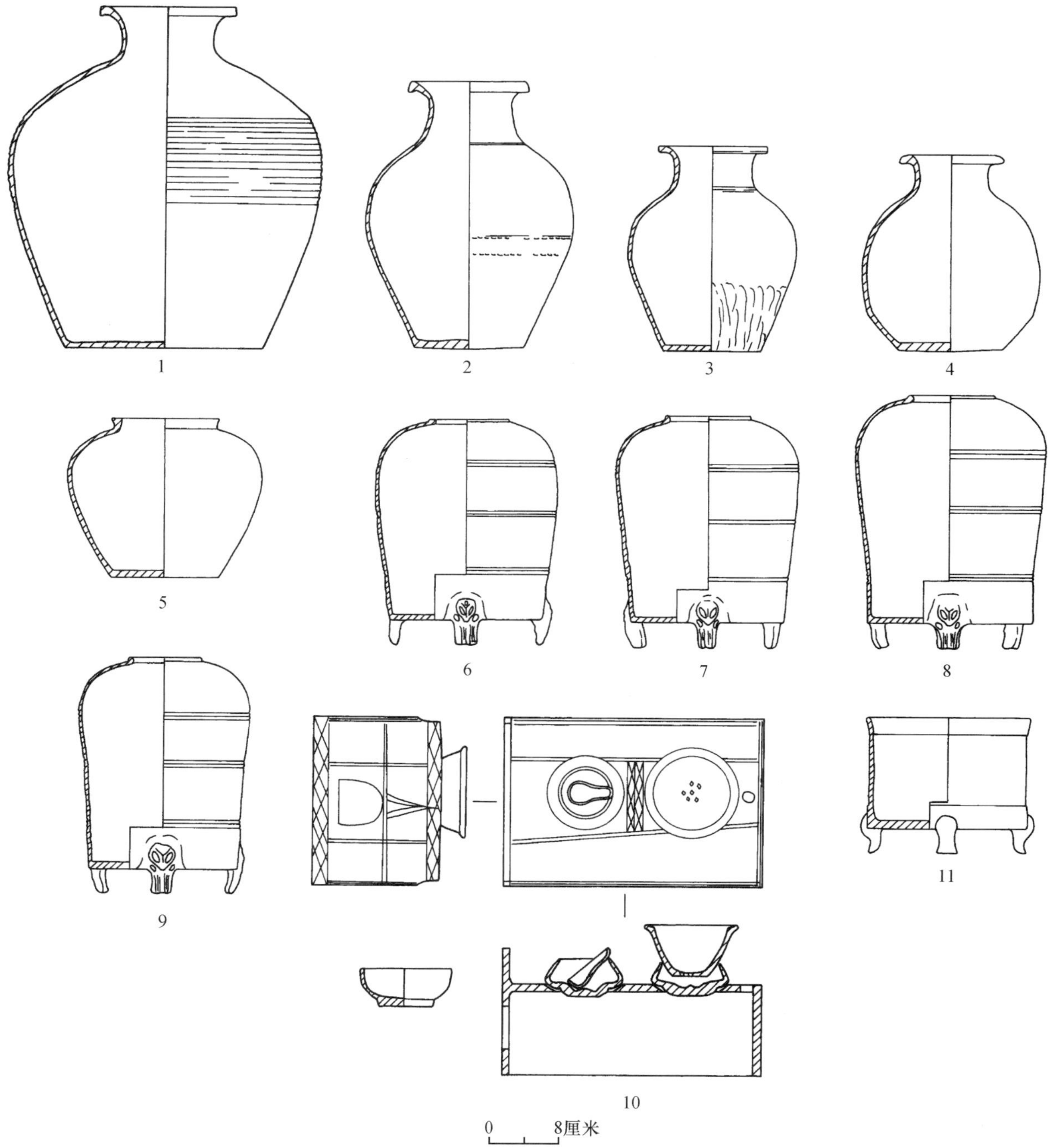

图七〇　M19出土陶器

1~5. 陶罐（M19：2、M19：1、M19：7、M19：4、M19：6）　6~9. 陶仓（M19：3、M19：8、M19：11、M19：9）　10. 陶灶（M19：5）　11. 陶奁（M19：10）

小陶碗　1件。标本M19：5-5，泥质灰陶，轮制而成。口微敛，圆沿，浅弧腹内收，平底。口径10.7厘米，底径6.5厘米，通高4.8厘米。

小陶勺　1件。标本M19：5-6，泥质灰陶，模制而成。器形偏小，上平面呈瓢形，平沿，圜底，外底部留有不规则的刮削痕迹。勺柄与勺斗均内空，一端较细尖，另一端较圆弧。通长6.3厘米。

2. 铜器

铜钱　19枚。标本M19：12，均为五铢，大小基本相同。可分为4类，第1类为正面穿下半月五铢，第2类为正面穿上一郭五铢，第3类为正面穿下一郭五铢，第4类为正面穿上无郭五铢。

1类　标本M19：12-11~M19：12-16，圆形方穿，穿正面无郭，穿下半月。背面有方郭。正面左右侧铸有“五铢”二字，字体为篆体。钱径2.5厘米（图七一，11~16）。

2类　标本M19：12-1~M19：12-4，圆形方穿，穿正面上有一横郭。背面有方郭。正面左右侧铸有“五铢”二字，字体为篆体。钱径2.5厘米（图七一，1~4）。

3类　标本M19：12-5，圆形方穿，穿正面下有一横郭。背面有方郭。正面左右侧铸有“五铢”二字，字体为篆体。“五”字相交两笔较直。钱径2.5厘米（图七一，5）。

4类　标本M19：12-6~M19：12-10，圆形方穿，穿正面无郭。背面有方郭。正面左右侧铸有“五铢”二字，字体为篆体。钱径2.5厘米（图七一，6~10）。

二十、M20

（一）形　制

位于T0204东南部，北与M22相邻。开口于第3层下，打破生土。开口距地表深0.5米，墓口距墓底深3.8米。该墓为一座坐东朝西的竖穴墓道单室土洞墓，除受到自然因素破坏外，基本保存较好。方向280°。全墓由墓道、墓门、墓室、耳室四部分组成。其修筑方法是先挖一长方形竖穴墓道，然后向东掏洞挖出墓室和耳室的雏形，再经过一番仔细修整（图七二；图版四二）。

墓道位于墓室之西。平面呈长方形，底呈斜坡状。口长2.8米，宽0.96米；底长2.7米，宽0.96米；深3.6~3.8米。南北两壁未发现脚窝。墓道壁面光滑、规整，内填五花土，未经夯打，土质较松。

墓门位于墓道之东。土洞拱券形。宽0.96米，高1.09米。墓门用大小不一的鹅卵石垒砌封堵，垒砌高度为1.1米。向东为土洞墓室，平面近刀把形，平顶。长3.62米，宽1.6~2.18米，高1.08米。在墓室前端南壁向外挖一土洞耳室。宽0.96米，进深1.16米，高1米。大多数随葬器物存放于内，能辨出器形的有陶瓮、陶罐、陶仓、陶灶等。墓室后端发现有双棺朽灰的痕迹，平面均呈梯形。北侧者长1.86米，宽0.66~0.72米。南侧者长1.9米，宽0.7~0.82米。其内均置一具人骨架，腐蚀严重，部分骨块已腐蚀无存，墓主均头西脚东，仰身直肢葬，北侧骨架左腿骨呈弯曲状。在仔细清理骨架的过程中，一些被掩埋于腐灰之下的小型随葬品被发现，在北侧骨架胸部右侧以及南侧骨架胸部左侧发现数枚铜钱。另在墓室前端北侧发现部分随葬品，可辨器形有陶盘、陶灶、陶奁、陶杯、陶罐、陶仓。

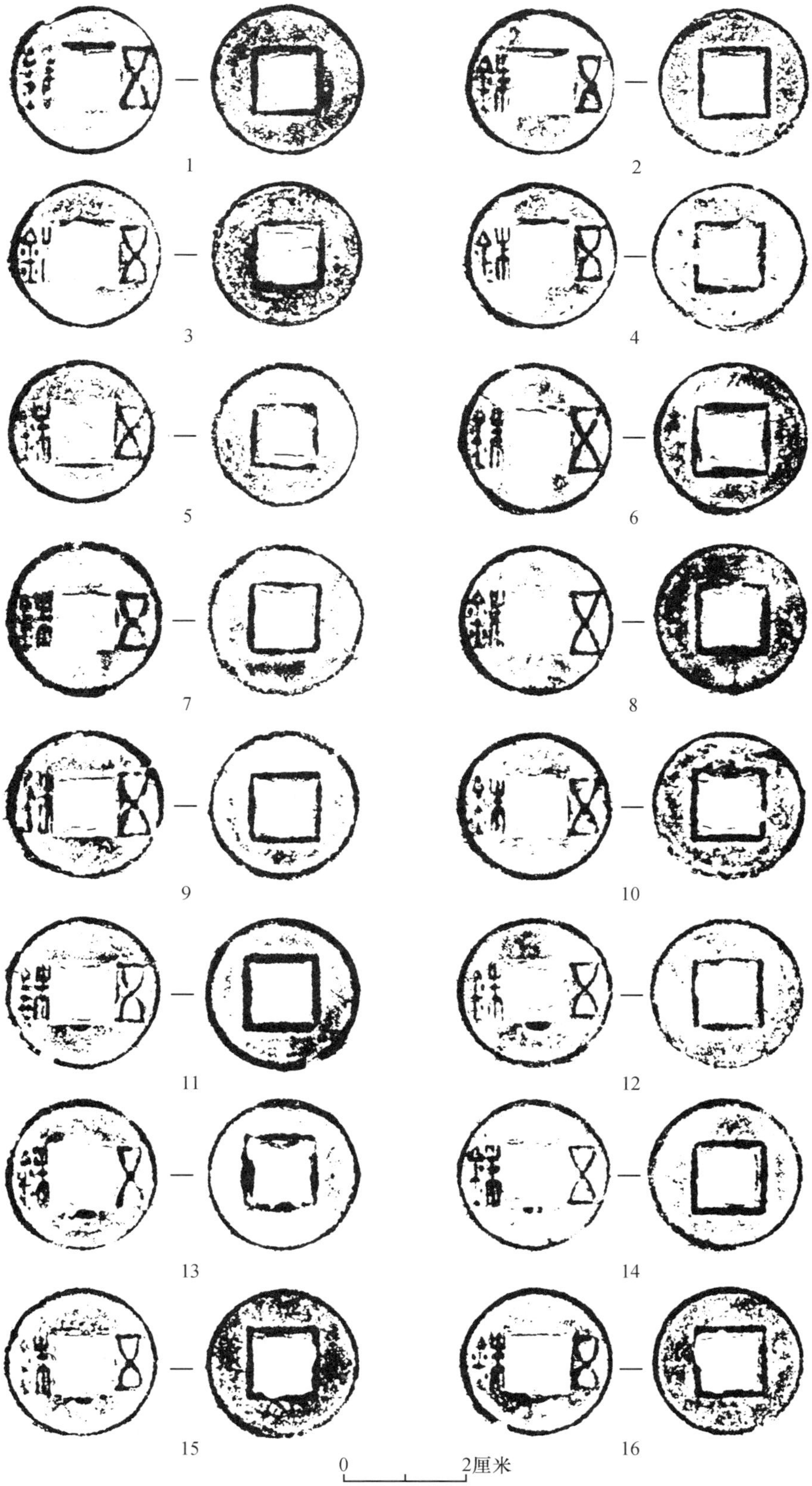

图七一 M19出土五铢钱

（M19：12）

1~4. 2类 5. 3类 6~10. 4类 11~16. 1类

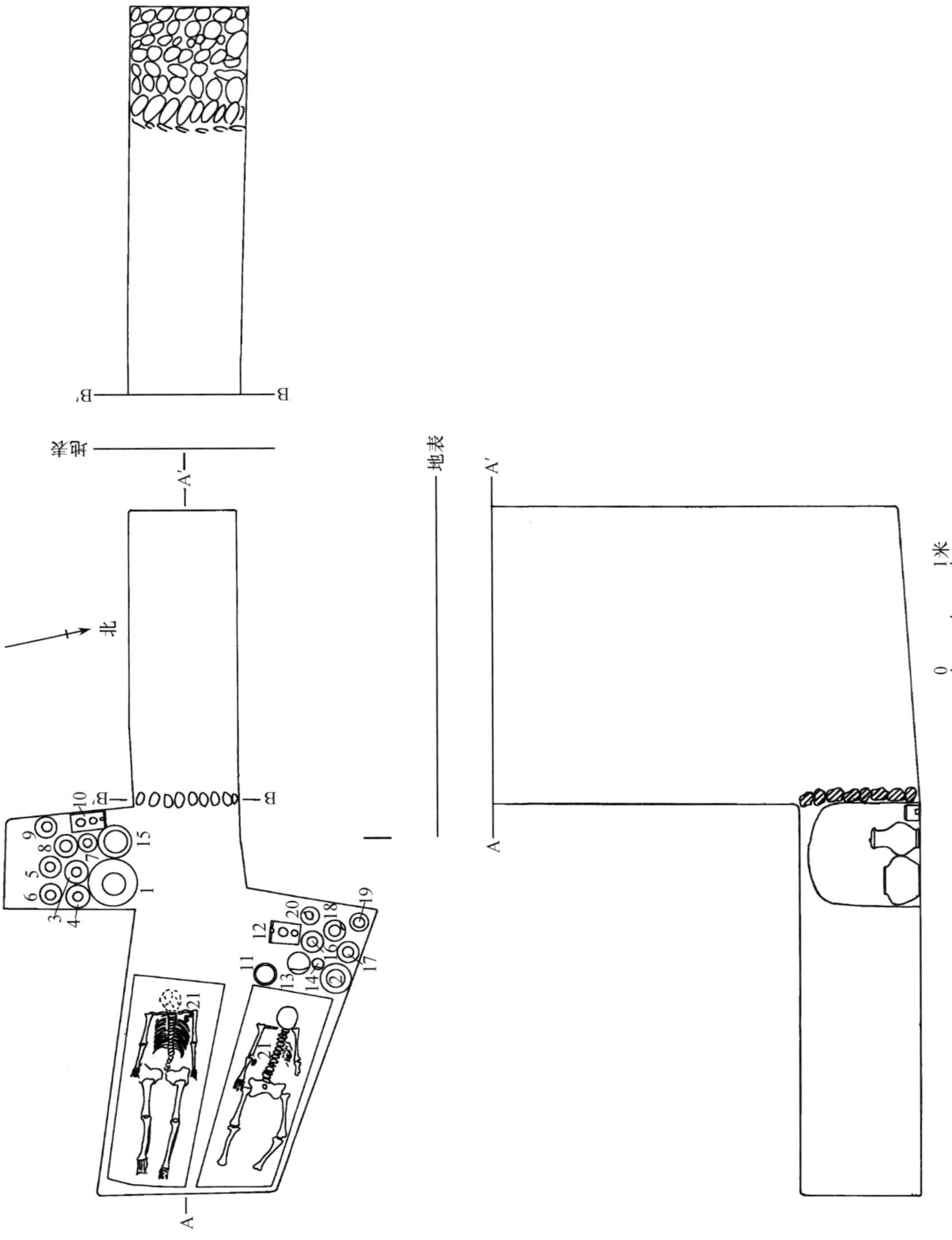

图七二　M20平、剖面图

1、8. 陶瓮　2、15. 陶壶　3~6、16~18. 陶仓　7、9、19、20. 陶罐　10、12. 陶灶　11. 陶盘　13. 陶奁　14. 陶杯　21. 五铢钱

（二）出土器物

该墓共出土随葬器物21件（套），可分为陶器、铜器两类。

1. 陶器

陶器共20件（套）。器类有陶瓮、陶壶、陶仓、陶罐、陶奁、陶盘、陶杯、陶灶。

陶瓮　2件。均为泥质灰陶，轮制而成。标本M20∶1，敛口，圆沿，尖唇，无颈，上腹鼓圆，下腹弧收，平底。上腹部饰两周宽带纹，其间戳印有规整的平行直线纹、菱形网格纹和方格纹。下腹底部一侧有一圆孔。口径23.5厘米，腹径38.5厘米，底径24.5厘米，通高30厘米（图七三，1；图版四三，1）。标本M20∶8，敛口，双唇，无颈，上腹鼓圆，下腹弧收，腹最大径在上部，平底。上腹部饰一周凸起的网状宽带纹。口径12厘米，腹径20.6厘米，底径13厘米，通高16.7厘米（图七三，6；图版四三，2）。

陶壶　2件。均为泥质灰陶，轮制而成。标本M20∶2，口似喇叭状，敞口，斜平沿外卷，尖唇，束颈，腹部鼓圆，下腹弧收，腹最大径在中部，平底。腹部饰三周模糊不清的凹弦纹，最上面一周较清晰。口部置一壶盖，圆形，隆顶较平缓，盖沿向下弧斜。以顶端中部为中心，向外饰有数周渐大的同心圆作装饰，顶端饰有四瓣花草纹。口径14.4厘米，腹径25.6厘米，底径15厘米，通高35厘米（图七三，3；图版四三，3）。标本M20∶15，口似盘口状，敞口，平沿外折，圆唇，长颈，上部较细，下部渐粗，溜肩，鼓腹弧收，平底。沿上部饰一周凸弦纹，上腹部饰三组以短斜线纹为装饰的凸弦纹，一组两周。口部置一壶盖，圆形，顶部高隆起，平沿。顶中心为一桥形纽，其外饰一周凹弦纹，凹弦纹之上饰一乳钉，盖沿饰一周凹弦纹。口径17.7厘米，腹径29.5厘米，底径15厘米，通高45厘米（图七三，2；图版四三，4）。

陶仓　7件。均为泥质灰陶，器身轮制，三足模制。器形近同，仅仓盖纹饰有所不同。标本M20∶3，整个器物形体上下修长，上宽下窄。敛口，圆沿，无颈，上腹丰圆，下腹斜收，平底。底部外侧附三个等距兽形足。腹部饰三组凸弦纹，一组两周，个别纹饰有的时断时续混为一周。口部置一仓盖，模制而成。圆形，隆顶，盖沿向下弧斜。以顶端中部为中心，向外饰三周渐大凸起的同心圆，其间分布若干个布局匀称、美观的小乳钉作装饰。口径8.5厘米，腹径18.5厘米，底径14.2厘米，通高27.5厘米（图七四，1；图版四三，6）。标本M20∶4，器形及纹饰同M20∶3。口径8.5厘米，腹径17.5厘米，底径14.8厘米，通高27厘米（图七四，2）。标本M20∶5，器形及纹饰同M20∶3。口径8.5厘米，腹径18.3厘米，底径14.5厘米，通高27.5厘米（图七四，3）。标本M20∶6，器形及纹饰同M20∶3。口径9.2厘米，腹径18.3厘米，底径14.8厘米，通高27.5厘米（图七四，4）。标本M20∶16，器形同M20∶3，仓盖纹饰有别。模制而成。圆形，隆顶，盖沿向下弧斜。顶端中部有一圆形纽，其外饰三周渐大凸起的同心圆，中间的同心圆为双环纹。第一周同心圆内分布九个等距的圆形小乳钉；双环纹的同心圆内饰四个对称图案；第三周同心圆内以直线纹和斜直线纹作间隔，其间饰有对称的四株植物，其他间隔内阳刻有“五千石米□”字样，系篆体。盖沿饰有阳刻的细小花纹图案，模糊不清。

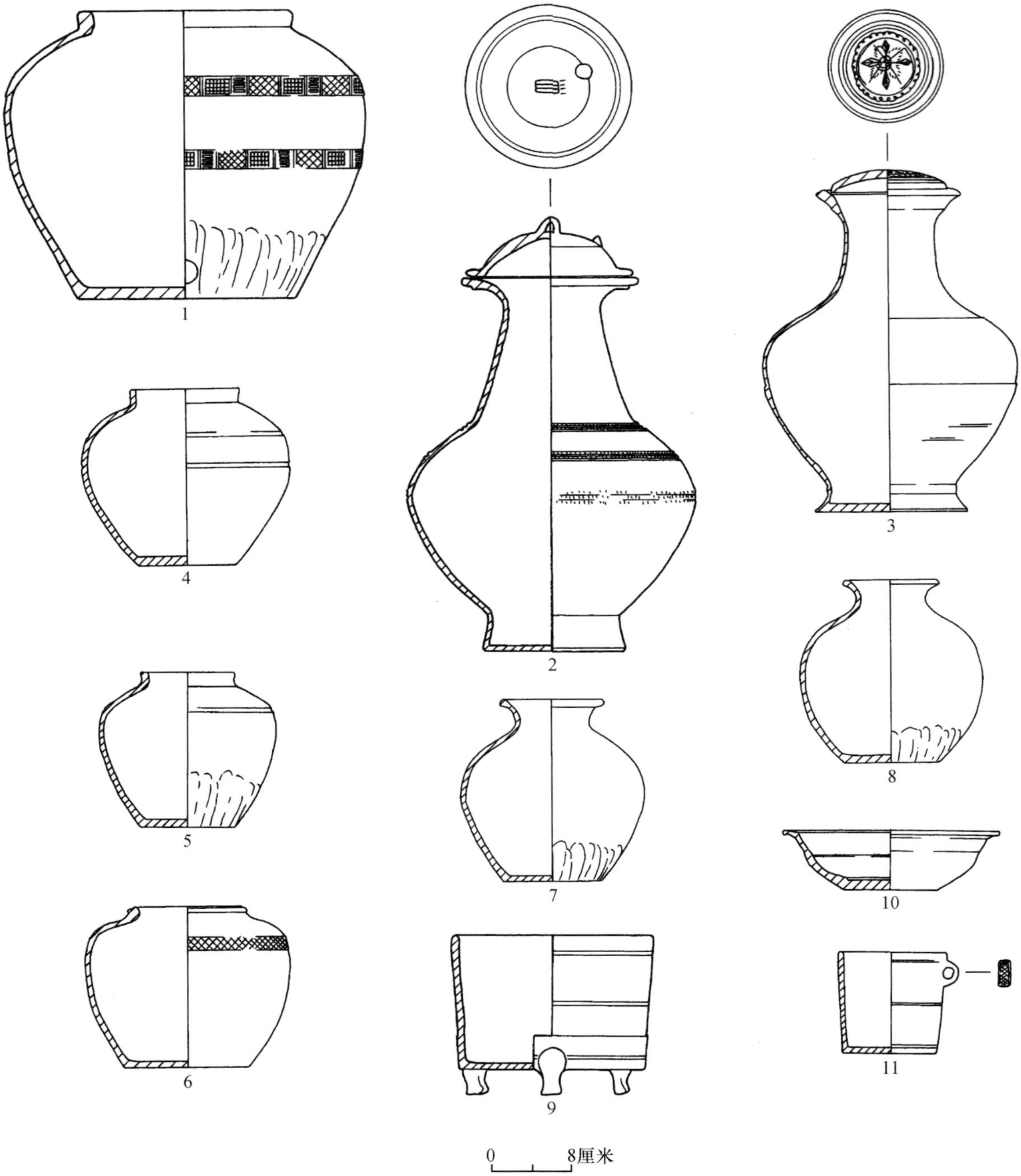

图七三　M20出土陶器

1、6. 陶瓮（M20∶1、M20∶8）　2、3. 陶壶（M20∶15、M20∶2）　4、5、7、8. 陶罐（M20∶9、M20∶7、M20∶19、M20∶20）　9. 陶奁（M20∶13）　10. 陶盘（M20∶11）　11. 陶杯（M20∶14）

口径7厘米，腹径21厘米，底径15.7厘米，通高27.5厘米（图七四，5）。标本M20∶17，器形及纹饰同M20∶16，仓盖有些残缺。口径6.7厘米，腹径21厘米，底径15.7厘米，通高27.5厘米（图七五，1）。标本M20∶18，器形纹饰同M20∶16。口径7厘米，腹径21.4厘米，底径15.7厘米，通高27.5厘米（图七五，2）。

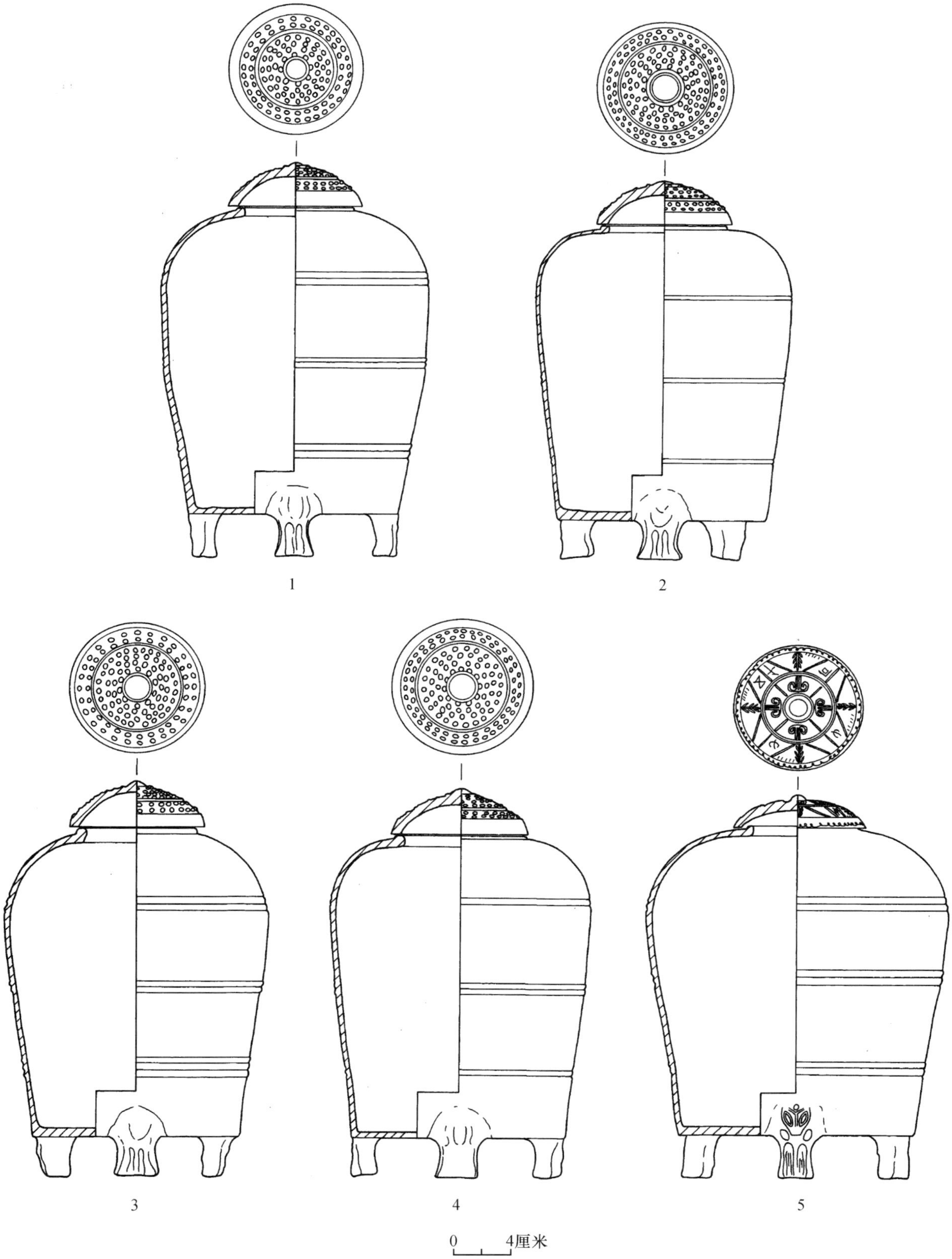

图七四　M20出土陶仓

1. M20∶3　2. M20∶4　3. M20∶5　4. M20∶6　5. M20∶16

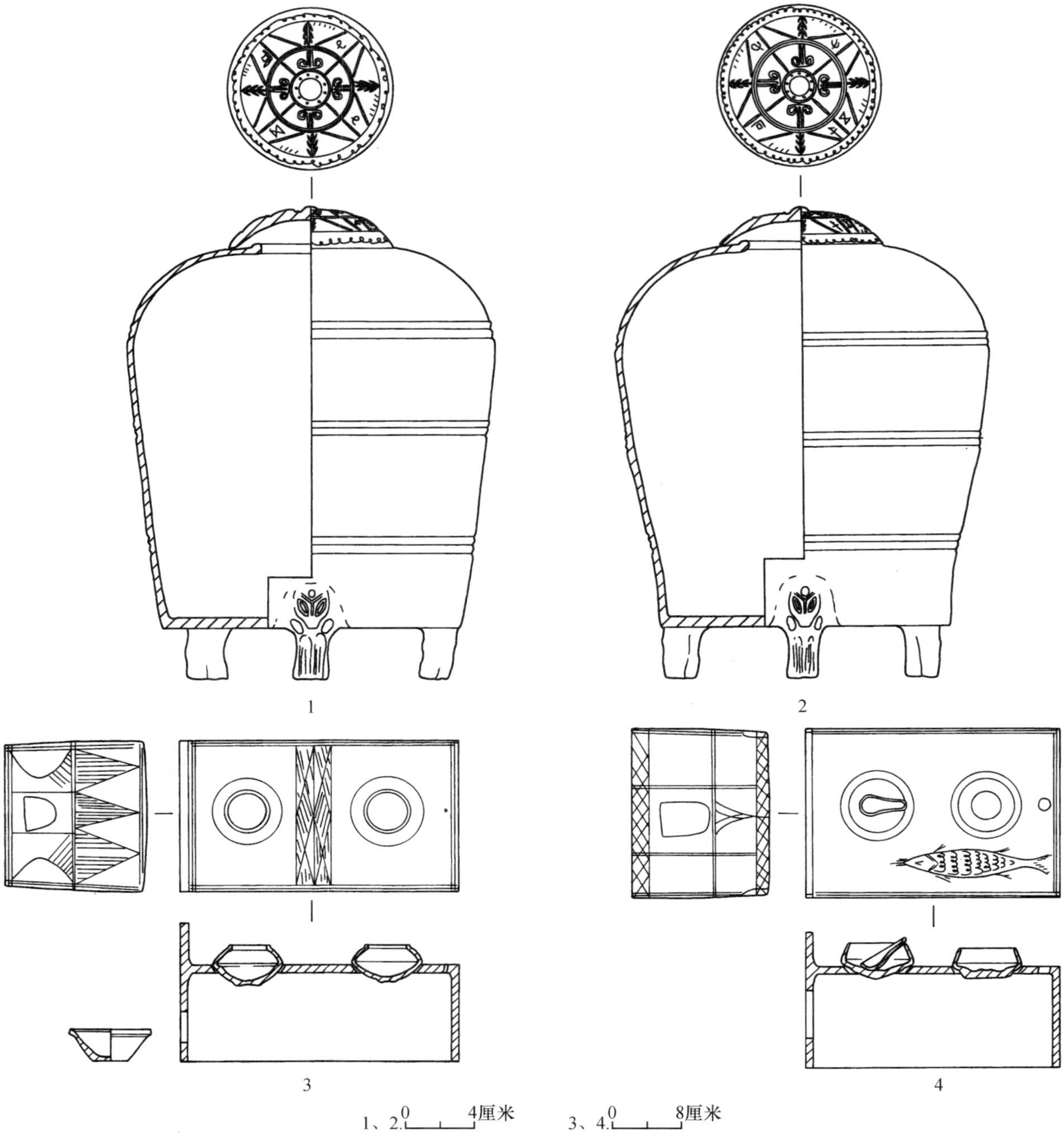

图七五　M20出土陶器

1、2. 陶仓（M20∶17、M20∶18）　3、4. 陶灶（M20∶10、M20∶12）

陶罐　4件。均为泥质灰陶，轮制而成。标本M20∶7，直口，平沿，短颈，弧肩，鼓腹弧收，腹最大径在上部，平底。肩部饰一周时断时续的凹弦纹。口径9.5厘米，腹径17.9厘米，底径9.5厘米，通高6.3厘米（图七三，5）。标本M20∶9，器形同M20∶7。上腹部饰两周若隐若现的凹弦纹。口径11.3厘米，腹径21厘米，底径10.5厘米，通高17.4厘米（图七三，4；图版四三，5）。标本M20∶19，敞口，圆唇外卷，短束颈，上腹鼓圆，下腹弧收，平底。上腹部留有若隐若现的数周轮痕，下腹部有纵向不规则的弦纹，并有刮削痕迹。口径10.4厘米，腹径

18.5厘米，底径10.3厘米，通高19.2厘米（图七三，7；图版四四，1）。标本M20：20，器形及纹饰同M20：19。口径10.4厘米，腹径18.6厘米，底径10厘米，通高19.3厘米（图七三，8）。

陶奁　1件。标本M20：13，泥质灰陶，器身轮制，三足模制。直口，平沿，深腹，直壁，平底。底部外侧附三个等距兽形足。外底壁面饰有旋纹；腹底壁面外侧饰一周凸起的宽带纹，表面饰有不规则的凹弦纹；上腹部亦饰两组凹弦纹，一组两周。口径20.5厘米，底径19厘米，通高16.5厘米（图七三，9；图版四四，2）。

陶盘　1件。标本M20：11，泥质灰陶，轮制而成。敞口，平沿外折，方唇，深弧腹斜收，平底。内底及壁面饰凹弦纹。口径21.5厘米，底径9.5厘米，通高6.4厘米（图七三，10；图版四四，5）。

陶杯　1件。标本M20：14，泥质灰陶，器身轮制，器纽捏制。口微敞，平沿，斜直腹，平底。外壁上部有一纽，中部有一孔。纽表面按压有方格纹。腹部饰三组凹弦纹，一组两周。口径10.7厘米，底径9.5厘米，通高10.5厘米（图七三，11；图版四四，6）。

陶灶　2套。

标本M20：10，由灶体、釜、盆组成（图七五，3；图版四四，4）。

陶灶体　1件。已残。标本M20：10-1，泥质灰陶，模制，手工拼合而成。平面呈长方形，面微弧凸，四壁较直。灶面有两个大小相同的圆形灶眼，呈一字形排列。尾部正中有一圆形出烟口。灶面边沿饰阴线刻的直线纹，两灶眼之间则以菱形网格纹、三角形纹作间隔。前壁呈长方形，上宽下窄，下部正中有一拱形灶门，较规整，其上立有挡火墙，一角已残，表面以阴线刻的直线纹、弧线纹、三角形纹作装饰。长31.5厘米，宽17.3厘米，通高16厘米。

小陶釜　2件。分别置于两个灶眼之上。均为泥质灰陶，轮制而成。标本M20：10-2，敛口，圆沿，无颈，上腹扁鼓圆，下腹弧收，腹最大径在中部，平底。腹中部有一道凸棱。口径4.9厘米，腹径8厘米，底径2.5厘米，通高4.7厘米。标本M20：10-3，器形同M20：10-2。口径4.9厘米，腹径8厘米，底径2.4厘米，通高4.6厘米。

小陶盆　1件。标本M20：10-4，泥质灰陶，轮制而成。敞口，平沿外折，方唇，腹部斜直，平底。口径9.3厘米，底径4厘米，通高3.8厘米。

标本M20：12，由灶体、釜、勺组成（图七五，4；图版四四，3）。

陶灶体　1件。标本M20：12-1，泥质灰陶，模制，手工拼合而成。平面呈长方形，面微弧凸，四壁较直。灶面有两个大小相同的圆形灶眼，呈一字形排列。尾部正中有一圆形出烟口。灶面边沿饰阴线刻的直线纹作装饰，其间横长一侧阴线刻划有一鱼，鱼鳞做成反向连续的c字形。前壁呈长方形，下宽上窄，下部正中有一拱形灶门，较规整，其立有挡火墙，表面以阴线刻的直线纹、菱形网格纹、三角形纹作装饰。长28.5厘米，宽19厘米，通高15.7厘米。

小陶釜　2件。分别置于两个灶眼之上。均为泥质灰陶，轮制而成。标本M20：12-2，敛口，圆沿，无颈，上腹扁鼓圆，下腹弧收，腹最大径在中部，平底，并有不规则的刮削痕迹。口径6.5厘米，底径5.5厘米，通高4.2厘米。标本M20：12-3，器形同M20：12-2。口径6厘米，底径3厘米，通高3.7厘米。

小陶勺　1件。置于前端小陶釜之内。标本M20：12-4，泥质灰陶，模制。上平面呈瓢形，平沿，圜底，其下留有不规则的刮削痕迹。勺柄与勺斗均内空，一端较细尖，另一端较圆弧。通长6.3厘米。

2. 铜器

铜钱　9枚。标本M20：21，均为五铢，大小基本相同。可分3类，第1类为正面穿下半月五铢，第2类为正面穿上一郭五铢，第3类为正面穿上无郭五铢。

1类　标本M20：21-5~M20：21-9，圆形方穿，穿正面无郭，穿下半月。背面有方郭。正面左右侧铸有"五铢"二字，字体为篆体。钱径2.5厘米（图七六，5~9）。

2类　标本M20：21-1，圆形方穿，穿正面上有一横郭。背面有方郭。正面左右侧铸有"五铢"二字，字体为篆体。钱径2.5厘米（图七六，1）。

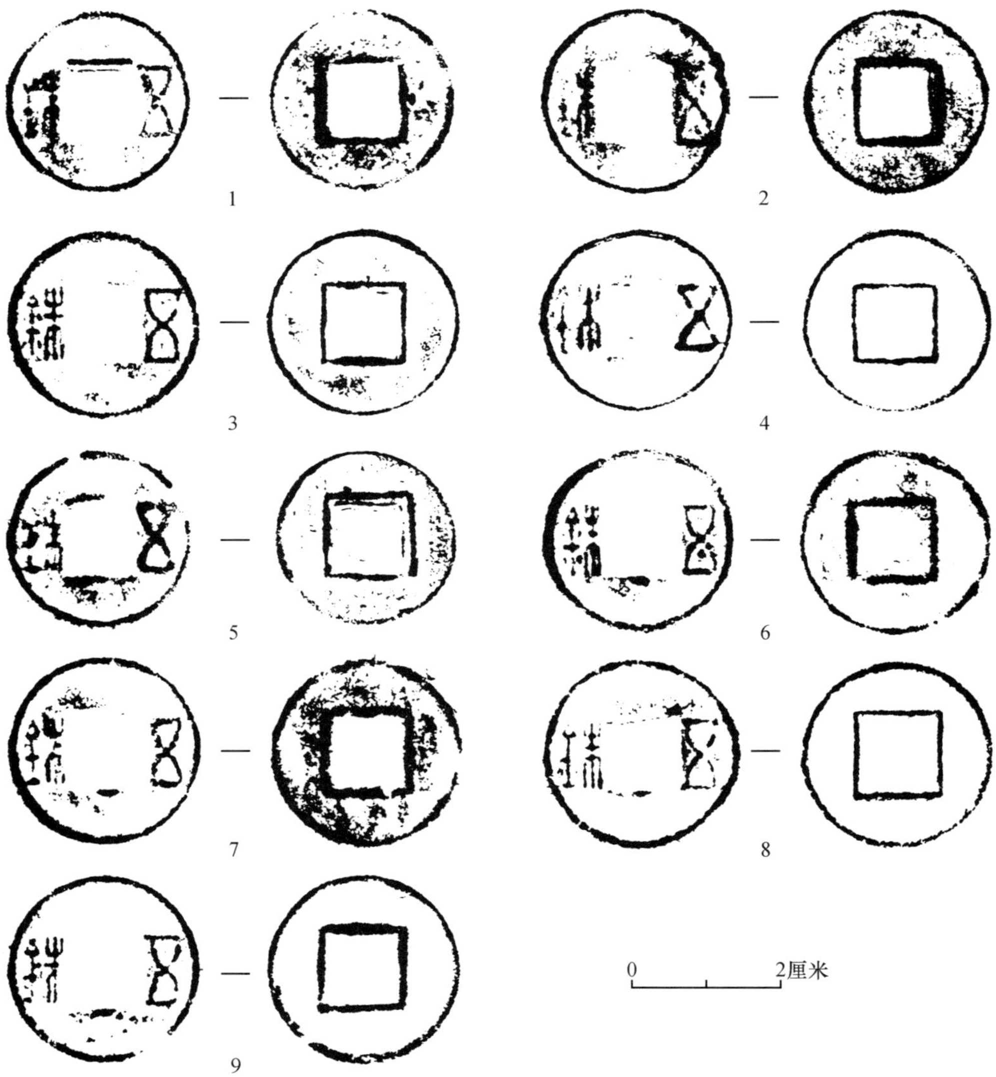

图七六　M20出土五铢钱
（M20：21）
1. 2类　2~4. 3类　5~9. 1类

3类　标本M20：21-2~M20：21-4，圆形方穿，穿正面无郭。背面有方郭。正面左右侧铸有“五铢”二字，字体为篆体。钱径2.5厘米（图七六，2~4）。

二十一、M21

（一）形　　制

位于T0203北部，东与M7相邻。开口于第3层下，打破生土。开口距地表深0.5米，墓口距墓底深5米。该墓为一座坐东朝西的竖穴墓道单室土洞墓，除受到自然因素破坏外，基本保存较好。方向300°。全墓由墓道、墓门、墓室、耳室四部分组成。其修筑方法是先挖一长方形竖穴墓道，然后向东掏洞挖出墓室和耳室的雏形，再经过一番仔细修整（图七七；图版四五）。

墓道位于墓室之西。平面呈长方形，平底。口长2.74米，宽1米；底长2.74米，宽1米；深5米。南北两壁未发现脚窝。整个墓道壁面光滑、规整，内填五花土，未经夯打，土质较松。

墓门位于墓道之东。土洞拱券形。宽1米，高1.8米。墓门用封门砖呈人字形封堵，垒砌高度为1.8米。砖规格为30×14—5厘米。向东为土洞墓室，平面呈长方形，平顶，前高后低。长3.6米，宽0.9~1.02米，高1.42~1.8米。在墓室前端北壁向外挖一土洞耳室。宽1米，进深1.1米，高1米。大多数随葬器物存放于内，能辨出器形的有陶罐、陶壶、陶灶、陶仓、陶鼎等器物。在墓室后端发现有单棺朽灰痕迹，平面呈梯形。长2.14米，宽0.72~0.8米。其内置一具人骨架，腐蚀严重，部分骨块已腐蚀无存，依据残存痕迹可以看出墓主头西脚东，仰身直肢葬。在仔细清理骨架的过程中，一些被掩埋于腐灰之下的小型随葬品被发现，在骨架胸部右侧先后发现了数枚铜钱和1件铜环。另在墓室前端发现部分随葬品，可辨器形有陶盘、陶奁、陶杯。

（二）出土器物

该墓共出土随葬器物20件（套），可分为陶器、铜器两类。

1. 陶器

陶器共18件（套）。器类有陶罐、陶壶、陶仓、陶鼎、陶盘、陶奁、陶杯、陶灶。

陶罐　5件。均为泥质灰陶，轮制而成。标本M21：1，敞口，平沿外折，方唇，束颈，上腹鼓圆，下腹弧收，腹最大径在上部，平底。上腹部饰数周凹弦纹，模糊不清。口径17厘米，腹径34.5厘米，底径21.5厘米，通高40.5厘米（图七八，1；图版四六，1）。标本M21：6，器形及纹饰同M21：1。口径17.7厘米，腹径34.5厘米，底径23.5厘米，通高40.3厘米（图七八，2）。标本M21：7，敞口，圆唇外卷，短束颈，上腹鼓圆，下腹弧收，腹最大径在中部，平底。口径14.8厘米，腹径24厘米，底径10.5厘米，通高32.2厘米（图七八，3；图版四六，2）。标本M21：9，敛口，圆沿，短直颈，上腹鼓圆，下腹弧收，腹最大径在上部，平底。上

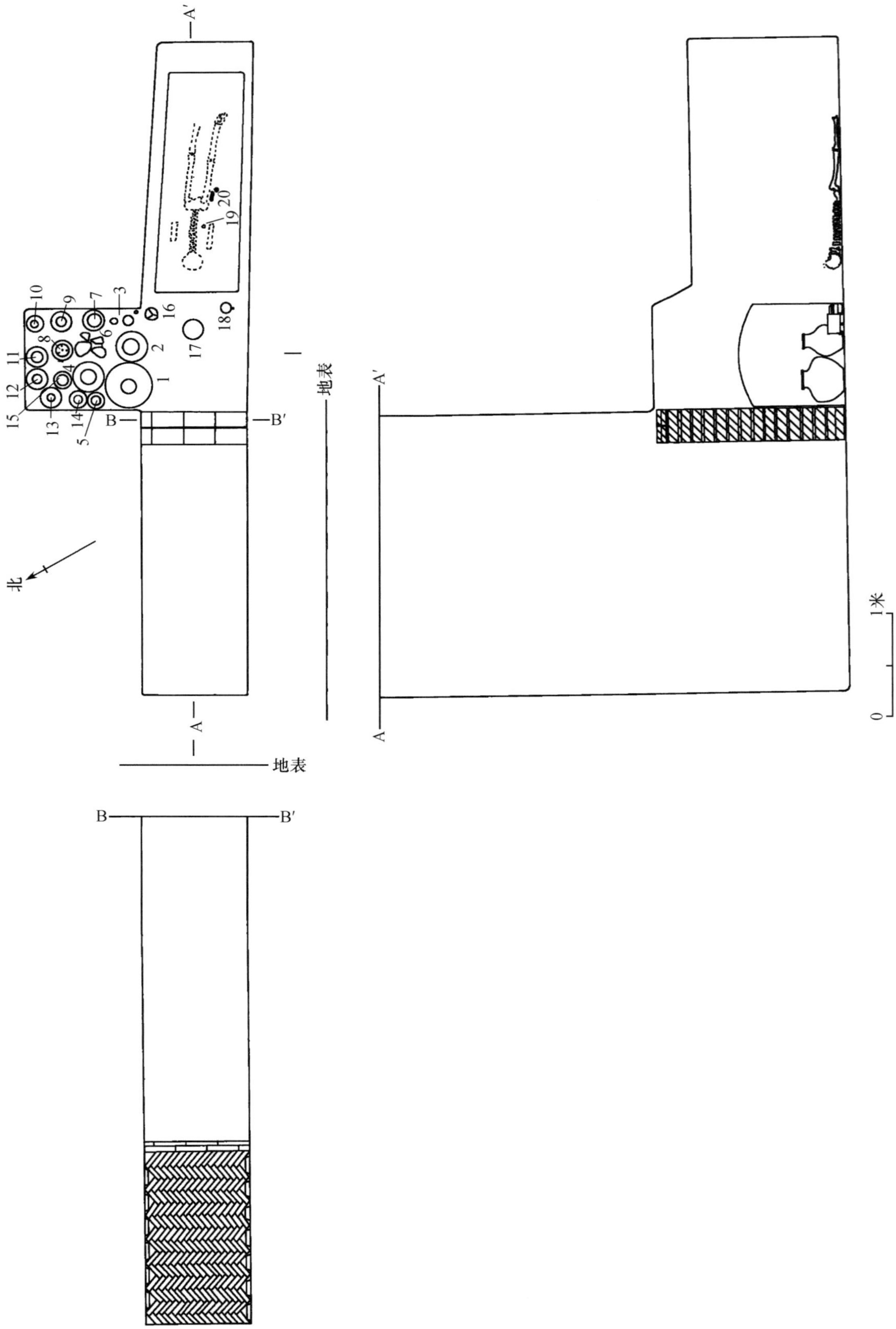

图七七　M21平、剖面图

1、6、7、9、15. 陶罐　2、4、10. 陶壶　3. 陶灶　5、11~14. 陶仓　8. 陶鼎　16. 陶盘　17. 陶奁　18. 陶杯　19. 铜环　20. 五铢钱

腹部饰一周凸起的网状宽带纹，其下饰一周凹弦纹。口径9.3厘米，腹径18厘米，底径10.6厘米，通高15.2厘米（图七八，5；图版四六，4）。标本M21：15，敞口，圆唇外卷，短束颈，上腹鼓圆，下腹弧收，平底。腹上部留有若隐若现的数周轮痕，下腹留有刀削痕迹。口径11厘米，腹径21厘米，底径14.5厘米，通高20.5厘米（图七八，4；图版四六，3）。

陶壶 3件。带盖陶壶2件，1件无盖。均为泥质灰陶，轮制而成。标本M21：2，口似喇叭状，敞口，斜平沿外卷，尖唇，束颈，腹部鼓圆，下腹弧收，腹最大径在中部，平底。上腹部饰两周凹弦纹。口部置一壶盖，模制而成。圆形，隆顶。口径15厘米，腹径28厘米，底径17厘米，通高41厘米（图七八，6；图版四六，5）。标本M21：4，器形及纹饰同M21：2。口径15.3厘米，腹径28厘米，底径17厘米，通高41厘米（图七八，7）。标本M21：10，无盖，器形同M21：2。上腹部饰一周凸弦纹，其下饰一组两周若隐若现的凹弦纹。口径7.7厘米，腹径14.2厘米，底径8.6厘米，通高18厘米（图七九，3）。

陶仓 5件。带盖陶仓4件，1件无盖。均为泥质灰陶，器身轮制，三足模制。标本M21：12，整个器物形体上下修长，上宽下窄。敛口，圆沿，无颈，上腹丰圆，下腹斜收，平

图七八 M21出土陶器

1~5. 陶罐（M21：1、M21：6、M21：7、M21：15、M21：9） 6、7. 陶壶（M21：2、M21：4）

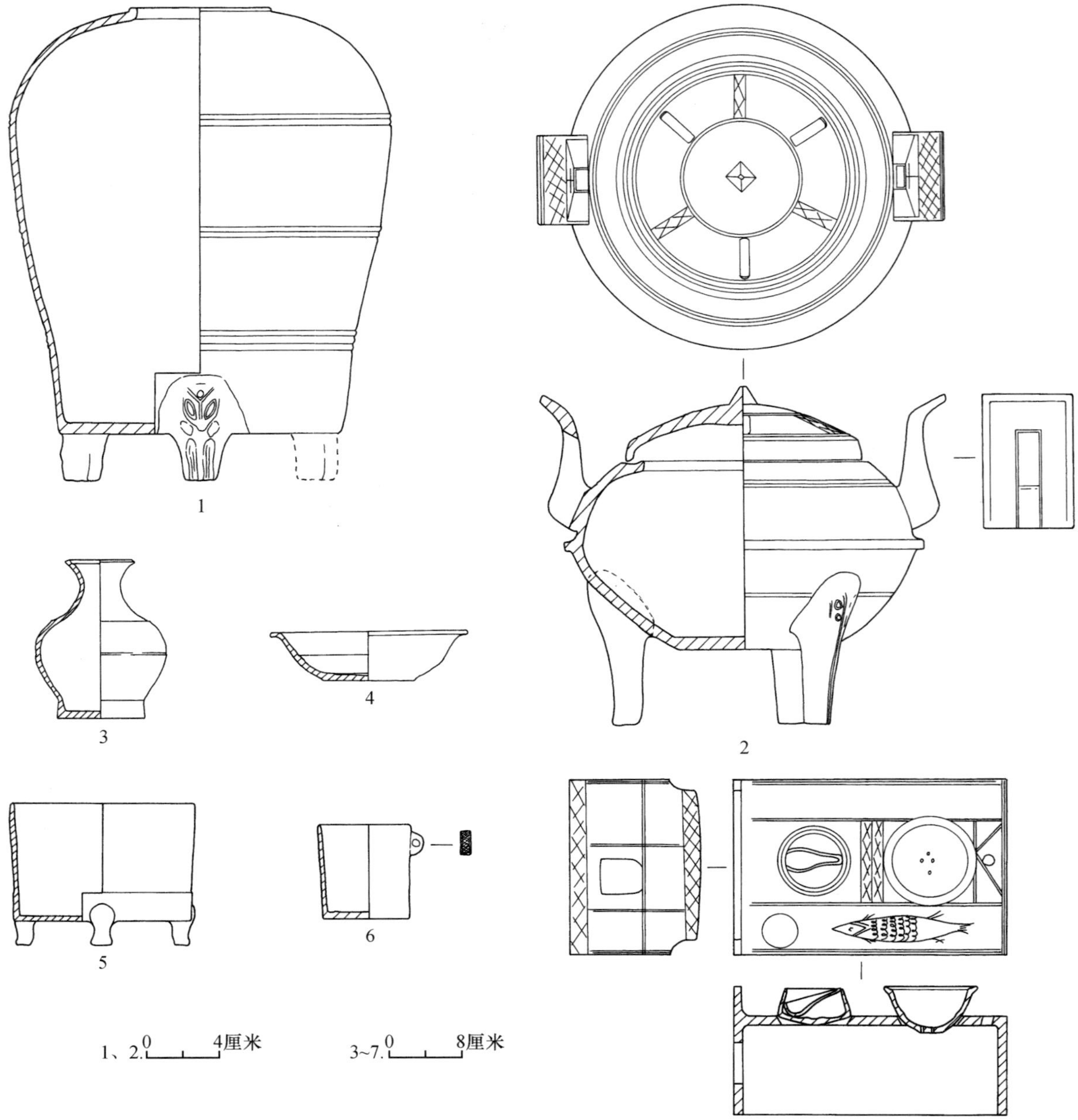

图七九　M21出土陶器

1. 陶仓（M21∶13）　2. 陶鼎（M21∶8）　3. 陶壶（M21∶10）　4. 陶盘（M21∶16）　5. 陶奁（M21∶17）　6. 陶杯（M21∶18）　7. 陶灶（M21∶3）

底。底部外侧附三个等距兽形足。腹部饰三组凸弦纹，一组两周。口部置一仓盖，模制而成。略残，圆形，隆顶，盖沿向下弧斜。顶端中部有一圆形纽，其外饰三周渐大凸起的同心圆，其中第一、二周同心圆为双环纹。第一周同心圆内分布十一个等距的圆形小乳钉；第二周同心圆内饰四个对称的图案；第三周同心圆内以直线纹和斜直线纹作间隔，其间饰有对称的四株植物，其他间隔内阳刻有“五千石米□”字样，系篆体。盖沿饰有阳刻的细小花纹图案，模糊不清。口径7.3厘米，腹径23.4厘米，底径17.7厘米，通高31厘米（图八○，1；图版四七，1）。标本M21：5，仓盖已残。器形同M21：12。腹部饰三组凸弦纹，上一组为三周，下两组为两周。口径9厘米，腹径21厘米，底径18.2厘米，通高30.3厘米（图八○，3）。标本M21：11，器形及纹饰同M21：5。口径9厘米，腹径20厘米，底径17厘米，通高29厘米（图八○，4）。标本M21：13，无盖。器形同M21：12。腹部饰三组凸弦纹，上两组为两周，第三组为三周。口径7.2厘米，腹径21厘米，底径16.2厘米，通高27.2厘米（图七九，1）。标本M21：14，器形同M21：12。腹部饰三组凸弦纹，一组三周。口径9.8厘米，腹径21厘米，底径18.5厘米，通高30.5厘米（图八○，2）。

陶鼎 1件。标本M21：8，泥质灰陶，鼎身轮制，足、耳、盖模制，手工拼合而成。子母口，上腹鼓圆，下腹斜弧收，腹最大径在中部，平底。底部外侧附三个等距兽形足。腹中部饰一周沿状凸棱。上腹两侧各附一长方形外撇镂空耳，耳表面饰阴线刻菱形方格纹、直线纹。口部置一圆形鼎盖，盖面隆起，中部有一锥状小纽。以纽为中心向外饰两组凹弦纹，一组两周。凹弦纹之间的盖面等距切割有三个长条状透气孔，其余空间阴线刻有三组菱形方格纹作装饰。口径11厘米，底径8.5厘米，通高18.7厘米（图七九，2；图版四七，2）。

陶盘 1件。标本M21：16，泥质灰陶，轮制而成。敞口，平沿外折，方唇，深腹斜收，平底。内底及壁面各饰一周凹弦纹。口径21.8厘米，底径10厘米，通高5.5厘米（图七九，4；图版四七，3）。

陶奁 1件。标本M21：17，泥质灰陶，器身轮制，三足模制。直口，平沿，深腹，直壁，平底。底部外侧附三个等距兽形足。腹底壁面外侧饰一周凸起的宽带纹，其上饰两组凹弦纹，一组两周。口径21厘米，底径19.6厘米，通高16.5厘米（图七九，5；图版四七，4）。

陶杯 1件。标本M21：18，泥质灰陶，器身轮制，器纽捏制。口微敞，圆沿，斜直腹，平底。外壁上部有一纽，中部有一孔。纽表面按压有方格纹。腹部饰三组凹弦纹，一组两周。口径10.1厘米，底径9.5厘米，通高10.7厘米（图七九，6）。

陶灶 1套。标本M21：3，由灶体、釜、勺、甑组成（图七九，7；图版四六，6）。

陶灶体 1件。标本M21：3-1，泥质灰陶，模制，手工拼合而成。平面呈长方形，面微弧凸，四壁较直。灶面有三个大小不一的圆形灶眼，中间两个灶眼呈一字形排列，大小相同，前端一角的灶眼较小些。尾部正中有一圆形出烟口。灶面及边沿饰阴线刻的直线纹、三角形纹作装饰，两灶眼之间饰菱形网格纹作间隔。在灶面横长一侧阴线刻划有一鱼，鱼鳞做成反向连续的c字形。前壁近凸字形，下宽上窄，下部正中有一拱形灶门，其上立有挡火墙，表面以阴线刻的直线纹、菱形网格纹作装饰。长29厘米，宽19.5厘米，通高14厘米。

小陶釜 1件。置于前端灶眼之上。标本M21：3-2，泥质灰陶，轮制而成。敛口，圆沿，无颈，上腹扁鼓圆，下腹弧收，腹最大径在中部，平底。口径6.5厘米，底径2厘米，通高4.3厘米。

小陶甑 1件。置于后端灶眼之上。标本M21：3-3，泥质灰陶，轮制而成。敞口，斜直平沿，腹部斜弧，平底，底部有四个间距不等的圆形箅孔。口径10.7厘米，底径3.4厘米，通高5厘米。

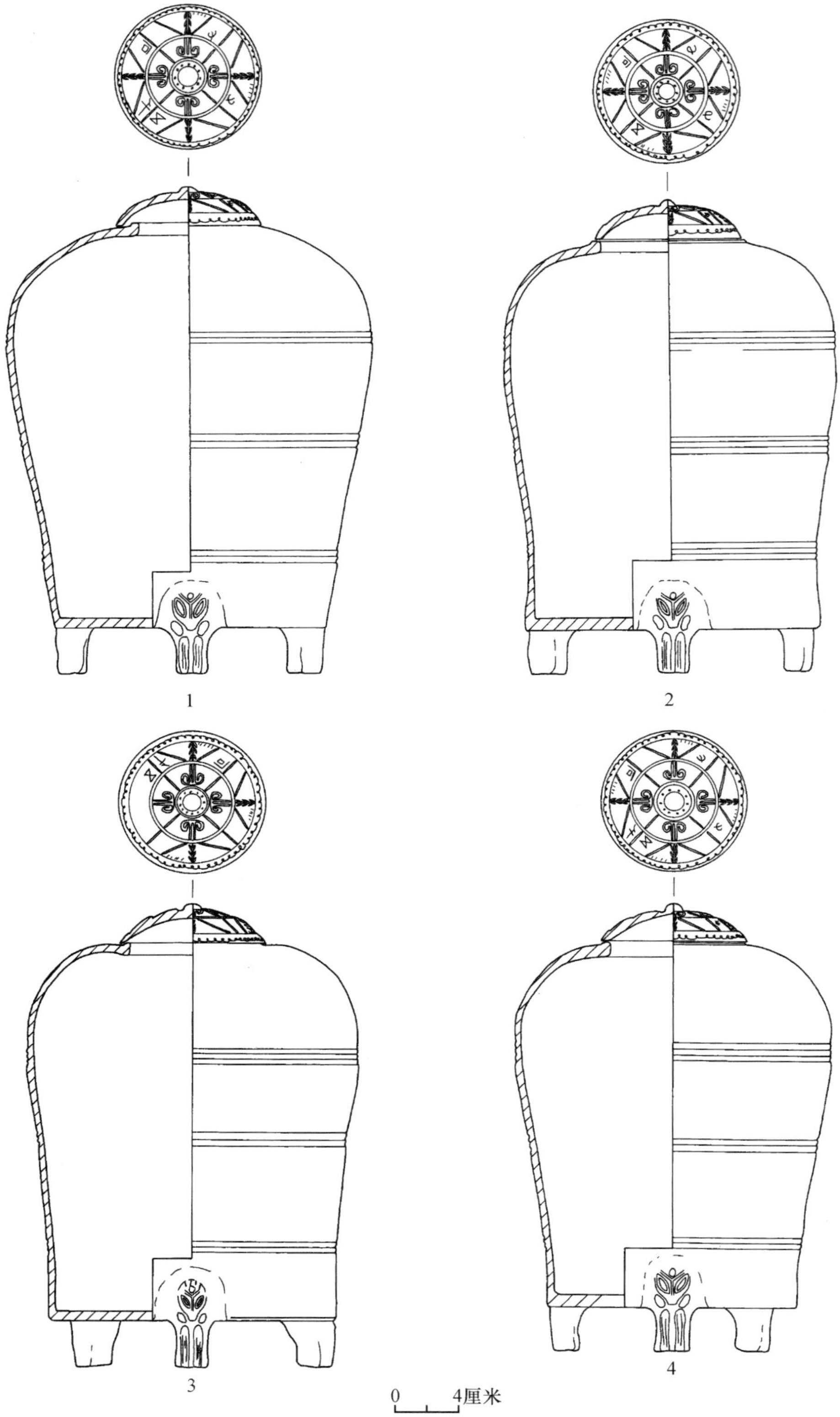

图八〇　M21出土陶仓

1. M21：12　2. M21：14　3. M21：5　4. M21：11

小陶勺　1件。置于前端小陶釜之内。标本M21：3-4，泥质灰陶，模制而成。器形偏小，上平面呈瓢形，平沿，圜底。勺柄与勺斗均内空，一端较细尖，另一端较圆弧。通长6.4厘米。

2. 铜器

铜器共2件。器类有铜环、铜钱。

铜环　1件。标本M21：19，通体长满绿锈。直径3厘米（图版四七，5）。

铜钱　11枚。标本M21：20，均为五铢，大小基本相同。可分为4类，第1类为正面穿下半月五铢，第2类为正面穿上一郭五铢，第3类为正面穿下一郭五铢，第4类为正面穿上无郭五铢。

1类　4枚。有的为剪轮五铢。标本M21：20-8~M21：20-11，圆形方穿，穿正面无郭，穿下半月。背面有方郭。正面左右侧铸有“五铢”二字，字体为篆体。钱径2.4~2.5厘米（图八一，8~11）。

2类　4枚。有的为剪轮五铢。标本M21：20-1~M21：20-4，圆形方穿，穿正面上有一横郭。背面有方郭。正面左右侧铸有“五铢”二字，字体为篆体。钱径2.4~2.5厘米（图八一，1~4）。

3类　1枚。标本M21：20-7，剪轮五铢。圆形方穿，穿正面下有一横郭。背面有方郭。正面左右侧铸有“五铢”二字，字体为篆体。钱径2.4厘米（图八一，7）。

4类　2枚。标本M21：20-5、M21：20-6，圆形方穿，穿正面无郭。背面有方郭。正面左右侧铸有“五铢”二字，字体为篆体。钱径2.5厘米（图八一，5、6）。

二十二、M22

（一）形　　制

位于T0204、T0304偏北处，南与M20相邻。开口于第3层下，打破生土。开口距地表深0.5米，墓口距墓底深5米。该墓为一座坐东朝西的竖穴墓道单室土洞墓，除受到自然因素破坏外，基本保存较好。方向270°。全墓由墓道、墓门、墓室三部分组成。其修筑方法是先挖一长方形竖穴墓道，然后向东掏洞挖出墓室的雏形，再经过一番仔细修整（图八二；图版四八）。

墓道位于墓室之西。平面呈长方形，底呈斜坡状。口长2.5米，宽1米；底长2.5米，宽1米；深4.8~5米。南北两壁未发现脚窝。墓道壁面光滑、规整，内填五花土，未经夯打，土质较松。

墓门位于墓道之东。土洞拱券形。宽1米，高1.1米。墓门用青砖封堵，叠砌不规整。砖规格为30×14—5厘米。向东为土洞墓室，平面呈长方形，平顶。长3.7米，宽1~1.2米，高1.1米。在墓室后端发现有单棺朽灰的痕迹，平面呈梯形。长2米，宽0.7~0.8米。其内置一具

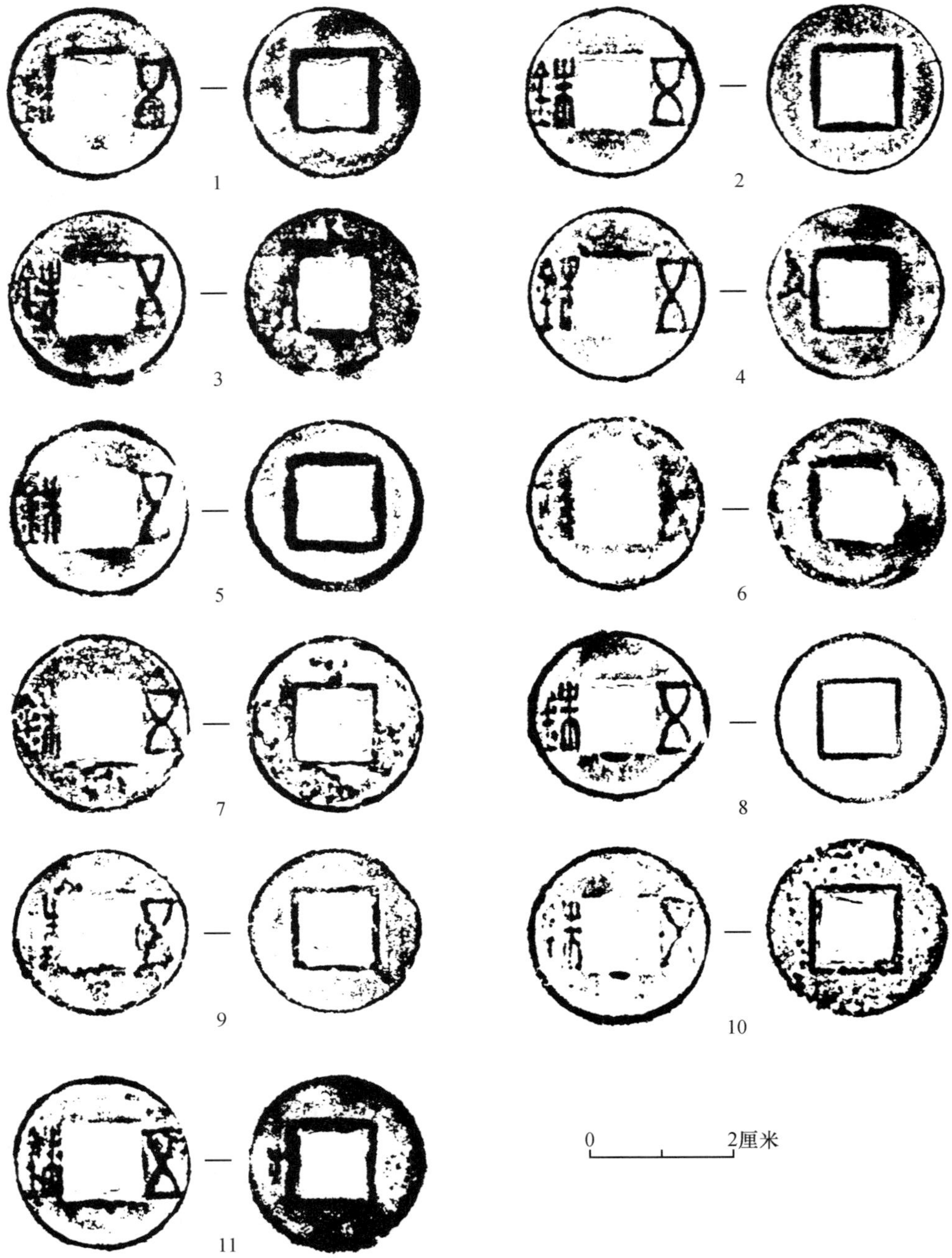

图八一　M21出土五铢钱

（M21∶20）

1~4. 1类　5、6. 2类　7. 3类　8~11. 1类

人骨架，腐蚀严重，部分骨块已腐蚀无存，依据残存痕迹可以看出墓主头西脚东，仰身直肢葬。在骨架左侧和腹部先后发现了1件铁剑和数枚铜钱。另在墓室前端发现较多随葬品，可辨器形有陶灶、陶罐、陶盘、陶井、陶仓。

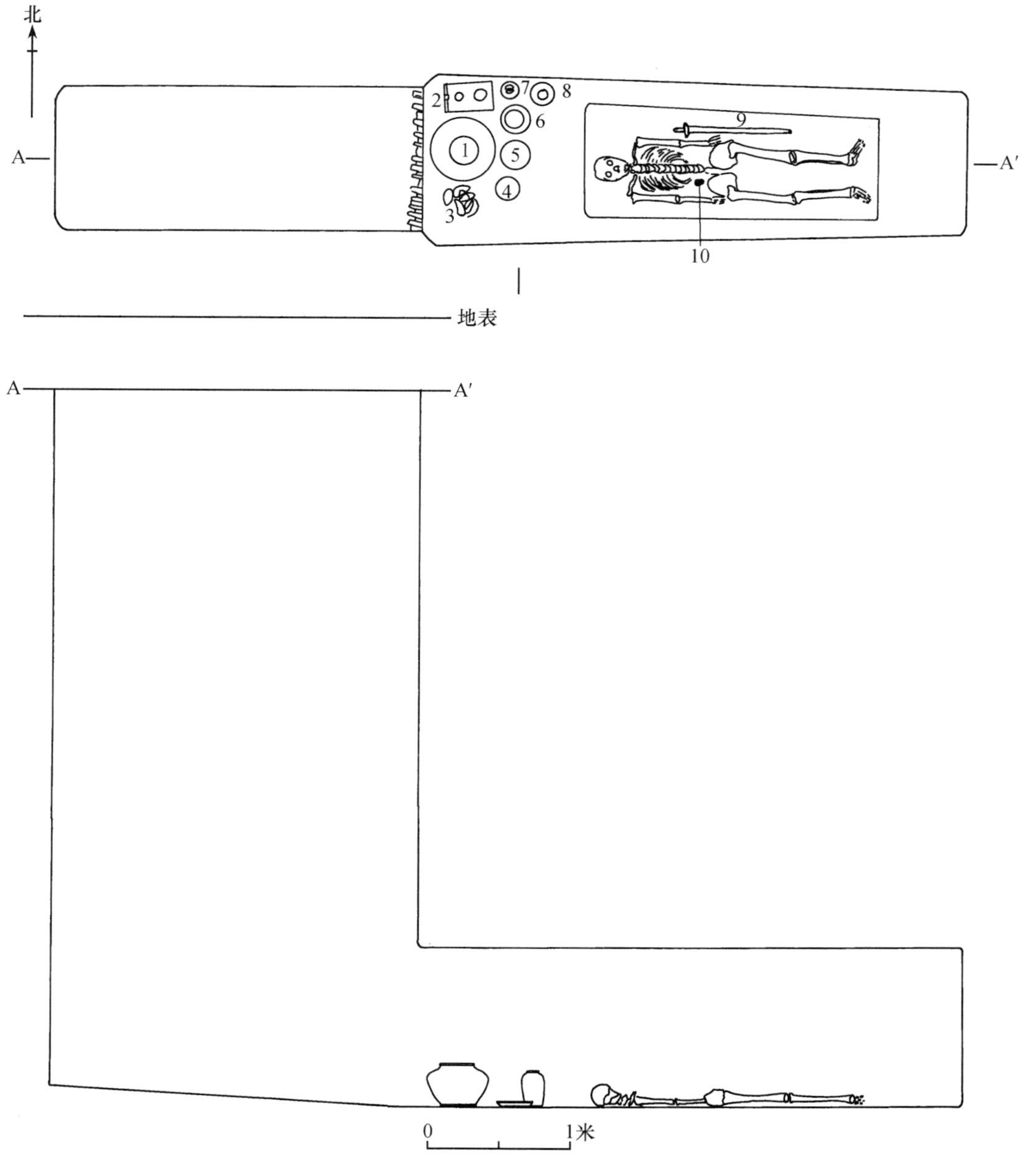

图八二 M22平、剖面图

1、6. 陶罐 2. 陶灶 4、5. 陶盘 3、8. 陶仓 7. 陶井 9. 铁剑 10. 铜钱

（二）出土器物

该墓共出土随葬器物10件（套），可分为陶器、铜器、铁器三类。

1. 陶器

陶器共8件（套）。器类有陶罐、陶盘、陶仓、陶井、陶灶。

陶罐 2件。均为泥质灰陶，轮制而成。标本M22：1，敛口，平沿内折，直领，上腹鼓圆，下腹弧收，腹最大径在中部，平底。上腹部饰一组凹弦纹，一组两周，其下再饰一组若隐若现的凹弦纹，一组两周。口径22.5厘米，腹径41.3厘米，底径22.5厘米，通高30.5厘米（图八三，1；图版四九，1）。标本M22：6，器形同M22：1。口部至肩部以纵向线纹作装饰，其下腹部饰一组凹弦纹，一组两周，再向下饰一周若隐若现的凹弦纹。口径15.5厘米，腹径29.5厘米，底径16.5厘米，通高21.7厘米（图八三，2）。

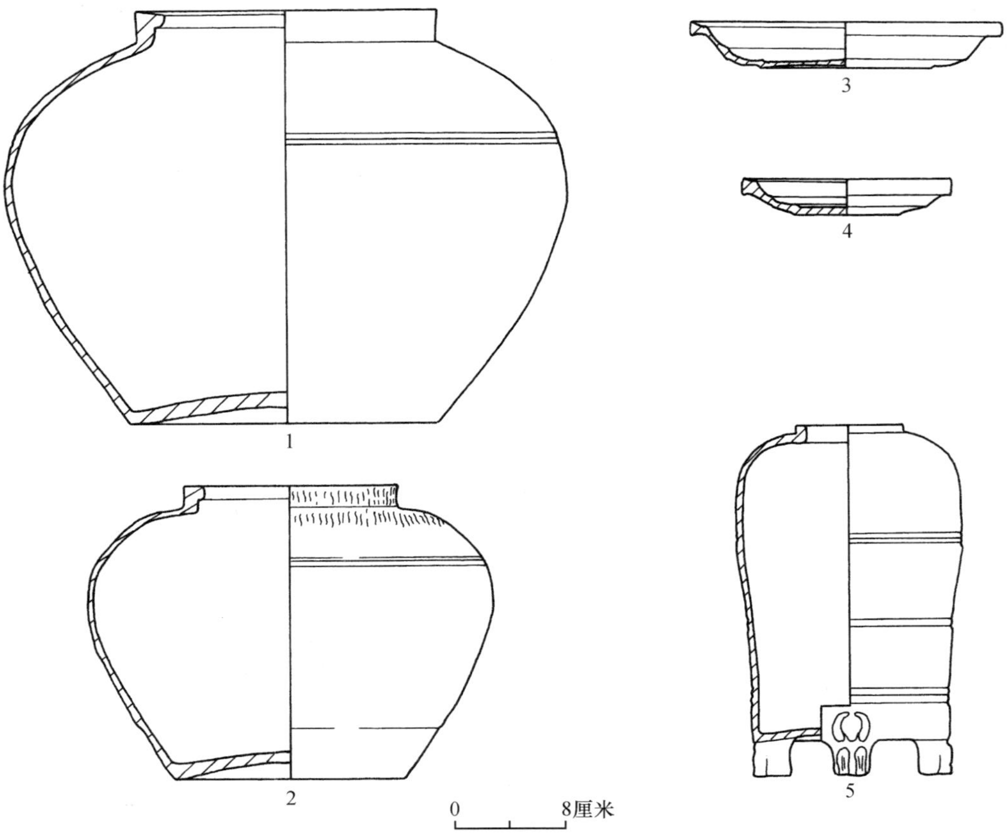

图八三　M22出土陶器

1、2. 陶罐（M22∶1、M22∶6）　3、4. 陶盘（M22∶5、M22∶4）　5. 陶仓（M22∶8）

陶盘　2件。均为泥质灰陶，轮制而成。标本M22：5，敞口，斜平沿外折，方唇，浅腹外折，平底内凹。内底及壁面各饰一周凸弦纹。口径22.4厘米，底径12.5厘米，通高3厘米（图八三，3；图版四九，3）。标本M22：4，器形同M22：5。口径15.3厘米，底径8.2厘米，通高2.4厘米（图八三，4）。

陶仓　2件。均为泥质灰陶，器身轮制，三足模制。标本M22：8，整个器物形体上下修长，上宽下窄。敛口，圆沿，无颈，上腹丰圆，下腹斜收，平底。底部外侧附三个等距兽形足。腹部饰三组凸弦纹，上、下两组为两周，中间一组为一周。口径8.2厘米，腹径16.4厘米，底径13厘米，通高26厘米（图八三，5；图版四九，5）。标本M22：3，整个器物形体上宽下窄。敛口，圆唇，无颈，丰肩，上腹鼓圆，下腹斜收，平底微内凹。底部外侧附三个等距兽形足。上腹部饰三组以短斜线纹作装饰的凸弦纹，一组两周，最下端再饰一周短斜线纹。口径

14.3厘米，腹径30.4厘米，底径21厘米，通高26.5厘米（图八四，3）。

陶灶　1套。标本M22：2，由灶体、甑、勺组成（图八四，1；图版四九，2）。

陶灶体　1件。标本M22：2-1，泥质灰陶，模制，手工拼合而成。平面呈长方形，面微弧凸，四壁较直。灶面有三个大小不一的圆形灶眼，中间两个灶眼呈一字形排列，大小相同，前端一角的灶眼较小些。尾部正中有一圆形出烟口。灶面及边沿饰凹槽形的平行斜直线纹，其内按压圆点纹。前壁近长方形，下部正中有一拱形灶门，灶门之上饰一株阳刻植物纹，灶门之上

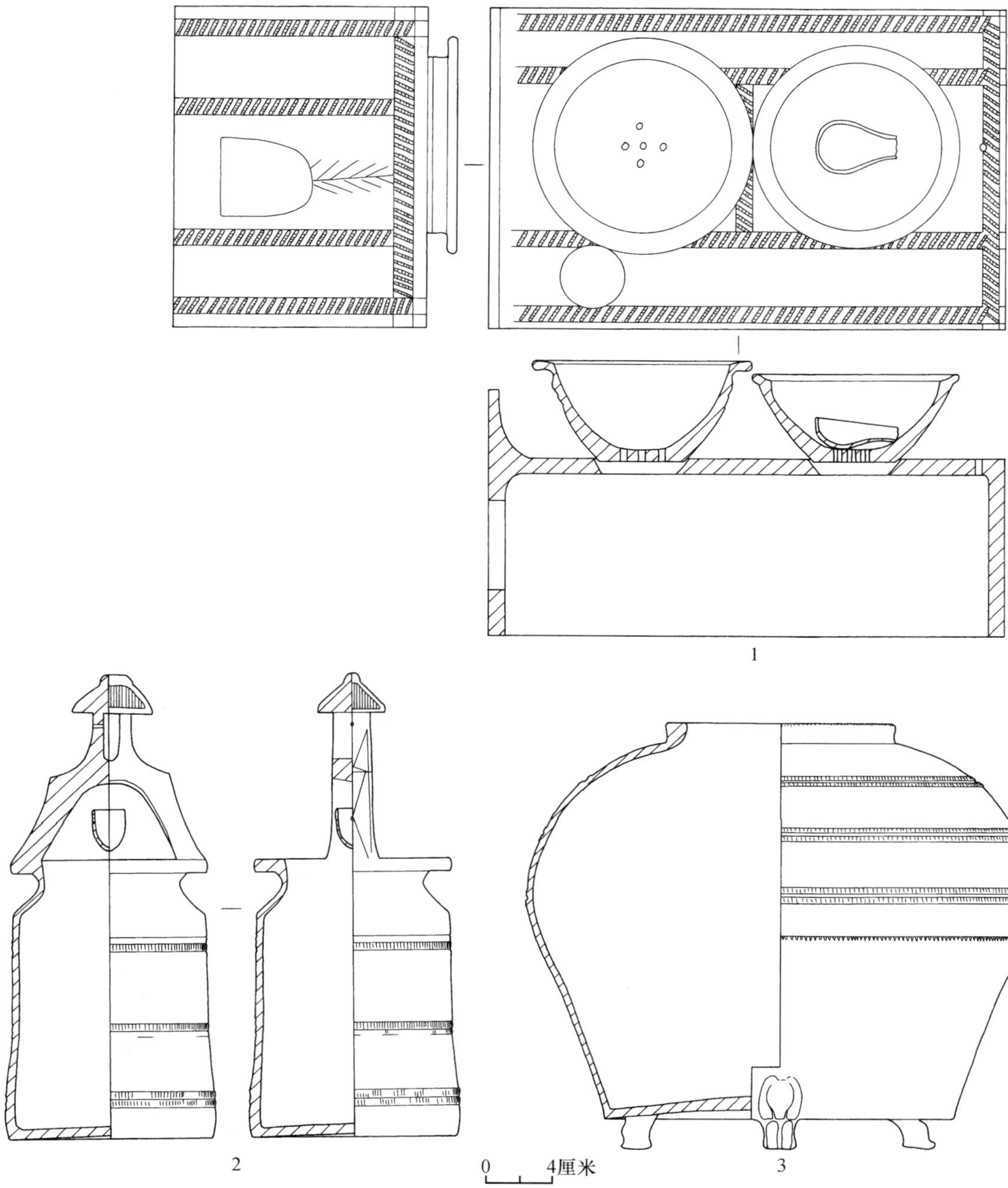

图八四　M22出土陶器

1. 陶灶（M22：2）　2. 陶井（M22：7）　3. 陶仓（M22：3）

立有挡火墙，表面饰凹槽形平行斜直线纹，其内按压圆点纹。长30.8厘米，宽19.5厘米，通高15.5厘米。

小陶甑　2件。分别置于两个灶眼之上。均为泥质灰陶，轮制而成。标本M22：2-2，敛口，平沿外折，腹部斜弧，平底，底部有五个间距相等的圆形箅孔。上腹部饰三周凸弦纹。口径13.5厘米，底径5厘米，通高5.9厘米。标本M22：2-3，器形同M22：2-2。口径11.4厘米，底径3厘米，通高5.5厘米。

小陶勺　1件。置于后端小陶甑之内。标本M22：2-4，泥质灰陶，模制而成。已残，器形较小，上平面呈瓢形，平沿，圜底。勺柄与勺斗均内空，一端较细尖，另一端较圆弧。残长5.8厘米。

陶井　1件。标本M22：7，泥质灰陶，井身轮制，井架模制。井身呈长筒形，上窄下宽，井口小于井底。井口呈圆形，敞口，平沿外折，束颈，直腹，平底。井身饰三组短斜线纹，一组两周。井沿上有对称的提梁式陶制井架，井架上有四阿顶式井亭，井架表面以阴线刻的直线纹、菱形纹、三角形纹作装饰。井内置一筒形、尖底汲水罐。口径12厘米，底径12.5厘米，通高28.5厘米（图八四，2；图版四九，4）。

2. 铜器

铜钱共2枚，其中1枚已残。标本M22：10，分别为五铢、大泉五十。

五铢　1枚。标本M22：10-1，已残缺一半，但还可以看出此钱系圆形、方穿、剪轮。穿正面无郭，穿下半月。背面有方郭。正面仅存“五”字，字体为篆体。“五”字相交两笔较弯曲。钱径2.2厘米（图八五，1）。

大泉五十　1枚。标本M22：10-2，圆形方穿。穿正、背两面均有方郭。正面铸有“大泉五十”四字，字体为篆体。此钱较厚重，钱文清晰。钱径2.7厘米（图八五，2）。

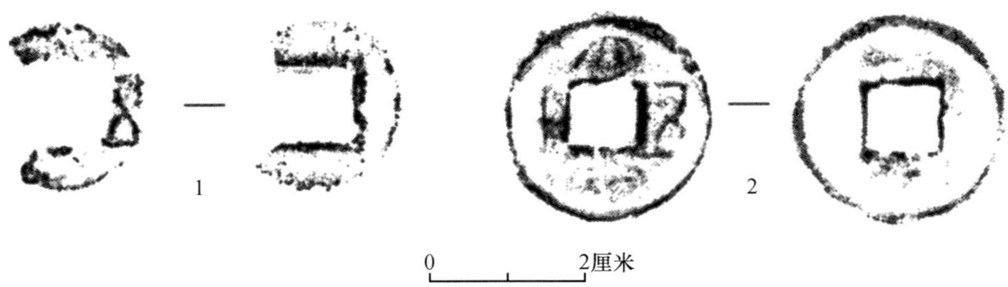

图八五　M22出土铜钱
（M22：10）
1. 五铢　2. 大泉五十

3. 铁器

铁剑　1件。标本M22：9，剑体呈红棕色。腐蚀剥落严重，中间一段几乎剥落殆尽。剑柄一端为铁芯外包青铜所制。剑头已残断，脊部凸起，双面刃。剑柄残长6厘米，剑身残长80厘米，通体残长87厘米（图版四九，6）。

第三节　灰沟、灰坑

（一）G1

位于整个发掘区的南部，系一条西北—东南走向的不规则灰沟，跨越6个探方，分别是T0103南部、T0102全方、T0203西南角、T0202西南部、T0302南部、T0401西南部。开口于第3层下，打破生土。开口距地表深0.5米。沟的南边未清理到边，仅暴露出北部。沟底凹凸不平，北高南低、西高东低。口长46米，宽3~16米，深0.75~1.9米。沟内填土未见分层，土色呈灰褐色，土质疏松。填土内包含物较少，内含少量的云纹瓦当残块、泥质灰陶残片、外粗绳纹内布纹的板瓦残块，还见有外素面内布纹的筒瓦残块等（图八六；图版五〇）。

由于此次发掘仅暴露出G1的一部分，全貌不知。因此，沟的用途暂不明确。仅能依据此次发掘掌握的情况作一些初步分析和判断，G1当为一条自然沟，没有人工痕迹。根据该沟所在层位及与M6、M8的打破关系和沟内的出土器物综合分析，G1的时代比墓葬偏早些。

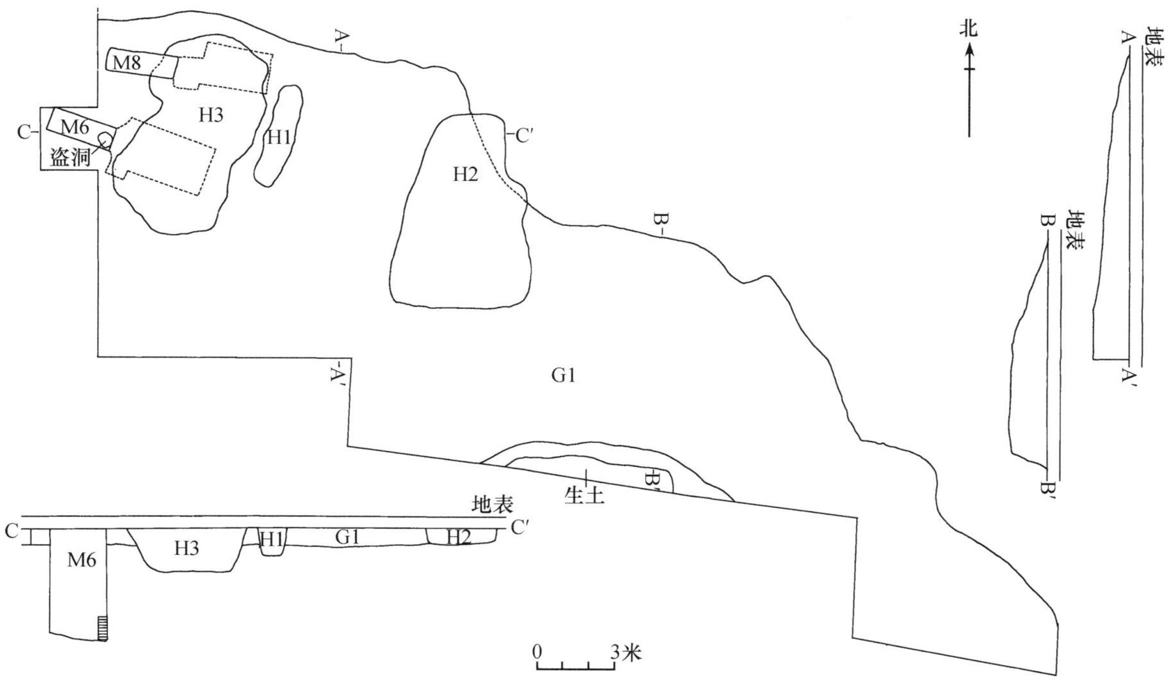

图八六　G1平、剖面图

（二）G2

位于发掘区的北部偏东，系一条东西向的灰沟，沟的北边由西向东跨越4个探方，分别是T0304南部、T0404南部、T0504南部、T0604南部，南边由西向东跨越4个探方，分别是T0303

北部、T0403北部、T0503北部、T0603北部。开口于第3层下，叠压G3，并打破生土。开口距地表深0.4米。沟的东边未清理到边，平面为不规则长条形，南北两壁呈斜坡状。沟底平面东段细长，西端则为椭圆形，酷似一个羽毛球拍形，西高东低。口长38.5米，宽10~14.5米；底长35.5米，宽1.2~4.5米；深0.2米~1.35米。沟内填土未见分层，土色呈灰褐色，土质疏松。包含物较少，内含少量的泥质灰陶器物残片、外粗绳纹内布纹的板瓦残块，还见有外粗绳纹内方格纹的板瓦等（图八七；图版五一）。

由于此次发掘仅暴露出G2西端的一部分，全貌不知。因此，沟的用途暂不明确。仅能依据此次发掘掌握的情况作一些初步分析和判断，G2亦是一条自然沟，没有人工痕迹。根据该沟所在层位及与M7、M17、M18、M19之间的打破关系分析，G2的时代比墓葬偏早些。

（三）G3

位于整个发掘区的中部，由南向北跨越6个探方，分别是T0302东部、T0402西北部、T0303东南部、T0403西部、T0404中南部、T0504中西部。开口于第3层下，打破生土，南北两端分别被G1、G2叠压。开口距地表深0.6米。沟的南端和拐角处的东边未清理到边。剖面呈梯形，上宽下窄，底部东西两壁下面一段较直，向上则为斜坡状。沟底为北高南低，较平坦。口长33.6米，宽5.5米；底长33米，宽2.1米；深3.1米。从整个沟的情况来看，修筑较规整，应是人工挖掘而成。沟内填土未见分层，土色呈灰褐色，土质疏松。包含物较少，内含少量的泥质灰陶器物口沿残片、豆柄、外细绳纹内素面的筒瓦残片、外粗绳纹内方格纹的板瓦残片，以及一些灰色残砖头等（图八八；图版五二）。

由于此次发掘仅暴露出G3的一部分，全貌不知。因此，沟的用途暂不明确。但从发掘的情况来看，G3与G1、G2相比有明显不同：一是形制规整，北端向东还有90°的转弯，明显为人工修筑；二是它所处的位置，其正好由南向北贯穿于墓葬区中部，应是古人有意识的一种选择，可能沟本身与墓葬分布有一定的内在联系，至于它是不是护墓沟，还是另有他用，一时还难以做出准确的判定，有待今后进一步考证；三是沟本身所在层位及叠压打破关系表明，G3比G1、G2要偏早些，沟开挖的时间也应当早于建造墓葬的时间，最晚不会晚于西汉晚期。

（四）H1

位于T0102东北部和T0103东南部。开口于第3层下，打破G1和生土。坑口距地表深0.5米。平面呈不规则长椭圆形，口大于底。口长4.3米，宽1~1.2米；底长4米，宽0.8~1米；深1.14米。可能为人类生产活动形成（图八九）。

坑内填土未见分层，土色呈灰褐色，土质疏松。未发现任何出土物。其用途暂不明确。根据灰坑的层位关系分析，该灰坑的形成时间应和东汉晚期墓葬的形成时间大体相当。

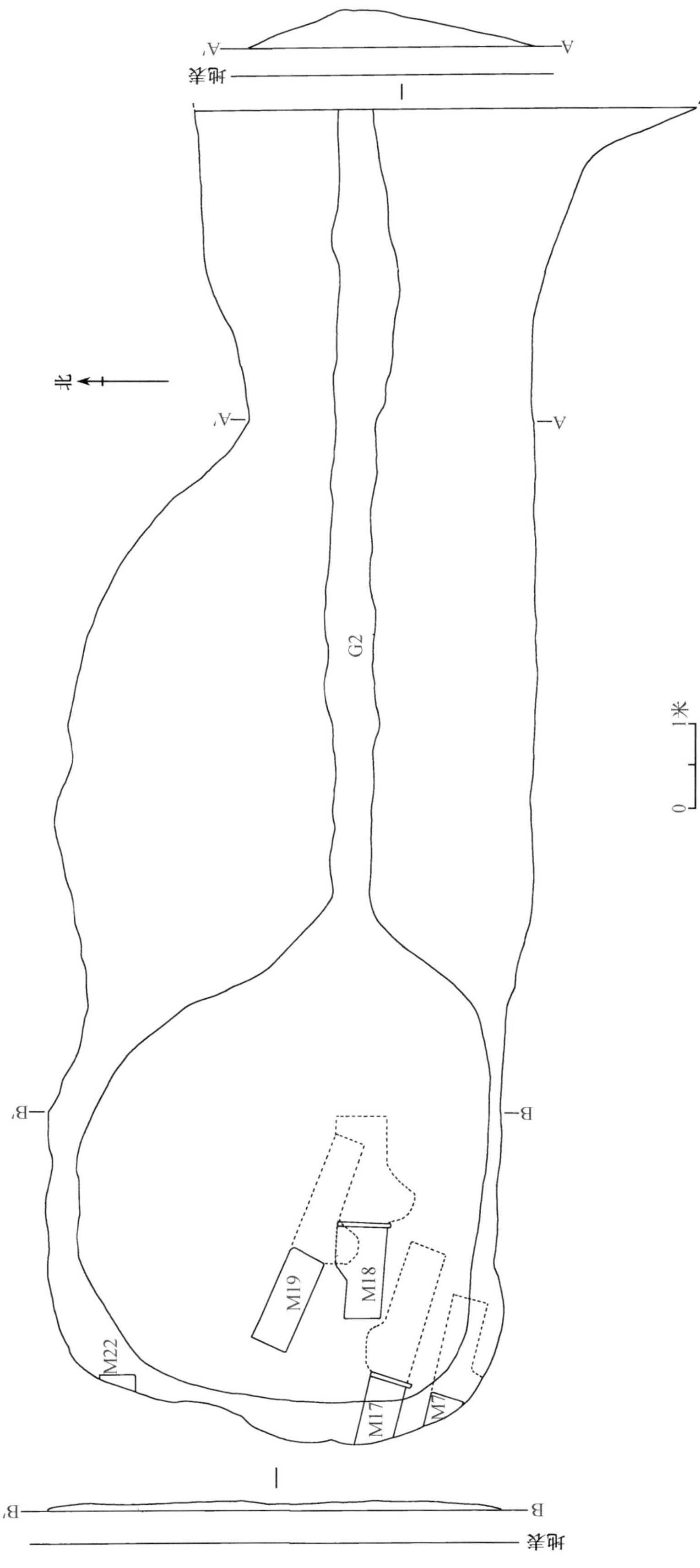

图八七 G2平、剖面图

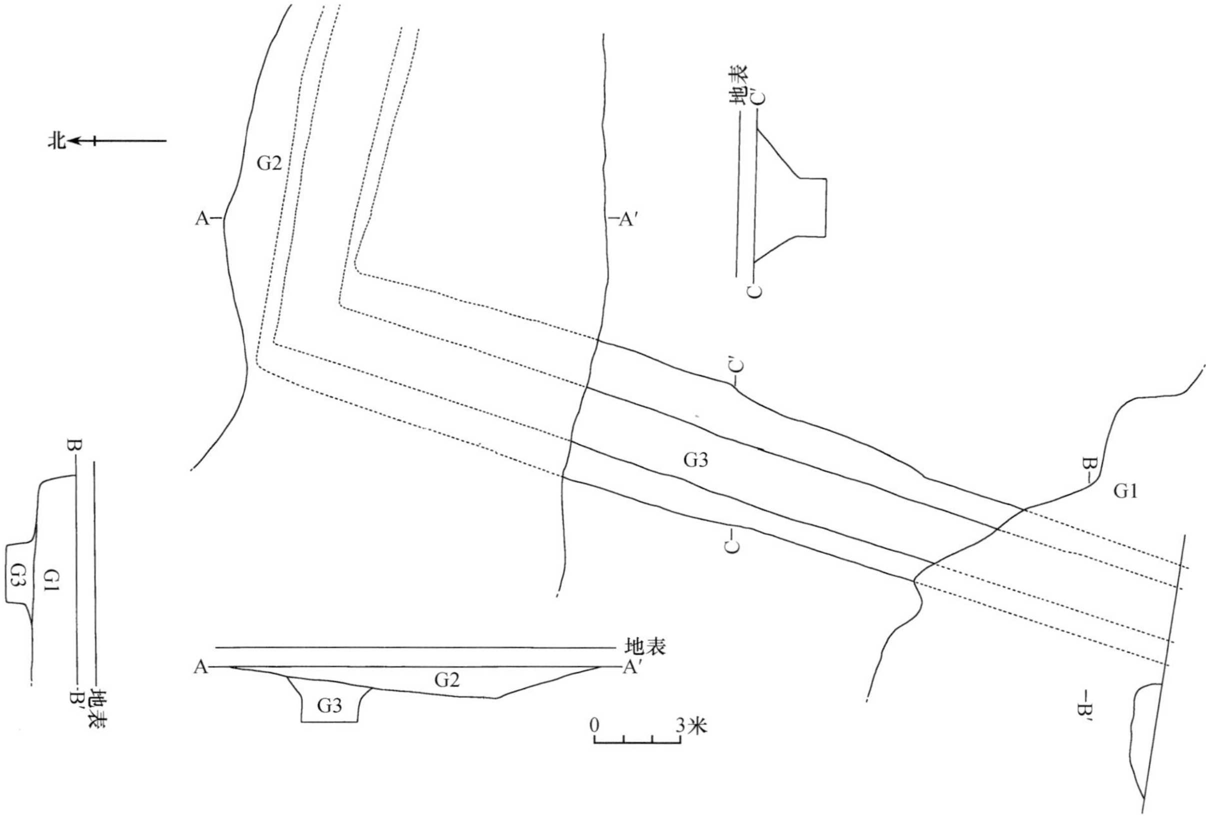

图八八　G3平、剖面图

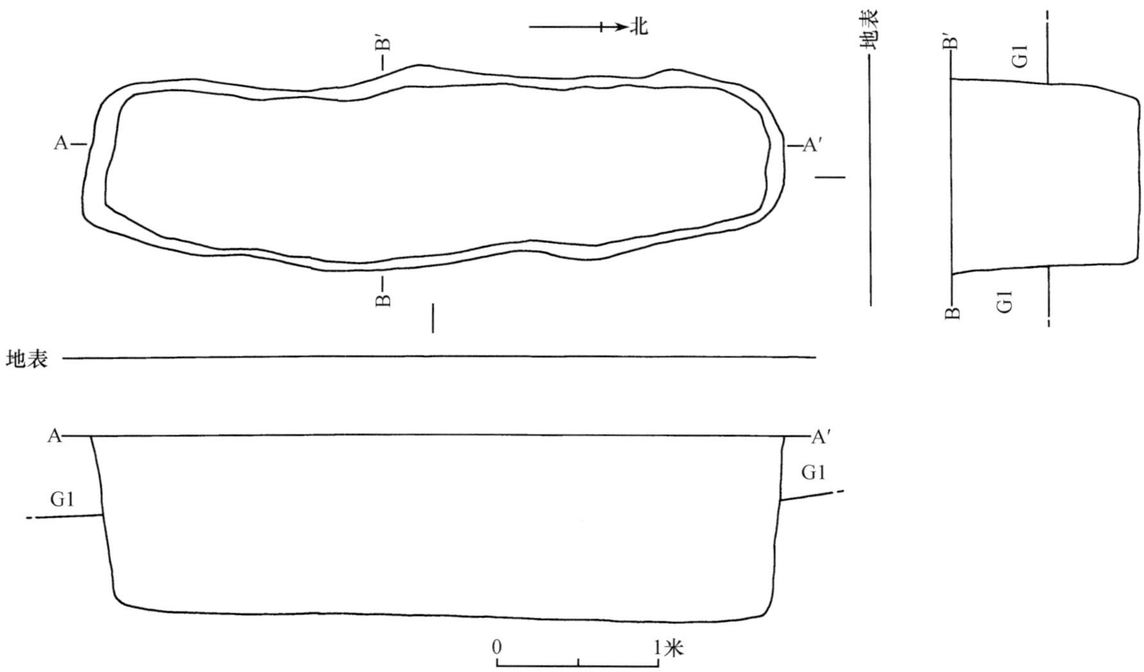

图八九　H1平、剖面图

（五）H2

位于T0202中部。开口于第3层下，打破G1和生土。坑口距地表深0.8米。平面呈不规则梯形，口大于底。口长7.8米，宽2.8~4.8米；底长7.3米，宽2.6~4.5米；深0.5米。可能为人类生产活动形成（图九〇）。

坑内填土未见分层，土色呈灰褐色，土质疏松。未发现任何出土物。其用途暂不明确。根据灰坑的层位关系分析，该灰坑的形成时间应和东汉晚期墓葬的形成时间大体相当。

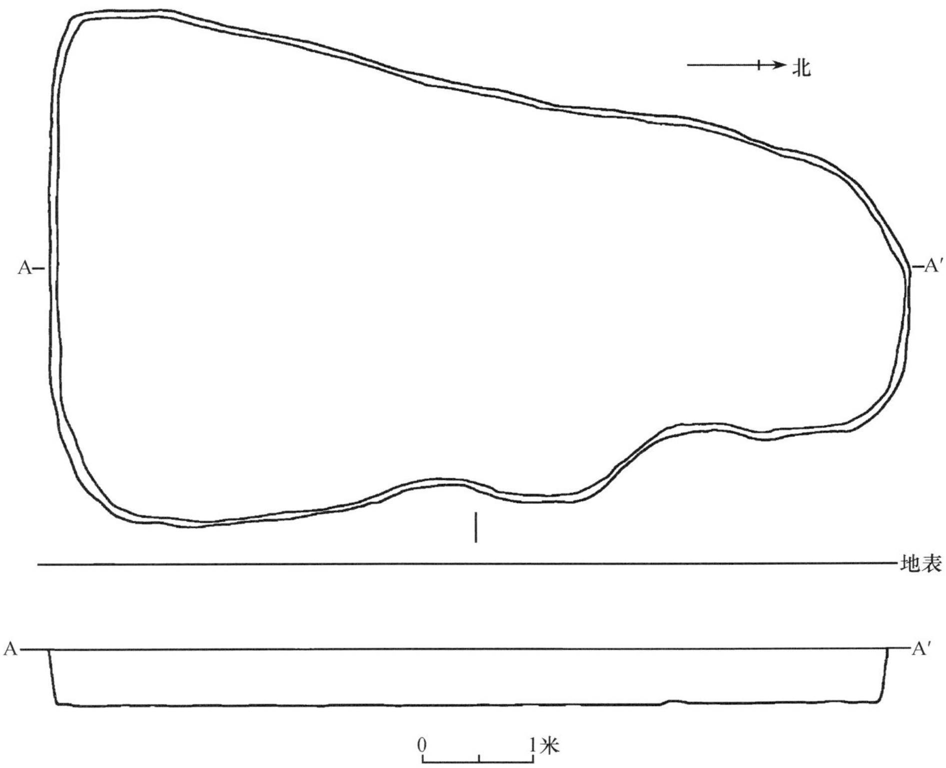

图九〇　H2平、剖面图

（六）H3

位于T0102北部和T0103南部，东与H1相邻。开口于第3层下，南部向下叠压着M6，打破G1和生土，北部被M8打破。坑口距地表深0.5米。平面呈不规则长椭圆形，口大于底。口长8.3米，宽3.9~4.9米；底长7米，宽2.6~3.2米；深1.7米。可能为人类生产活动形成（图九一）。

坑内填土未见分层，土色呈灰褐色，土质疏松。未发现任何出土物。其用途暂不明确。根据灰坑的层位关系分析，该灰坑的形成时间应和东汉晚期墓葬的形成时间大体相当。

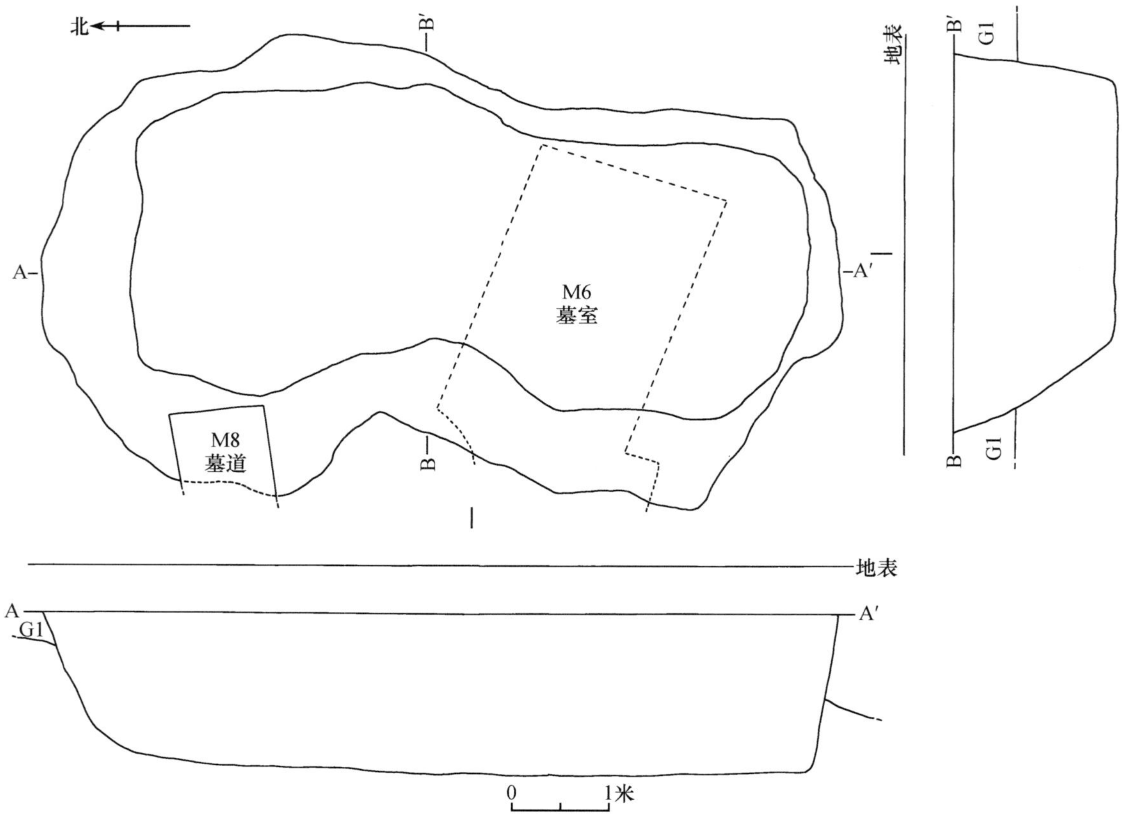

图九一　H3平、剖面图

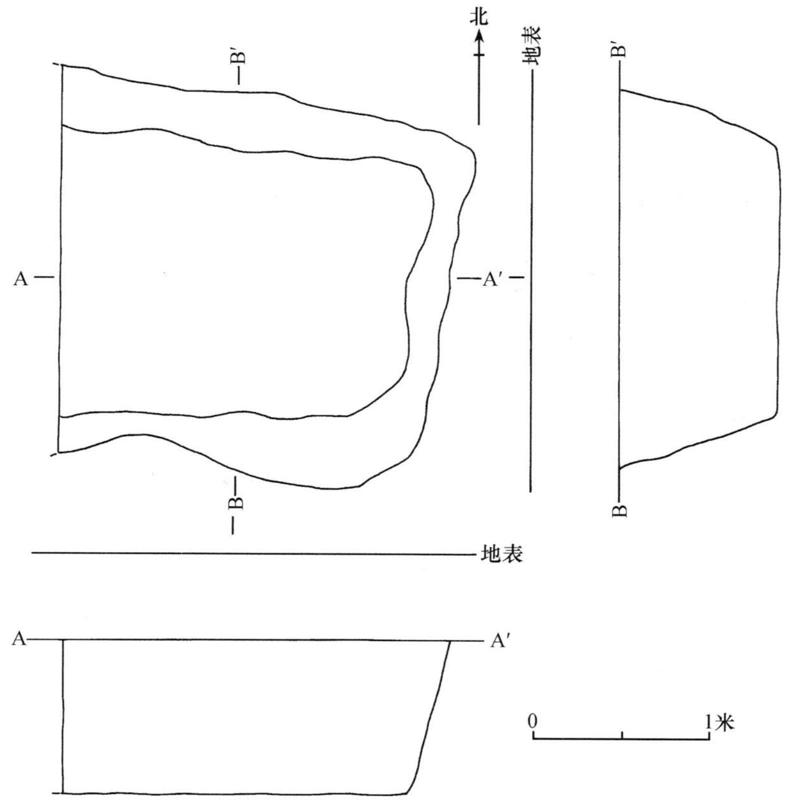

图九二　H4平、剖面图

（七）H4

位于T0103西北部。开口于第3层下，打破生土。坑口距地表深0.5米。平面呈不规则四边形，向西不到边，面积较小。从已揭露的部分来看，口大于底。口长2.2米，宽2~2.2米；底长2米，宽1.5~1.7米；深0.9米。可能为人类生产活动形成（图九二）。

坑内填土未见分层，土色呈灰褐色，土质疏松。未发现任何出土物。其用途暂不明确。根据灰坑的层位关系分析，该灰坑的形成时间应和东汉晚期墓葬的形成时间大体相当。

第四节 结 语

黄庄墓地Ⅱ区西部遗存的考古发掘，没有出土有明确纪年的文字资料。根据地层叠压关系、墓葬形制及随葬品推断，除M1为晚清墓葬外，其余墓葬的年代为西汉晚期至东汉中晚期。从规模上来看，多为中小型墓葬。

西汉晚期墓葬有M7、M11、M14~M16，分布不太集中，但它们之间有着很强的一致性。M7、M14属一类墓葬，墓葬形制类同，均为中间墓道两端带墓室的墓葬。M11、M15、M16属一类墓葬，墓葬形制几乎相同，只是M11面积偏小些。这三座墓的墓向均都向东，而大部分东汉墓葬皆是向西的。从墓葬分布空间和个别出土器物来看，M14、M15、M16是一组三座相邻东西向排列的墓葬，排列有序，这显然是有意为之的。三座墓葬的出土器物，也具有较强的一致性。如敞口、平沿外折、束颈、大平底罐在三座墓葬中都有出土。此外，标本M14∶1号陶瓶则与标本M11∶4、M11∶5、M11∶6号陶瓶除大小有异外，器形基本相同。这说明同类型器物出现在不同墓葬中应该是有规律可循的，况且此类器物在我们以往的考古发掘中未曾见过，证明它们之间具有相近性。值得一提的是，M16出土的铜提梁卣、铜钫、形体较大的铜勺等器物，铸工精细，实属罕见。从其造型、风格来看，这类器物明显是仿前期铜礼器，时代偏早。同时也显示出墓主人生前富有，身份较高。以这类器物作为随葬品在鹤壁地区以往发掘的同类墓葬中是不曾见到的。从墓葬建筑材料来看，小砖与东汉中晚期建墓用砖规格有所不同，M14、M15用砖规格分别为47×14—8、40×16—8厘米，显得厚大，而东汉中晚期建墓用砖规格一般为32×16—5厘米，显得薄小。

东汉中晚期墓葬较多，共计16座，编号分别为M2~M6、M8~M10、M12、M13、M17~M22，多集中于G3的西部。这一时期的墓葬从整体分布情况看，亦是有意识地按一定方位排列。多为一端带竖穴墓道的土洞墓，仅M2为一座弧形墓道的双室砖室墓。随葬品一般放置在墓室的前端和耳室内，其数量多寡不一，器形主要有陶罐、陶壶、陶仓、陶灶、陶瓮、陶井、陶奁、陶耳杯等。墓向除M2一座向东外，余均向西（M9除外）。这种现象很有可能与墓葬所处的地理位置和当时人们的迷信思想有关。东汉时期讲究葬身之地要依山傍水，这样才能葬地兴旺。此墓地西依太行山系的金牛岭，东有淇水环绕流去，形成了墓地西面依山、东面环水的环境，大概当年的墓主人或其后人就是看中了这块“风水宝地”才决定将墓修建在这里。值得一提的是，M2的墓道为弧形台阶式，形制奇特，这种墓道形制在鹤壁地区以往发掘的同类墓葬中是不曾见到的。

此次发掘出土了一件铜印章（标本M4：7），器形较小，且保存完好，印面铸有“冯盖众印”四字，书体流畅，铸工精细，体现了当时高超的篆刻艺术水平。

此次发掘的3条灰沟，G3的时代偏早些，修筑规整，是一条人工构筑的土沟。从沟本身所在层位及其叠压打破关系等推断，此沟的开挖时间也应当早于修建墓葬的时间，其下限不会晚于西汉晚期。至于它是不是护墓沟或者另有他用？一时还难以做出准确的判断，有待今后进一步考证。

综上所述，黄庄墓地Ⅱ区西部这批汉代墓葬分布密集，排列有序，数量较多，出土文物也较为丰富。通过对不同类型的墓葬以及随葬器物的考察分析，不仅使我们对此时期的墓葬结构、丧葬习俗、制陶工艺、铜器铸造工艺等方面有了一定的了解，同时对进一步研究探讨鹤壁地区两汉时期的政治、经济、文化及葬制葬俗等均具有重要的意义。

第三章　东　　部

第一节　概　　述

黄庄墓地Ⅱ区东部的考古发掘，自2007年4月20日始，至同年9月4日止。本次发掘按正南北方向共布探方12个，编号为T0700~T0702、T0800~T0804、T0900~T0903。除T0700、T0800的面积为10米×5米外，其余探方面积均为10米×10米，探方面积总计1100平方米（图九三）。东部发掘探方和各类遗迹的编号与西部统一编制。

一、地层堆积

黄庄墓地Ⅱ区东部探方的地层可分为3层，以T0701、T0801、T0901北壁剖面和T0800~T0804东壁剖面为例说明如下（图九四）：

第1层：耕土层。土色浅灰，略带沙性，水分小，质地松软。内含农作物根茎、碎石、砖块及各时期陶片等，有较多的碎布、塑料等当代遗物。厚0.2~0.3米。此层遍布发掘区。

第2层：汉代文化层。棕黄色土，略带沙性，较疏松，较纯净。内含少量的料姜石、烧土屑及汉代瓦片。距地表深0.2~0.65米，厚0~0.35米。本层被数处遗迹打破，仅在T0804北部和T0900西北部有少量残余。

第3层：汉代文化层。灰色土，较纯净，质稍硬。内含少量的料姜石、烧土屑及陶瓦残片。距地表深0.2~0.95米，厚0~0.6米。本层仅分布在T0800东南部、T0801东部、T0804北部、T0900西北部、T0901西南部。

第3层下为生土层。表层生土是一种褐色黏土，水分含量很少，质坚硬而纯净，里面杂有较多的料姜石颗粒及不规则形细小石子。

二、遗　　迹

东部共发掘遗迹17处，其中墓葬9座，尚未完工而废弃的墓坑3座、灰沟3条、灰坑2个（图版五三）。

墓葬9座，依次编号为M23~M31。除M31为东北—西南走向外，其他均为西北—东南走向。皆开口于第1层下。

9座墓葬均为土洞墓，其中竖穴墓道单室土洞墓4座，编号为M25~M27、M31；拐角台阶式墓道单室土洞墓1座，编号为M23；异穴夫妻合葬墓1座，由两个相对独立且彼此平行的竖穴墓

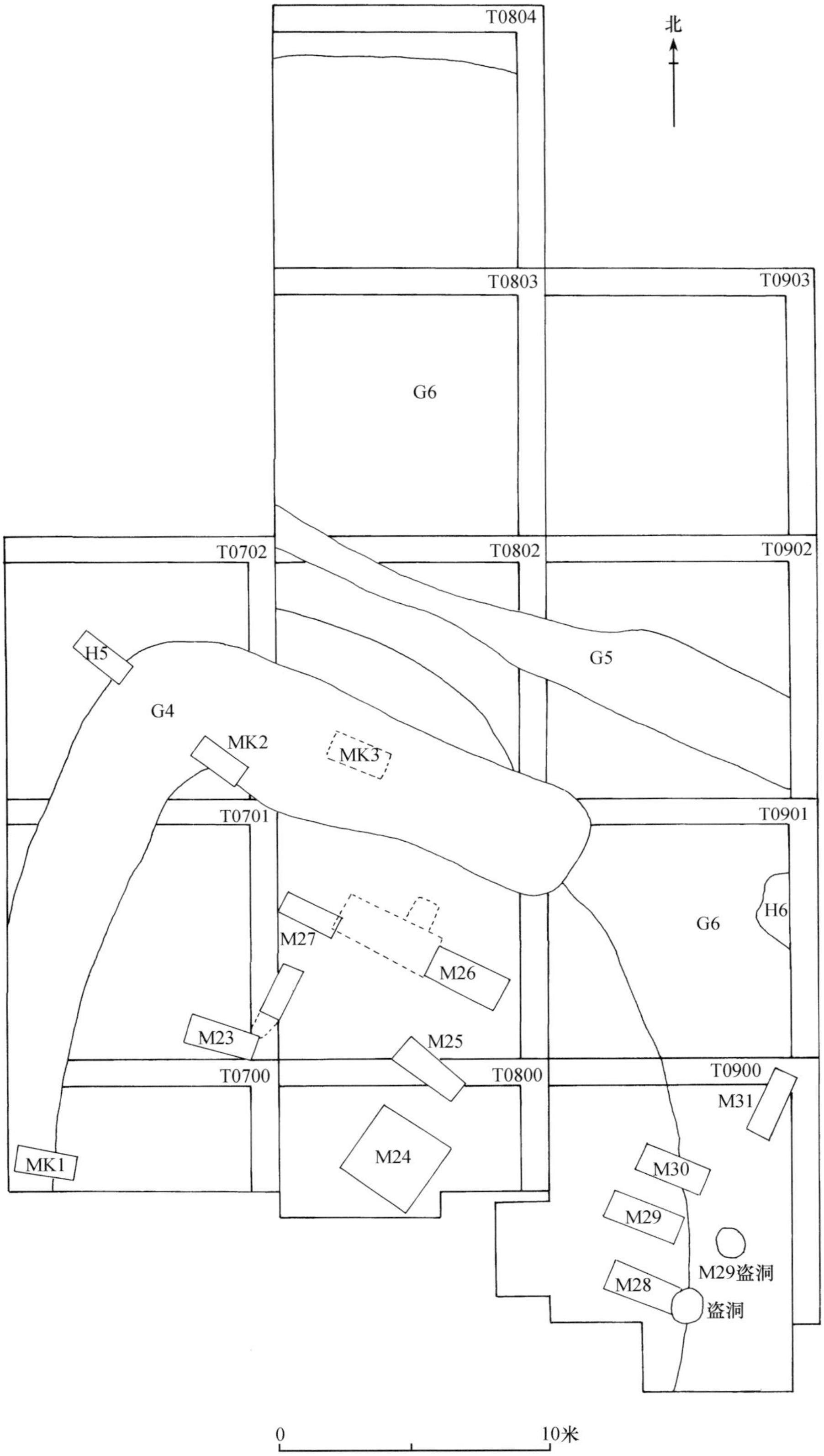

图九三　东部遗迹分布总平面图

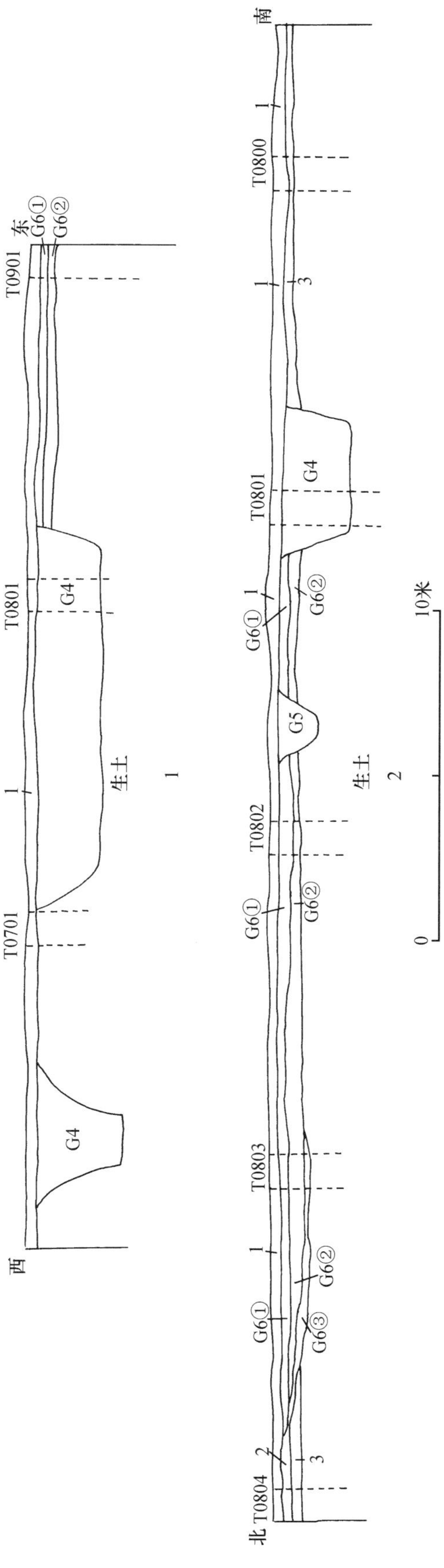

图九四 东部典型地层剖面图

1. T0701、T0801、T0901北壁 2. T0800～T0804东壁

道单室土洞墓组成，编号为M24；竖穴墓道双室土洞墓3座，两个墓室分别居于墓道两侧，编号为M28~M30。

第二节　墓葬分述

一、M23

（一）形　　制

位于T0701东南部。开口于第1层下，打破生土。开口距地表深0.3米。该墓为一座坐西朝东的拐角台阶式墓道单室土洞墓。方向110°。全墓由墓道、墓门和墓室三部分组成。通长9.8米。保存完整，未见被盗扰的迹象（图九五；图版五四，1）。

墓道位于墓室之东。主体呈西北—东南走向，平面呈长方形，东、西两壁自上而下渐收，在主体部分的东端转而东北折，以五级台阶通往墓道口部地面，每两级间水平距离约0.4米。墓道主体部分长2.6米，口宽1米，底宽0.96米，深3.5米。东北折部分水平长度约2.9米。

墓门位于墓道之西。土洞弧顶。宽1.2米，高1.63米。以宽0.9、高2米的砖墙封堵墓门。砖规格为（38~50）×20—（5~7）厘米。

墓室位于墓道之西。平面近长方形，直壁直角，顶近弧形，无铺地砖。长4.3米，宽1.4~1.8米，高1.62米。在墓室西部发现两具并列的人骨架，当为夫妻合葬。南侧骨架已腐朽为粉末状，仅可辨出头向东南，仰身直肢葬，墓主人身下以厚约10厘米的白灰铺底，白灰层之上见木棺灰痕。北侧骨架仅存头骨和腿骨，而且整体结构不符合人体生理学原理，当是在另一位墓主人下葬若干时间之后从别处迁葬来的。

（二）出土器物

该墓共出土随葬器物19件（套），可分为陶器、铜器、铁器三类。

1. 陶器

陶器共17件（套）。器类有陶罐、陶瓮、陶案、陶耳杯、陶奁、陶灶、陶井和陶圈厕。

陶案　1件。标本M23：1，泥质灰陶，捏制而成。平面呈长方形，四缘起凸棱。长47.8厘米，宽37厘米，厚2.1厘米（图九六，1；图版五五，4）。

陶耳杯　8件。均为泥质灰陶，模制而成。器形近同。口部平面呈椭圆形，平沿，腹部弧收，平底。口部两侧附双耳，双耳上翘，形似月牙。标本M23：2，口径7.2~10.7厘米，底径4.3~6.3厘米，通高3.7厘米（图九七，8；图版五五，6）。标本M23：3，口径9.3~12厘米，底

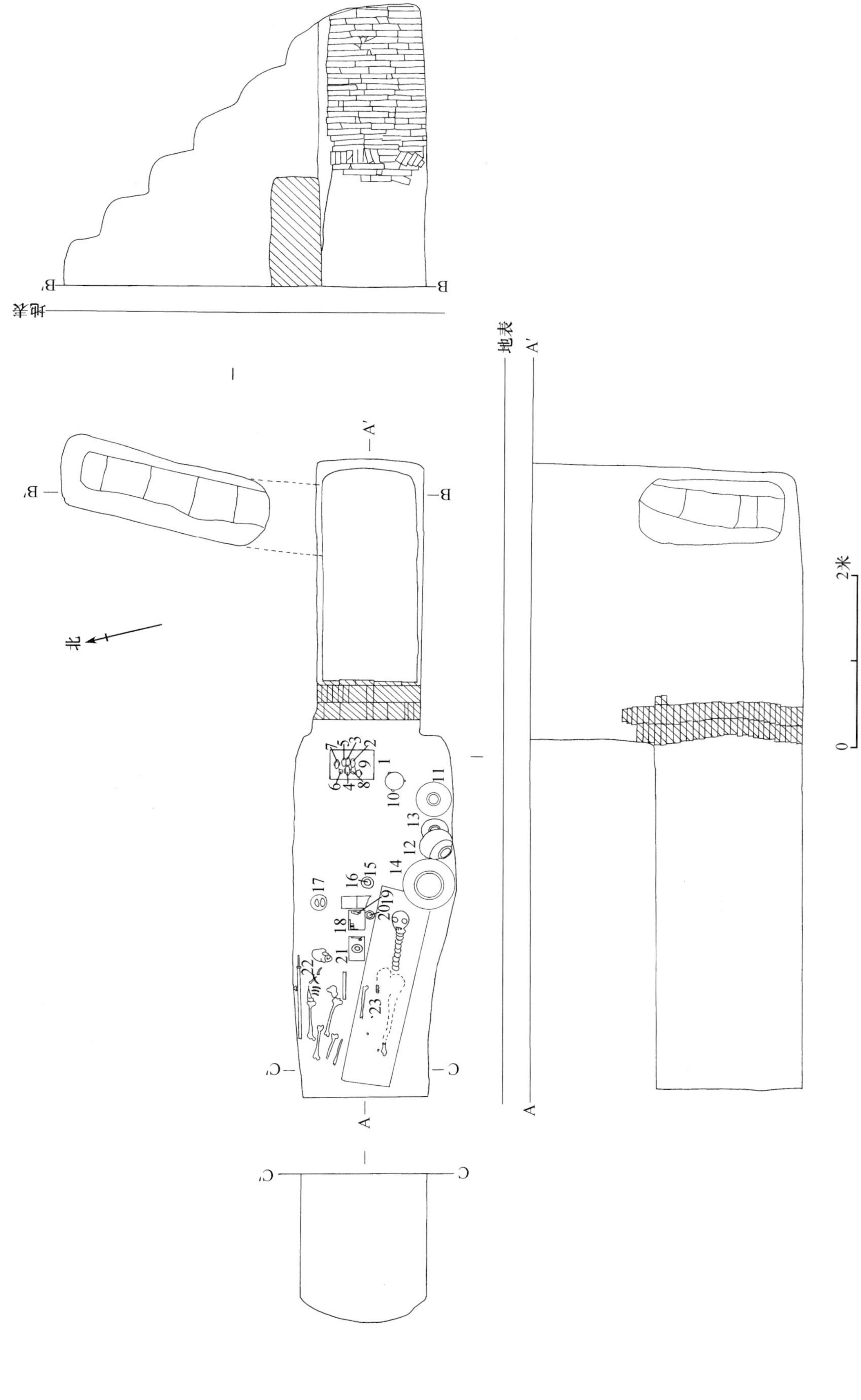

图九五　M23平、剖面图

1.陶案　2~9.陶耳杯　10.陶奁　11~13.陶罐　14.陶瓮　15、20.小陶盆　16.小陶釜　17.陶井　18.陶圈厕　19.小陶甑　21.陶灶　22.铁剑　23.五铢钱

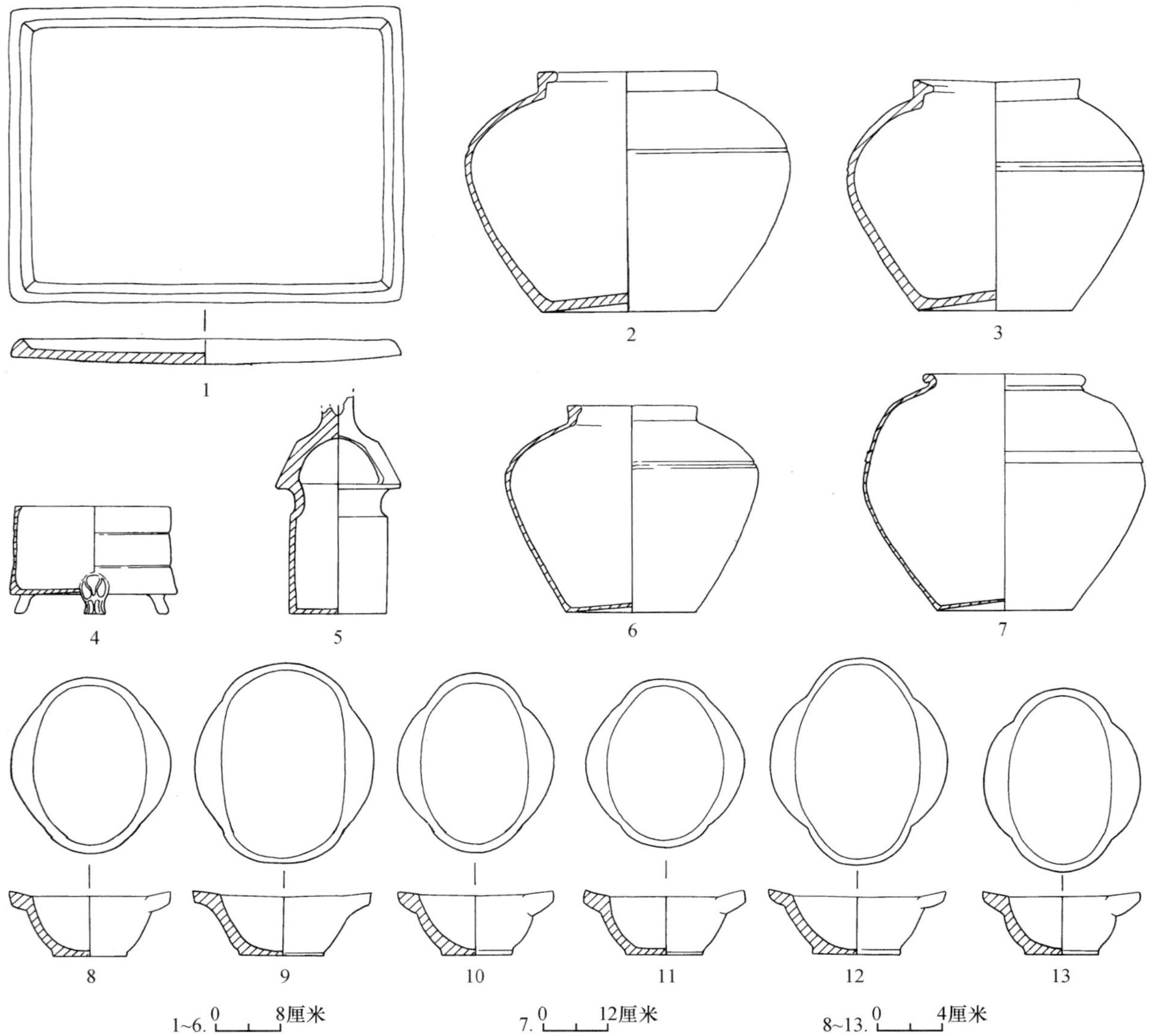

图九六　M23出土陶器

1. 陶案（M23：1）　2、3、6. 陶罐（M23：11、M23：12、M23：13）　4. 陶奁（M23：10）　5. 陶井（M23：17）　7. 陶瓮（M23：14）　8~13. 陶耳杯（M23：4、M23：5、M23：6、M23：7、M23：8、M23：9）

径4.5~6.5厘米，通高4厘米（图九七，9；图版五五，5）。标本M23：4，口径8~10.6厘米，底径4.1~6.6厘米，通高3.9厘米（图九六，8）。标本M23：5，口径8.2~12.6厘米，底径5.2~7.1厘米，通高4.1厘米（图九六，9）。标本M23：6，口径7.2~11.2厘米，底径4.4~4.8厘米，通高4厘米（图九六，10）。标本M23：7，口径8~10.6厘米，底径4.7~7厘米，通高4.1厘米（图九六，11）。标本M23：8，口径8.8~13厘米，底径7.5~11.5厘米，通高4厘米（图九六，12）。标本M23：9，口径7~11.6厘米，底径4.6~9.2厘米，通高4厘米（图九六，13）。

陶奁　1件。标本M23：10，泥质灰陶，器身轮制，三足模制。直口，平沿，深腹，直壁，平底。底部外侧附三个等距兽形足。腹部饰两周凹弦纹。口径19.3厘米，底径20.2厘米，通高13.5厘米（图九六，4；图版五六，5）。

陶罐 3件。均为泥质灰陶，轮制而成。标本M23：11，直口，方唇，圆肩，扁圆腹，腹径大于器高，平底微内凹。上腹部饰一周凹弦纹。口径21.1厘米，腹径39.2厘米，底径21.2厘米，通高30厘米（图九六，2；图版五五，1）。标本M23：12，口沿因烧制时变形而成椭圆形，直口，方唇，圆肩，扁圆腹，平底微内凹。上腹部饰两周凹弦纹。口径18.2~19.9厘米，腹径36厘米，底径19.6厘米，通高28.8厘米（图九六，3）。标本M23：13，直口，方唇，圆肩，扁圆腹，平底微内凹。肩、腹部结合处饰两周凹弦纹。口径16厘米，腹径31.3厘米，底径16.7厘米，通高25.6厘米（图九六，6）。

陶瓮 1件。标本M23：14，泥质灰陶，轮制而成。外卷圆口沿，圆唇，上腹鼓圆，下腹弧直，腹径大于器高，平底内凹。腹中部饰一周宽约1.8厘米的宽带纹。口径30.6厘米，腹径51.5厘米，底径25厘米，通高44.6厘米（图九六，7；图版五五，2）。

陶灶 1套。由灶体、釜、甑、盆、勺组成（图版五六，1）。

陶灶体 1件。标本M23：21-1，泥质灰陶，模制，手工拼合而成。平面呈长方形，面微弧凸，四壁较直。灶面有一圆形灶眼，尾部有一长条形出烟口。前壁呈凸字形，下部有一长方形灶门，其上立有挡火墙，表面以阴线刻的平行直线纹作装饰。长24.3厘米，宽15.5厘米，通高14厘米（图九七，1）。

小陶釜 2件。其中1件置于灶眼之上。均为泥质灰陶，轮制而成。标本M23：21-2，直口，平沿，方唇，折腹，平底。口径6.5厘米，腹径11厘米，底径3.4厘米，通高6.2厘米（图九七，1）。标本M23：16，器形同M23：21-2，口径4.8厘米，腹径8.5厘米，底径2.6厘米，通高5厘米（图九七，2；图版五六，2）。

小陶盆 2件。均为泥质灰陶，轮制而成。标本M23：15，敞口，平沿，方唇，弧腹，平底。腹中部饰一周凸弦纹。口径13.5厘米，底径5厘米，通高4.8厘米（图九七，6）。标本M23：20，敞口，平沿，方唇，斜腹，平底。口径12厘米，底径4.6厘米，通高5.2厘米（图九七，4；图版五六，4）。

小陶甑 1件。标本M23：19，泥质灰陶，轮制而成。敞口，平沿，方唇，斜腹，平底，底部有六个圆形箅孔。口径12厘米，底径4.5厘米，通高5厘米（图九七，3；图版五六，3）。

小陶勺 1件。置于陶釜之内。标本M23：21-3，泥质灰陶，模制而成。口呈椭圆形，圜底，一端有柱状弧形勺柄。通长7.6厘米（图九七，1）。

陶井 1件。标本M23：17，泥质灰陶，器身轮制，井架模制。井身呈长筒形。井口呈圆形，平沿外折，束颈，直腹，平底。井沿上立有人字形井架，上部残。口径15.4厘米，底径12.4厘米，残高27.2厘米（图九六，5；图版五五，3）。

陶圈厕 1件。标本M23：18，泥质灰陶，模制而成。器体分两层，第一层为猪圈，第二层为厕所。猪圈呈长方形，四缘立围墙，底面平。厕所置于猪圈一角的上方，底面亦呈长方形，底面一侧设长方形便池与其下的猪圈相通。厕所正对猪圈两侧设围墙，其中一面围墙上开设长方形的门洞，为厕所的进出口。长24.4厘米，宽15.2厘米，通高10厘米。圈内有一陶猪，极粗糙，显系捏制而成，仅做出猪体的一半。长8.5厘米（图九七，7；图版五六，6）。

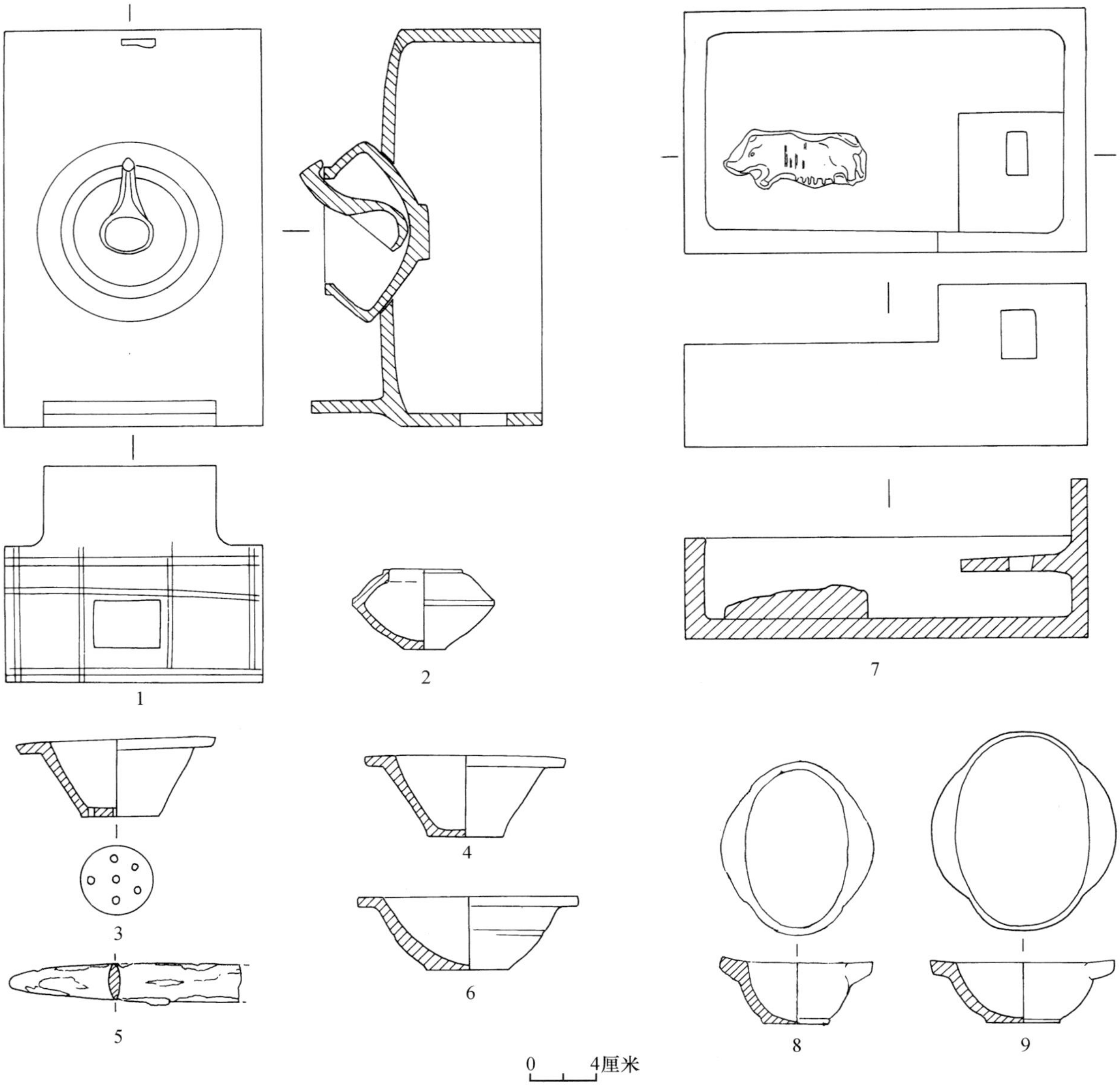

图九七　M23出土器物

1. 陶灶（M23：21）　2. 小陶釜（M23：16）　3. 小陶甑（M23：19）　4、6. 小陶盆（M23：20、M23：15）　5. 铁剑（M23：22）　7. 陶圈厕（M23：18）　8、9. 陶耳杯（M23：2、M23：3）

2. 铜器

铜钱　10枚。标本M23：23，均为五铢。大部分破损严重，仅1枚完整。选其中3枚品相较好者予以叙述。字体清晰，笔画均匀。字体肥，“五”字尤甚，“铢”字的“金”字头呈等边三角形，“朱”字上、下两笔皆圆折。标本M23：23-1，腐蚀严重。“朱”字高于“金”字。钱径2.6厘米（图九八，1）。标本M23：23-2，字斜。钱径2.5厘米（图九八，2）。标本M23：23-3，“朱”字和“金”字等高。钱径2.5厘米（图九八，3）。

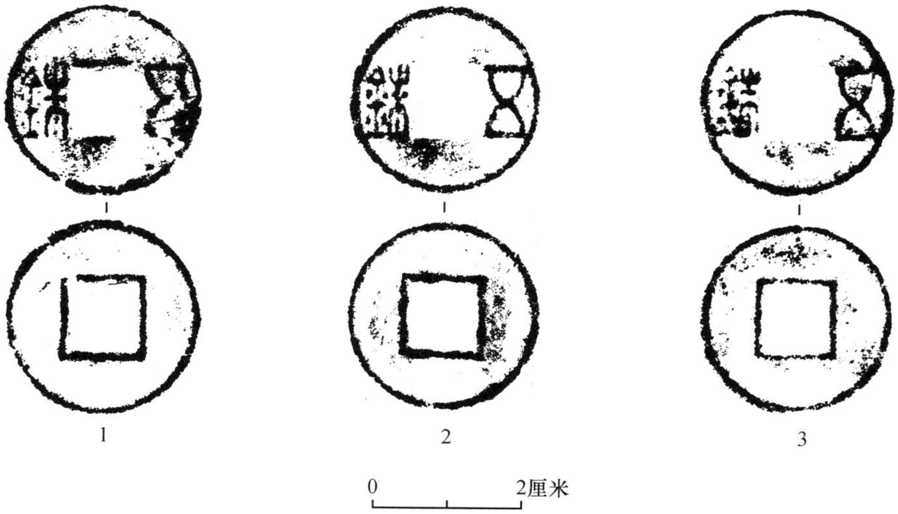

图九八 M23出土五铢钱
1. M23：23-1 2. M23：23-2 3. M23：23-3

3. 铁器

铁剑 1件。标本M23：22，紫褐色。剑茎无存，仅存剑身的前半段。锋、锷、脊皆已缓钝，剑身截面略呈椭圆形。残长14厘米（图九七，5）。

二、M24

（一）形 制

位于T0800中部。开口于第1层下，打破生土。该墓由南、北两组相对独立且彼此平行的墓道和墓室组成，每组各有一长方形竖穴墓道及一土洞墓室，其中南组墓室附设两个耳室，北组墓道附设壁龛一个。两组之间仅以一堵很窄的隔梁分隔，无孔道连通，唯南组北耳室的北壁紧贴北组墓室南壁的灰砖立墙。方向120°。隔梁宽0.4~0.6米（图九九；图版五七、图版五八）。

1. 南组

南组为一座独立的竖穴墓道单室土洞墓，由墓道、墓门、墓室、耳室四部分组成。开口距地表深0.2米。通长5.5米。

墓道位于墓室之东。平面呈长方形，东壁和南、北两壁的东段自上而下渐收，收幅很小，四壁的其余部分较直，底部呈缓坡状，东高西低。长2.5米，宽0.9米，深4.5~4.9米。在距墓道东端约0.2米的南、北两壁上，各设有纵向排列的脚窝5个，北壁的5个脚窝和南壁的5个脚窝两两对称，上下间距为0.6~0.7米。

墓门位于墓道之西。土洞拱券形。宽0.92米，高1.1米。未见封门砖，推测当初是用木板封门，但木板早已朽烂无存。

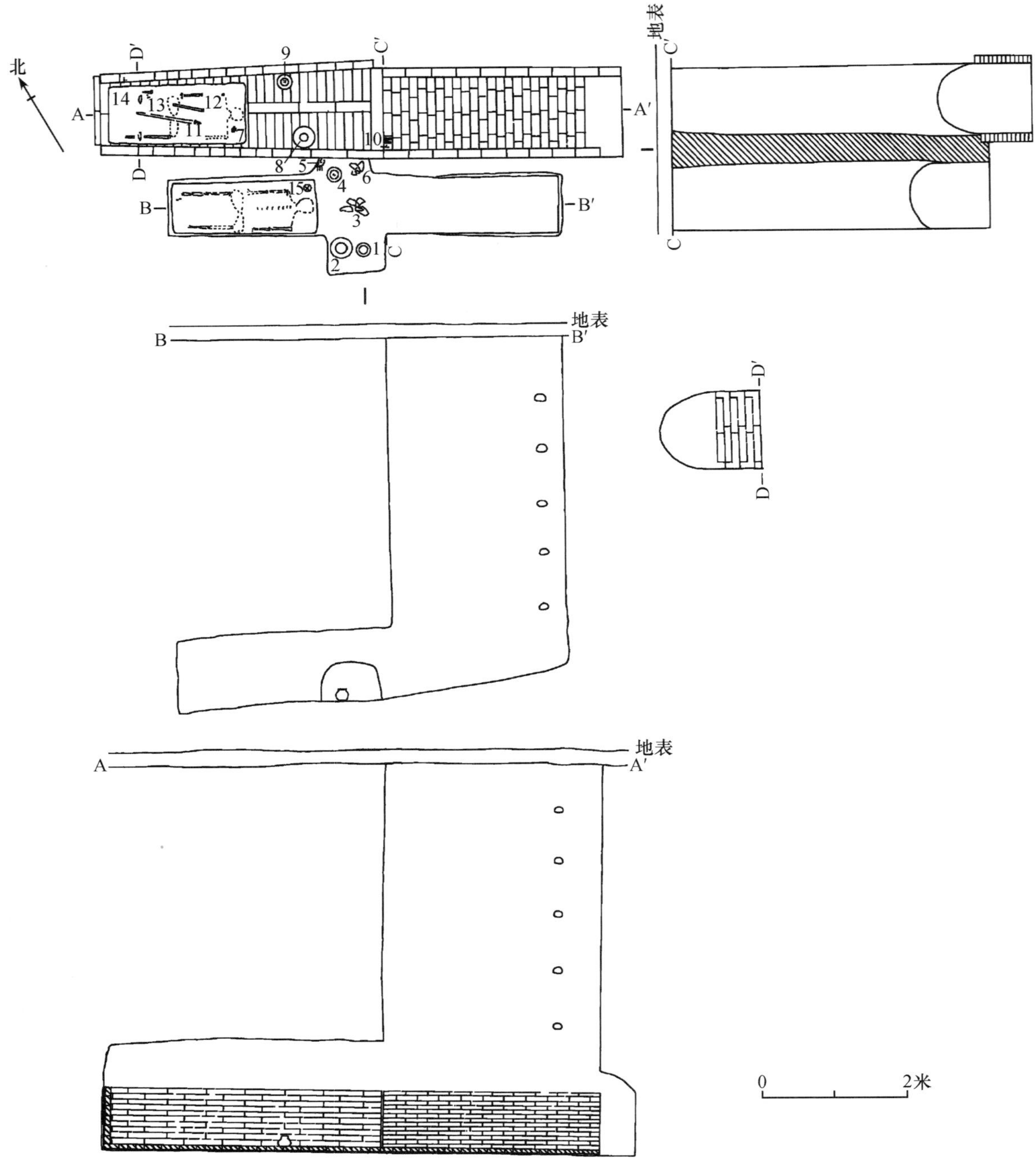

图九九　M24平、剖面图

1~9. 陶罐　10. 五铢钱　11. 铁剑　12、13. 铁刀　14. 铜筒形器　15. 铜镜

墓室位于墓道之西。平面略呈长方形，南、北两壁陡直，西壁自下而上弧收，顶部略弧，东高西低，底部呈缓坡状，东高西低。长3米，宽0.8米，高1米。墓室东部南、北两壁各向外挖有一耳室。南耳室平面略呈长方形，拱形顶，缓坡底，自东向西渐低。宽0.8米，进深0.5~0.58米，高0.5米。在南耳室内发现2件陶罐。北耳室平面略呈梯形，弧形顶，缓坡底，自东向西渐低。宽0.7~0.8米，进深0.28米，高0.5米。在北耳室内发现3件陶罐。

2. 北组

北组亦为一座独立的长方形竖穴墓道单室土洞墓，由墓道、墓门、墓室、壁龛四部分组成。开口距地表深0.2~0.25米。通长7.3米。

墓道位于墓室之东。平面呈长方形，四壁陡直，平底。长3米，宽1米，深5.5米。南、北两壁各以灰砖错缝平砌一堵高0.8米的立墙。砖规格为30×14—6厘米。其砌筑的方法是先在南、北两壁的底部自壁面向外各掘出一个约一砖宽的空间，然后在这个空间里砌筑立墙。底部以灰砖横向错缝平铺。砖规格为30×14—6厘米。在距墓道东端0.5米的南、北两壁上，各设有纵向排列的脚窝5个，北壁的5个脚窝和南壁的5个脚窝两两对称，上下间距为0.6~0.7米。墓道东壁底部向东凿有壁龛一个。壁龛平面呈长方形，顶呈弧形，平底。宽1.25米，进深0.5米，高1.1米。无铺地砖。

墓门位于墓道之西。土洞拱券形。宽0.98米，高1.3米。未见封门砖，但在墓室门洞之前留出一片宽1.18、进深0.16米的长方形空地，从而形成了一个长方形的凹槽。这个凹槽应属刻意做出，为固定封门板之用。未见封门板痕迹，当是早已朽烂消尽了。

墓室位于墓道之西。平面呈等腰梯形，南、北、西三壁陡直，顶部略平，平底。长3.8米，宽0.9~1.18米，高1.5米。南、北、西三壁下部各以灰砖砌出一堵高0.8米的立墙，其砌筑方法与墓道南、北两壁底部立墙砌法相同。底部用灰砖以两横夹一竖的方式平铺。砖规格为54×14—8厘米。

南、北两墓室均见有黑色棺灰痕迹，棺灰痕迹内各有一具人骨架，均已腐朽成粉末状，尚可辨出均头东脚西，面向上，仰身直肢葬，性别、年龄无法辨识。北组墓主人遗骨之上出土1件铁剑和1件铁刀，腿骨右侧出土1件铁刀和1件铜筒形器。南组墓主人头部北侧出土1面铜镜。根据随葬器物以及墓葬规模等判断，北组墓主人当为男性，南组墓主人当为女性。北组墓主人随葬的随身物品中，有1件铁剑、2件铁刀，而南组墓主人仅有1面铜镜。北组规模较大，以灰砖铺地并砌筑了立墙；南组规模较小，且未用一砖作为建筑材料。墓葬建筑规模的差异，当是中国封建社会男尊女卑观念的真切反映。

南组和北组的土建结构虽紧相邻接，几无分隔，却无丝毫相扰之意。如此结构，绝非无意使然，考虑到二者的墓主人分别为男性和女性，推定此墓当是一座夫妻异穴合葬墓。

（二）出土器物

随葬器物中有多件因墓顶自然坍落而裂为碎片，致器形无法辨识。现尚可辨出器形的有15件，其中陶罐9件、铁剑1件、铁刀2件、铜镜1面、铜筒形器1件以及铜钱22枚。

1. 陶器

陶罐　9件。均为泥质灰陶，轮制而成。标本M24：1，口微侈，平折沿，方唇，上腹近圆，下腹斜收，平底。上腹部留有轮制痕迹。口径13.7厘米，腹径24厘米，底径11.6厘米，通高27.6厘米（图一〇〇，1；图版五九，1）。标本M24：2，侈口，平折沿，方唇，

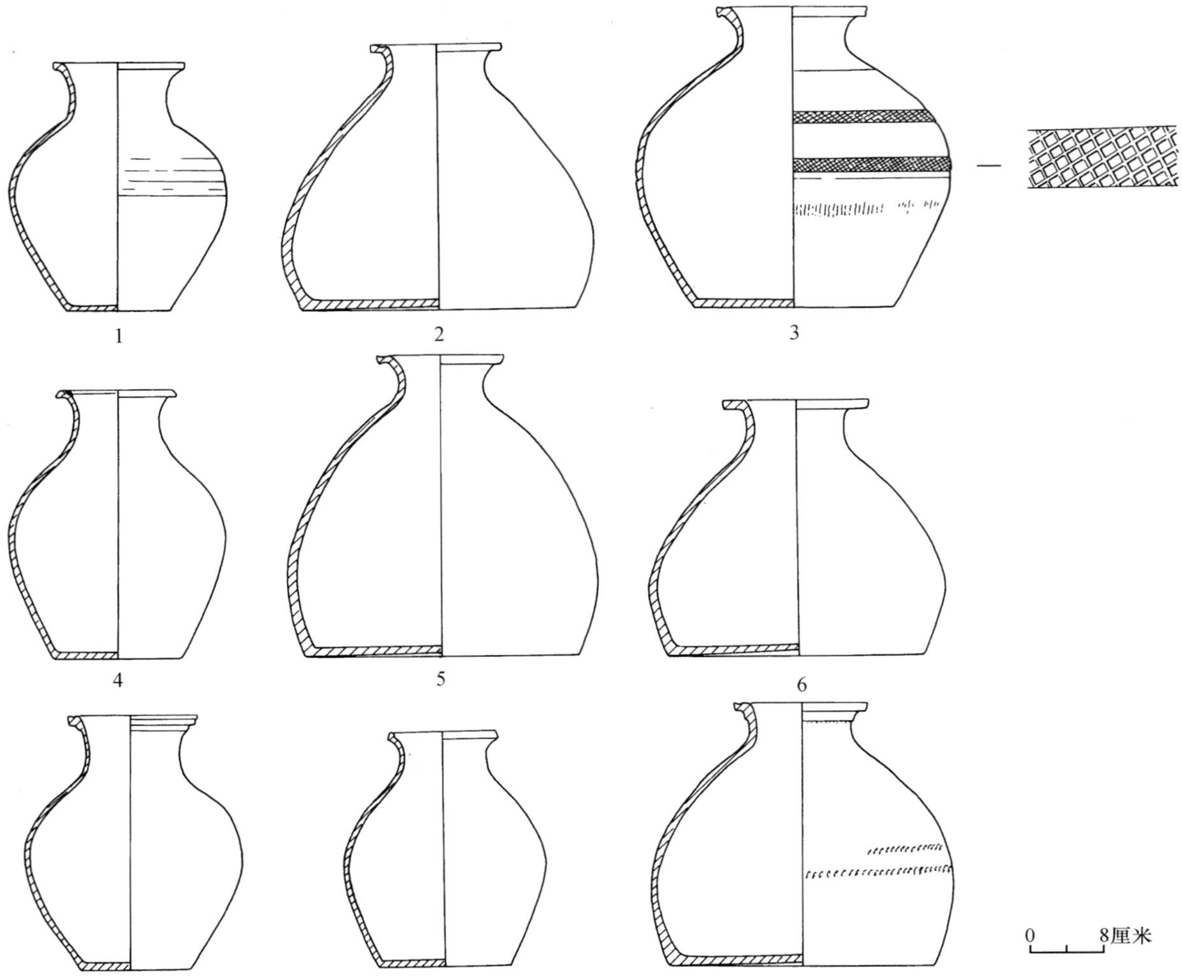

图一〇〇　M24出土陶罐

1. M24：1　2. M24：3　3. M24：2　4. M24：4　5. M24：5　6. M24：6　7. M24：7　8. M24：9　9. M24：8

短颈，圆腹，腹最大径在中部，腹径大于器高，平底。上腹部模印两周多方连续菱形纹带。口径16.5厘米，腹径34.2厘米，底径21.8厘米，通高33.2厘米（图一〇〇，3；图版五九，2）。标本M24：3，侈口，平折沿，方唇，短颈，溜肩，腹与底成覆碗状，平底。口径15.1厘米，腹径33.6厘米，底径29.8厘米，通高29.3厘米（图一〇〇，2）。标本M24：4，器形似M24：1，只是下腹部有制胎时以刃具留下的修整痕迹，若有意而为的莲瓣纹。口径13.2厘米，腹径24厘米，底径13.8厘米，通高29.7厘米（图一〇〇，4）。标本M24：5，器形同M24：3。口径14.7厘米，腹径33.6厘米，底径29.9厘米，通高33.2厘米（图一〇〇，5）。标本M24：6，器形同M24：3。口径15.8厘米，腹径31.8厘米，底径27.3厘米，通高28.4厘米（图一〇〇，6；图版五九，3）。标本M24：7，口沿残，侈口，卷沿，方唇，圆腹，腹最大径在上部，平底。口径14厘米，腹径23.4厘米，底径11.6厘米，通高28.4厘米（图一〇〇，7；图版五九，5）。标本M24：8，器形同M24：3。下腹部饰三周短斜线纹。口径14.3厘米，腹径32.8厘米，底径29.2厘米，通高29.2厘米（图一〇〇，9；图版五九，4）。标本M24：9，侈口，卷沿，方唇，圆腹，腹最大径在中部，平底。口径12.1厘米，腹径22米，底径14.1厘米，通高26.2厘米（图一〇〇，8；图版五九，6）。

2. 铜器

铜镜　1面。标本M24∶15，圆形，圆纽，并蒂联珠纹纽座。座外饰三周短斜线纹，第一、二周短斜线纹之间饰一周凸弦纹，第二、三周短斜线纹之间散布有阳刻“清冶铝华以为镜，昭察衣服观容，清光□□宜佳人”铭文。直径10厘米，缘厚0.5厘米（图一〇一，1；图版六〇，4）。

铜筒形器　1件。标本M24∶14，通体有浅绿色的锈迹。带盖，筒状，子母口。盖顶面正中有一纽，中部有一孔。口径3.6厘米，底径4厘米，通高9.1厘米（图一〇一，2；图版六〇，5）。

铜钱　22枚。标本M24∶10，均为五铢。钱形规整，轮、郭峻挺，字迹清晰。

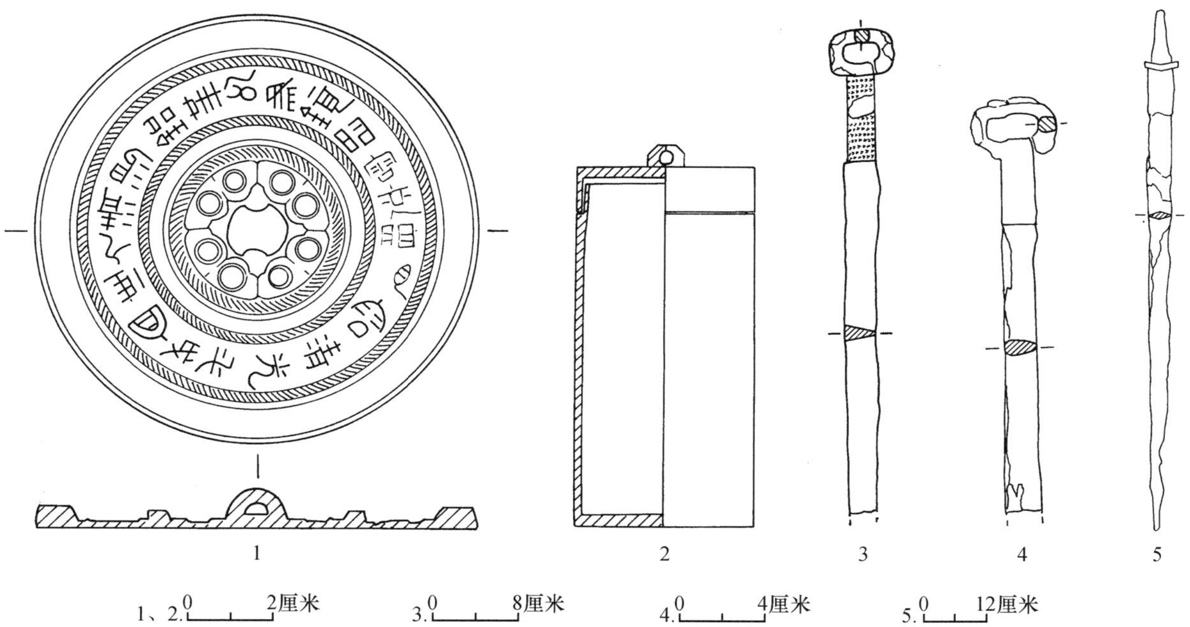

图一〇一　M24出土器物

1. 铜镜（M24∶15）　2. 铜筒形器（M24∶14）　3、4. 铁刀（M24∶12、M24∶13）　5. 铁剑（M24∶11）

1类　7枚。无记号。标本M24∶10-1，钱径2.48厘米（图一〇二，1）。M24∶10-2，“金”字头呈水滴状。钱径2.48厘米（图一〇二，2）。标本M24∶10-3，钱径2.5厘米（图一〇二，3）。标本M24∶10-4，钱径2.58厘米（图一〇二，4）。标本M24∶10-5，钱径2.59厘米（图一〇二，5）。标本M24∶10-6，字浅。钱径2.5厘米（图一〇二，6）。标本M24∶10-7，“铢”字浅。钱径2.5厘米（图一〇二，7）。

2类　10枚。正面穿上有一横郭。标本 M24∶10-8，钱径2.49厘米（图一〇二，8）。标本M24∶10-9，钱径2.49厘米（图一〇二，9）。标本M24∶10-10，钱径2.49厘米（图一〇二，10）。标本M24∶10-11，钱径2.5厘米（图一〇二，11）。标本M24∶10-12，钱径2.53厘米

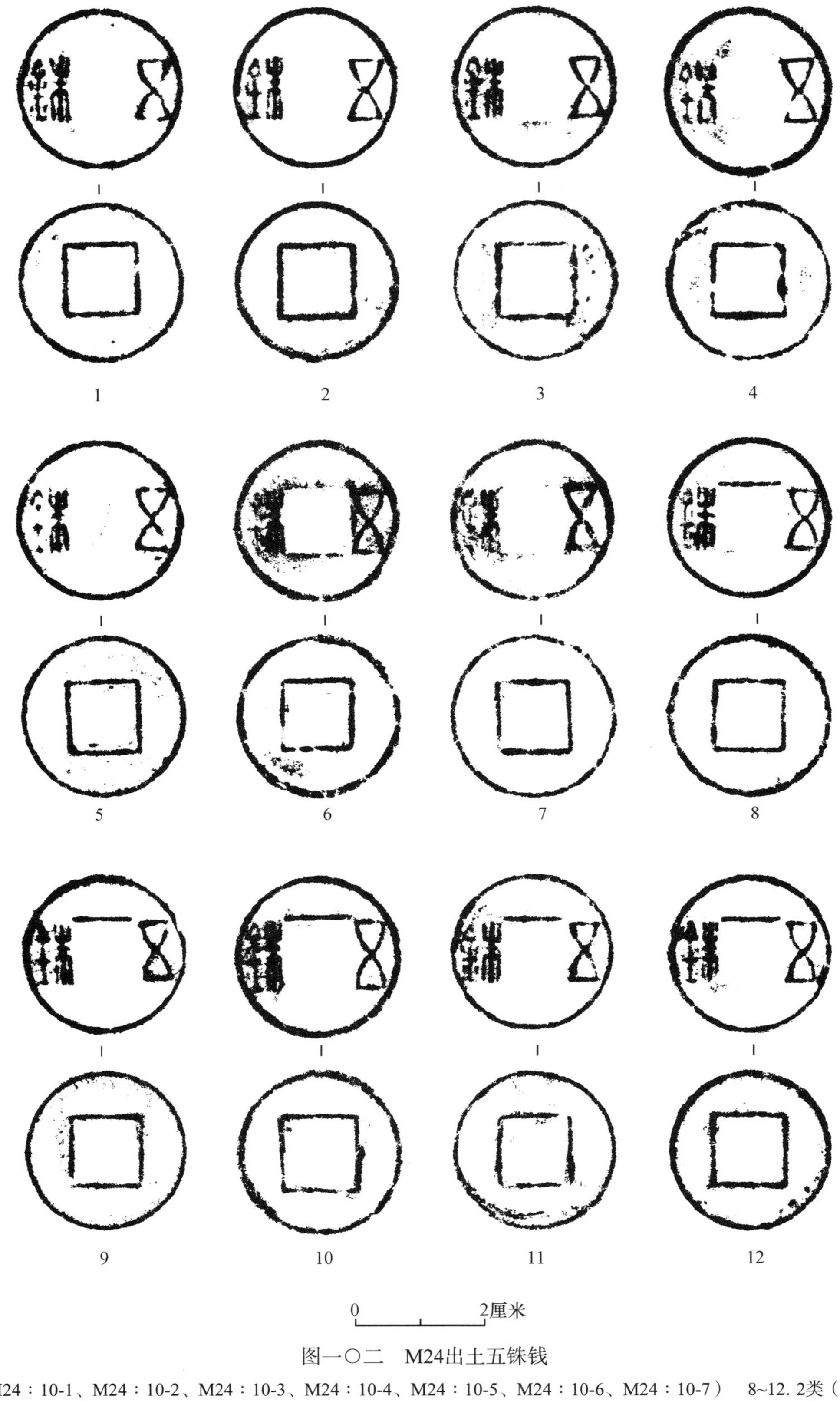

图一〇二　M24出土五铢钱

1~7. 1类（M24：10-1、M24：10-2、M24：10-3、M24：10-4、M24：10-5、M24：10-6、M24：10-7）　8~12. 2类（M24：10-8、M24：10-9、M24：10-10、M24：10-11、M24：10-12）

（图一〇二，12）。标本M24：10-13，钱径2.54厘米（图一〇三，1）。标本M24：10-14，字浅。钱径2.54厘米（图一〇三，2）。标本M24：10-15，背之轮、郭浅。钱径2.5厘米（图一〇三，3）。标本M24：10-16，钱径2.6厘米（图一〇三，4）。标本M24：10-17，钱径2.6厘米（图一〇三，5）。

3类 5枚。正面穿下半月。标本M24：10-18，钱径2.5厘米（图一〇三，6）。标本M24：10-19，钱径2.5厘米（图一〇三，7）。标本M24：10-20，钱径2.5厘米（图一〇三，8）。标本M24：10-21，钱径2.5厘米（图一〇三，9）。标本M24：10-22，钱径2.55厘米（图一〇三，10）。

3. 铁器

铁剑 1件。标本M24：11，紫褐色。残，首、锋已失，茎仅存部分，截面呈椭圆形。格为青铜质，布满绿锈。剑身剥落严重，脊甚缓钝。器身最宽处3.9厘米，残长76.6厘米（图一〇一，5；图版六〇，1）。

铁刀 2件。标本M24：12，锈蚀严重，呈紫褐色。残，护手及刀身前段已失。背略弧，环首略呈椭圆形。扁平柄，外以纺织物编织的细索缠裹，应是为增强手感的舒适性而为。刀身宽3.2厘米，刀背厚1.1厘米，残长47厘米（图一〇一，3；图版六〇，2）。标本M24：13，锈蚀严重。极单薄，显是仅具象征意义的冥器。直背，环首略呈椭圆形。刀身宽1.6厘米，刀背厚0.6厘米，残长19.9厘米（图一〇一，4；图版六〇，3）。

三、M25

（一）形 制

位于T0800北部、T0801南部。开口于第1层下，打破生土。开口距地表深0.24米。该墓为一座坐西朝东的竖穴墓道单室土洞墓。方向120°。全墓由墓道、墓门、墓室三部分组成，通长6.04米（图一〇四；图版六一）。

墓道位于墓室之东。平面呈长方形，四壁近直，且较规整。长2.04米，宽1米，深4.62米。在距墓道东端约0.5米的南、北两壁上，设有纵向排列的脚窝数个。脚窝横截面略呈圆形，内壁光滑。直径10~15厘米，深10~13厘米。

墓门位于墓道之西。土洞弧顶。宽0.92米，高1米。墓门以高1.28米的砖墙封堵，墙体以11层青砖侧立叠置，其中下面8层采用人字形砌法，上端用3块大小不一的碎石作为混砌材料。砖规格为30×15—5厘米。

墓室位于墓道之西。平面略呈梯形，西宽东窄，墓顶略呈弧形。长3.7米，宽0.94~1.7米，高1.2米。墓室西端南、北侧均发现有木棺朽痕，黑色，平面呈长方形。棺灰北侧者长2.02米，宽0.83米；南侧者长1.88米，宽0.76米。木棺朽灰内发现两具人骨架，均头东脚西，仰身直肢葬。遗骨虽已成灰烬，但尚可看出，北侧者较为粗壮高大，南侧者较为瘦弱细小，且北侧者较南侧者的骨盆夹角为小，据此判定北侧者为男性，南侧者为女性，推测此墓为夫妻合葬墓。北

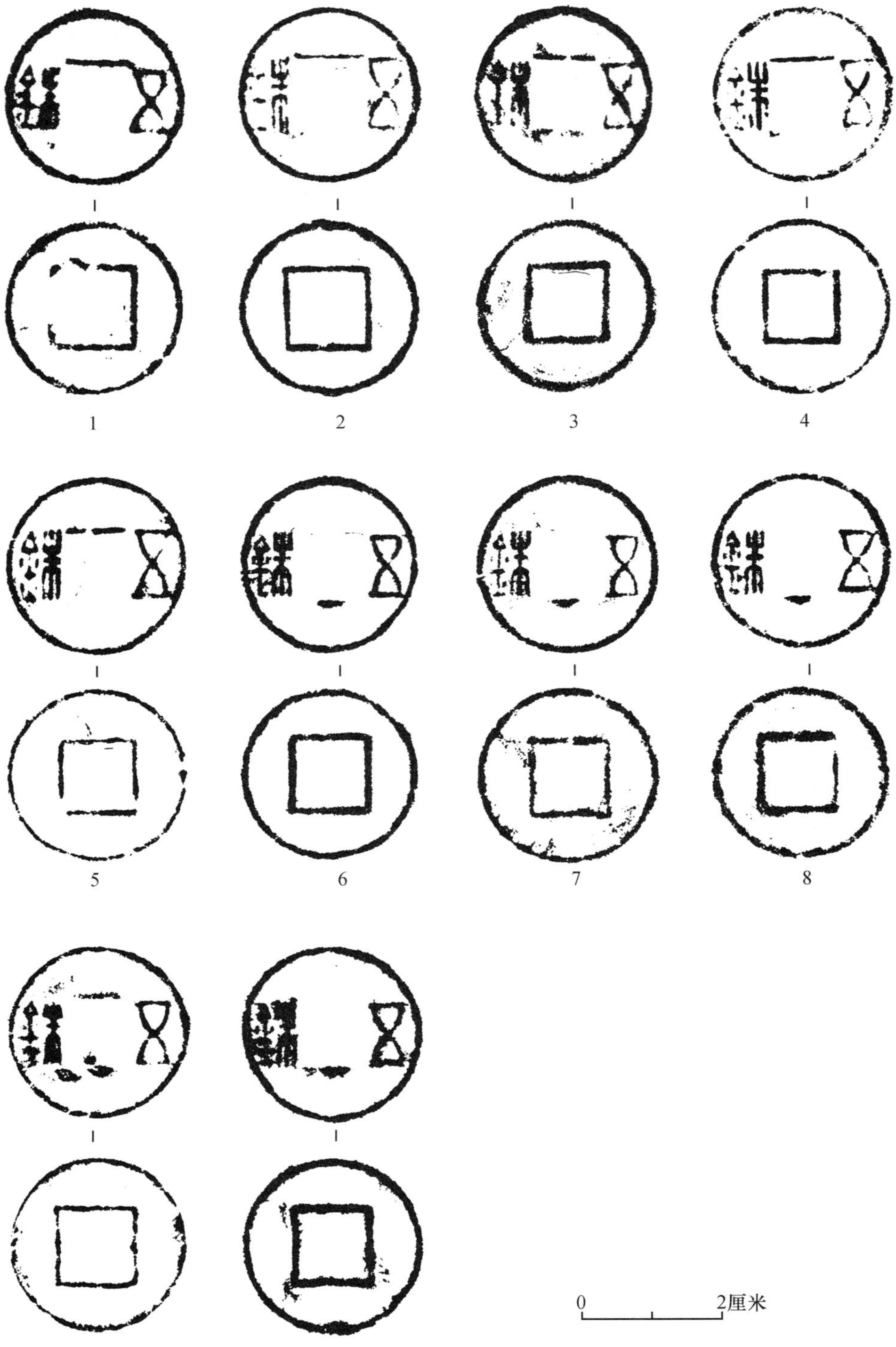

图一〇三　M24出土五铢钱

1~5. 2类（M24：10-13、M24：10-14、M24：10-15、M24：10-16、M24：10-17）　6~10. 3类（M24：10-18、M24：10-19、M24：10-20、M24：10-21、M24：10-22）

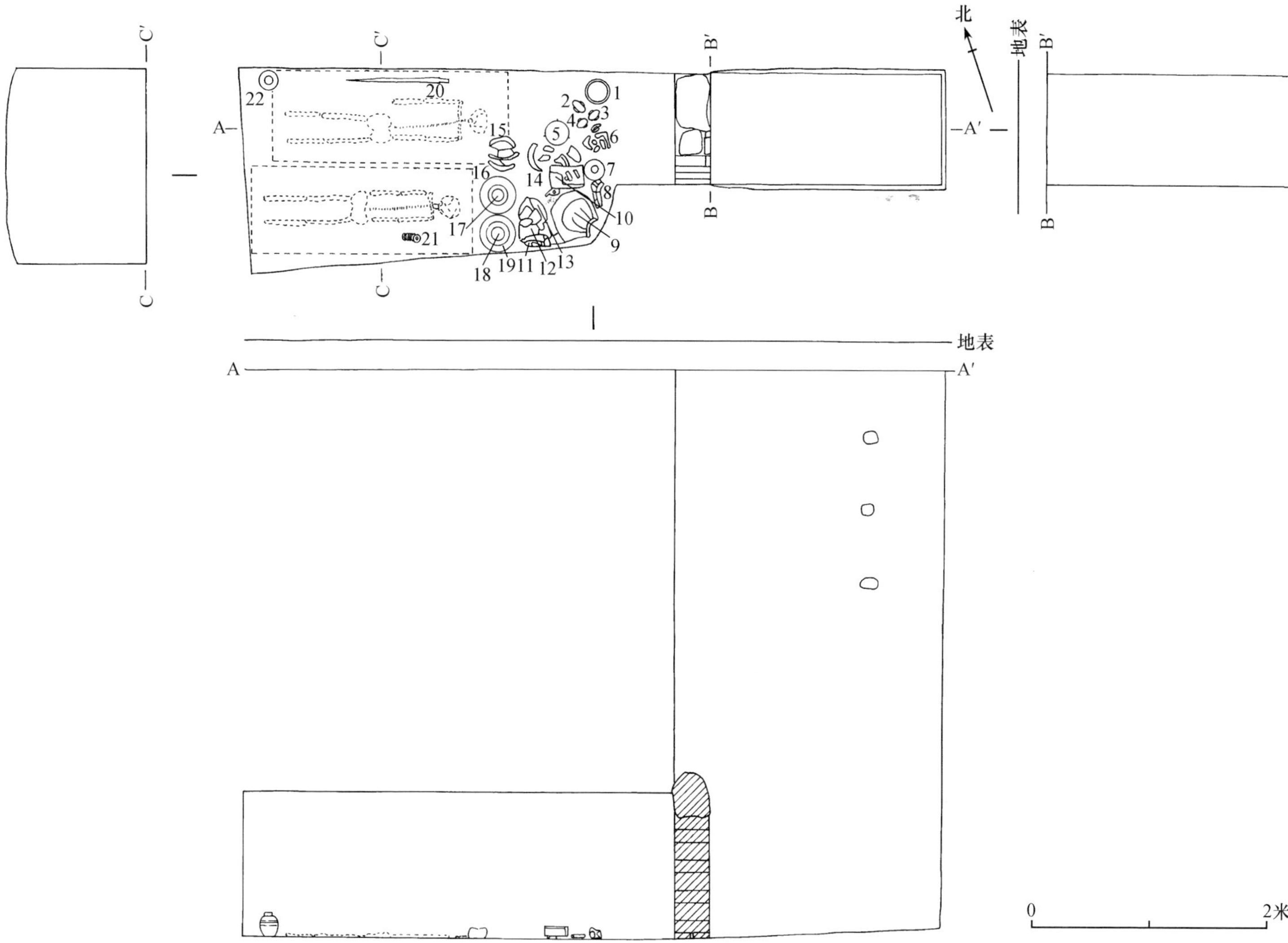

图一〇四　M25平、剖面图

1. 陶器盖　2~4. 陶耳杯　5. 陶奁　6. 陶杯　7、19. 陶仓　8、9. 陶壶　10. 陶灶　11~14、16~18、22. 陶罐　15. 陶魁　20. 铁剑　21. 五铢钱

侧人骨的右侧发现1件铁剑，脚端发现1件陶罐。南侧人骨的左侧发现有8枚铜钱。其余随葬品则放置于墓室的东部。

（二）出土器物

该墓共出土随葬器物21件（套），可分为陶器、铜器、铁器三类。

1. 陶器

陶器共发现19件（套）。器类有陶罐、陶壶、陶仓、陶耳杯、陶杯、陶魁、陶奁、陶灶。

陶耳杯　3件。均为泥质灰陶，模制而成。器形近同。口部平面呈椭圆形，平沿，腹部弧收，平底。口部两侧附双耳，双耳上翘，形似月牙。标本M25：2，口径8.2~12.4厘米，底径4.9~7.5厘米，通高3.8厘米（图一〇五，1）。标本M25：3，口径6.8~11厘米，底径4.4~6.3厘米，通高3.7厘米（图一〇五，2）。标本M25：4，口径8~12.5厘米，底径5~8.5厘米，通高3.2厘米（图一〇五，3）。

陶奁　1件。标本M25：5，泥质灰陶，器身轮制，三足模制。直口，平沿，深腹，直壁，平底。底部外侧附三个扁圆形足。腹部饰两周凹弦纹。口径20厘米，底径21.5厘米，通高14.6厘米（图一〇五，6；图版六三，6）。

陶杯　1件。标本M25：6，泥质灰陶，器身轮制，器纽捏制。口微敛，平沿，直腹，平底微内凹。外壁上部有一纽，中部有一孔。纽表面饰三道凸弦纹。口径9.9厘米，底径10厘米，通高8.4厘米（图一〇六，4；图版六三，4）。

陶仓　2件。均为泥质灰陶，器身轮制，三足模制。标本M25：7，敛口，平沿，无颈，筒腹，腹径自上而下渐收，平底。底部外侧附三个等距兽形足。腹部饰三组凸弦纹，一组三周。口径8.6厘米，腹径18.5厘米，底径16厘米，通高27.5厘米（图一〇五，4；图版六二，6）。标本M25：19，敛口，唇方平，无颈，宽肩，圆腹，腹最大径在上部，平底微内凹。底部外侧附三个等距兽形足。上腹部饰三组以短斜线纹作装饰的凸弦纹，一组两周，下腹部饰一周凹弦纹。口径14厘米，腹径32.4厘米，底径18厘米，通高27.3厘米（图一〇六，11；图版六二，5）。有盖，标本M25：1，隆顶，盘状。顶原有纽，出土时已损。纽外有一周宽带状凸弦纹，凸弦纹上饰短斜线纹。直径22厘米，通高5.3厘米（图一〇五，10）。

陶壶　2件。均为泥质灰陶，轮制而成。标本M25： 8，侈口，平折沿，方唇，长颈，鼓腹，假圈足。上腹部饰三组以短斜线纹作装饰的凸弦纹，一组两周。口径16.9厘米，腹径26.8厘米，底径10.6厘米，通高38.2厘米（图一〇六，1）。标本M25： 9，器形及纹饰同M25： 8。口径17.1厘米，腹径27.6厘米，底径12.2厘米，通高38.4厘米（图一〇六，2；图版六三，3）。

陶罐　8件。均为泥质灰陶，轮制而成。标本M25：11，口外卷而斜敞，圆唇，粗颈，圆腹，平底。口径11.3厘米，腹径18.2厘米，底径13.2厘米，通高18.4厘米（图一〇六，9）。标本M25：12，侈口，平折沿，方唇，折腹，平底。口沿内侧饰两周阴线纹，肩部饰两周若隐若现的短斜线纹。口径16.5厘米，腹径38.3厘米，底径19.6厘米，通高36厘米（图一〇六，6；图

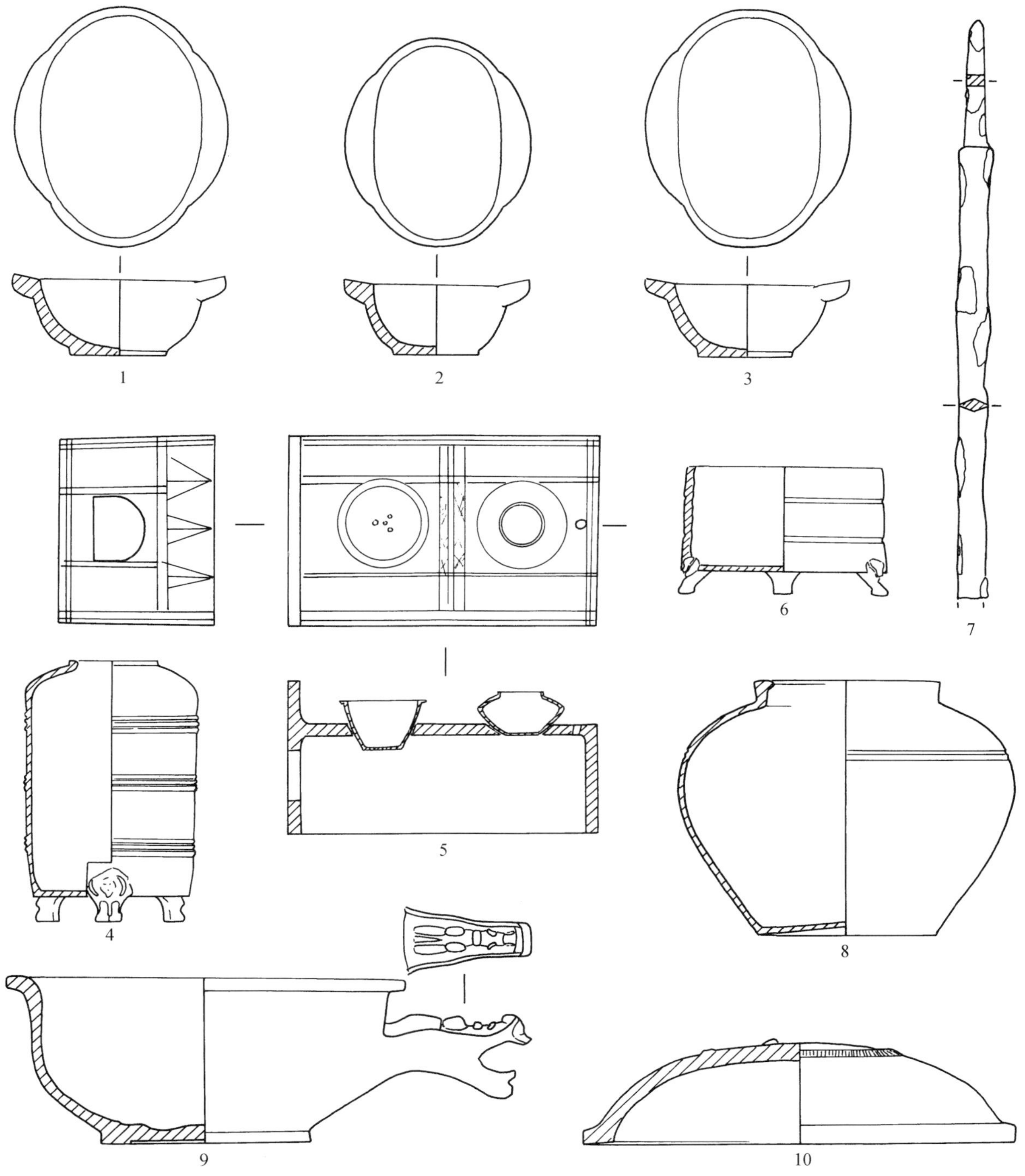

1~3、9、10. 0 4厘米 余 0 8厘米

图一〇五 M25出土器物

1~3. 陶耳杯（M25：2、M25：3、M25：4） 4. 陶仓（M25：7） 5. 陶灶（M25：10） 6. 陶奁（M25：5）
7. 铁剑（M25：20） 8. 陶罐（M25：17） 9. 陶魁（M25：15） 10. 陶器盖（M25：1）

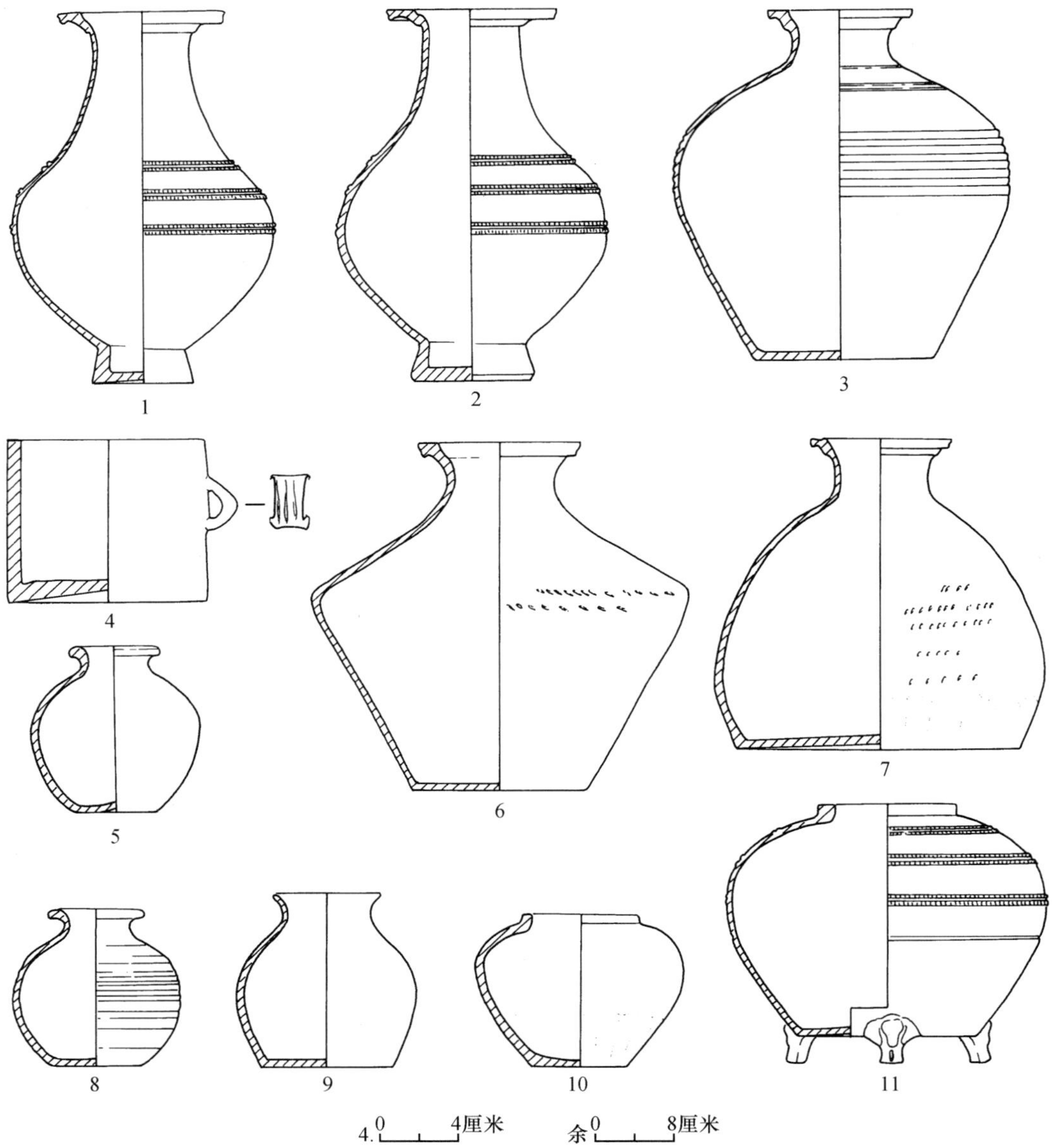

图一〇六　M25出土陶器

1、2. 陶壶（M25：8、M25：9）　3、5~10. 陶罐（M25：14、M25：16、M25：12、M25：13、M25：22、M25：11、M25：18）
4. 陶杯（M25：6）　11. 陶仓（M25：19）

版六二，1）。标本M25：13，侈口，平折沿，方唇，短颈，溜肩，腹与底成覆碗状，平底。腹部饰数周若隐若现的短斜线纹。口径15.2厘米，腹径33.5厘米，底径29.5厘米，通高32厘米（图一〇六，7；图版六二，2）。标本M25：14，小侈口，平折沿，方唇，细颈，宽肩，上腹鼓圆，平底。肩、腹部饰数周凹弦纹。口径14.7厘米，腹径34.3厘米，底径18.8厘米，通高36.6厘米（图一〇六，3；图版六二，3）。标本M25：16，体矮，侈口，沿外卷甚，圆唇，细短颈，圆腹，平底微内凹。口径10厘米，腹径18厘米，底径8.5厘米，通高17.1厘米（图一〇六，5；图版六二，4）。标本M25：17，直口，方唇，圆肩，扁圆腹，腹径大于器高，平底微内凹。上腹部饰两周凹弦纹。口径18.9厘米，腹径34.6厘米，底径19厘米，通高26.8厘米（图一〇五，8；图版六三，1）。标本M25：18，器形同M25：17。体形小，平底。腹部饰一周凹弦纹。口径11.7厘米，腹径21.2厘米，底径10.1厘米，通高16厘米（图一〇六，10；图版六三，2）。标本M25：22，器形同M25：16。口沿残。腹部满布轮制圈痕。口径约9.5厘米，腹径16.9厘米，底径9.2厘米，通高16.3厘米（图一〇六，8）。

陶魁　1件。标本M25：15，泥质灰陶，器身轮制，执手捏制。器身如碗，敞口，平沿，方唇，缓折腹，浅圈足。上腹部贴附一只龙首形柄以作执手。口径20.8厘米，腹径19.2厘米，柄长7.5厘米，通高8.8厘米（图一〇五，9；图版六三，5）。

陶灶　1套。标本M25：10，由灶体、釜、甑组成（图一〇五，5）。

陶灶体　1件。标本M25：10-1，泥质灰陶，模制，手工拼合而成。平面呈长方形，面平，四壁较直，四个转角呈直角。灶面中部有两个大小近同的圆形灶眼，呈一字形排列，上置一甑、一釜。尾部正中有一圆形出烟口。灶面饰或横或纵的阴线刻直线纹，两灶眼之间饰菱形网格纹。前壁呈长方形，上宽下窄，下部正中有一拱形灶门，其上立有挡火墙，表面饰或横或纵的阴线刻直线纹，挡火墙上饰有三个等腰三角形纹。长31.7厘米，宽19.7厘米，通高16.4厘米。

小陶釜　1件。标本M25：10-2，泥质灰陶，轮制而成。敛口，尖唇，折腹，平底微内凹。口径4.3厘米，腹径8.9厘米，底径2.7厘米，通高4.2厘米。

小陶甑　1件。标本M25：10-3，泥质灰陶，轮制而成。敞口，平沿，方唇，腹部斜收，平底，底部有四个箅孔。外底面模印螺旋形指纹。口径8.6厘米，底径3.2厘米，通高4.6厘米。

2. 铜器

铜钱　8枚。标本M25：21，均为五铢，其中5枚为剪轮钱。标本M25：21-1，字修长，尤以“五”字为甚。“五”字交笔处呈短线状。正面穿上有一横郭。钱径2.46厘米（图一〇七，1）。标本M25：21-2，钱体及钱文风格同M25：21-1。钱径2.5厘米（图一〇七，2）。标本M25：21-3，穿窄。“五”字两交笔弯曲较甚，与上、下横笔相交处呈垂直状。钱径2.5厘米（图一〇七，3）。标本M25：21-4，剪轮。钱径2.1厘米（图一〇七，4）。标本M25：21-5，剪轮。钱径2.2厘米（图一〇七，5）。标本M25：21-6，锈蚀严重。剪轮。钱径2.2厘米（图一〇七，6）。标本M25：21-7，剪轮。字细。钱径2.3厘米（图一〇七，7）。

3. 铁器

铁剑　1件。标本M25：20，紫褐色。锈蚀严重，首、格、锋均已缺损，茎、身则存大部，脊缓钝。器身宽3.4厘米，残长60.4厘米（图一〇五，7）。

四、M26

（一）形　　制

位于T0801中部。开口于第1层下，打破生土，墓室被M27的墓道打破。早年被盗，盗掘入

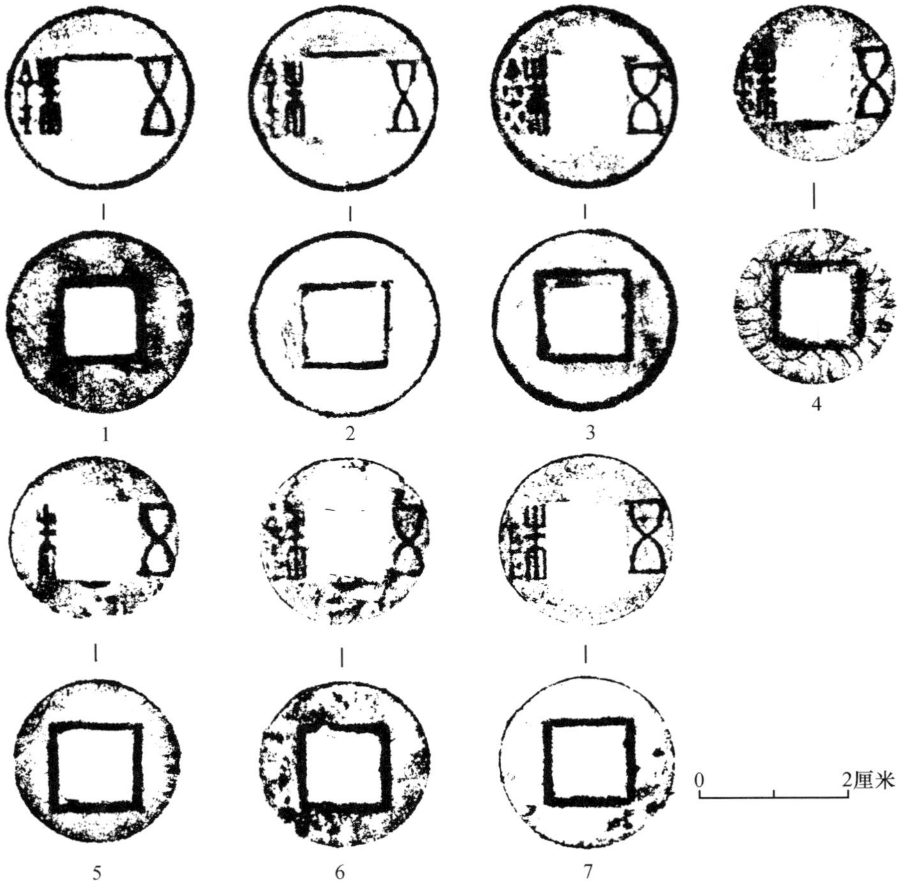

图一〇七　M25出土五铢钱

1. M25：21-1　2. M25：21-2　3. M25：21-3　4. M25：21-4　5. M25：21-5　6. M25：21-6　7. M25：21-7

口在M27墓道的上口东端。开口距地表深0.2米。该墓为一座坐西朝东的竖穴墓道单室土洞墓。方向120°。全墓由墓道、墓门、墓室、耳室四部分组成。通长7米（图一〇八；图版六四）。

墓道位于墓室之东。平面呈长方形，墓壁上下近直，底呈斜坡状。长3米，宽1米，深4.6~4.86米。在距墓道东端0.5米的南、北两壁上，设有纵向排列的脚窝10个，南、北两壁各5个。脚窝的横截面略呈圆形，内壁光滑。直径10~15厘米，深约10厘米。

墓门位于墓道之西。土洞弧顶。宽1.1米，高1.18米。墓门用灰砖呈人字形封堵10层，其上用3层砖平砌。砖规格为30×15—5厘米。

墓室位于墓门之西。平面略呈长方形，东部比西部稍窄，四壁较直，墓顶略呈弧形，底呈斜坡状。长4米，宽1~1.16米，高1.2米。在墓室前端北侧向外挖一土洞耳室。宽0.86米，进深0.64米，高0.84米。该墓出土的绝大多数随葬品均放置在耳室内。墓室东、西两端各发现一具人骨架，腐朽均较严重，均头东脚西，仰身直肢葬。西侧骨架的结构规整，当属于一次葬。以这具人骨为中心有一个长方形的灰痕区，其灰痕当是木棺腐朽后留下的。东侧骨架的整体结构有违人体生理学原理，当是在西侧墓主人下葬若干时间之后从别处迁葬而来的。

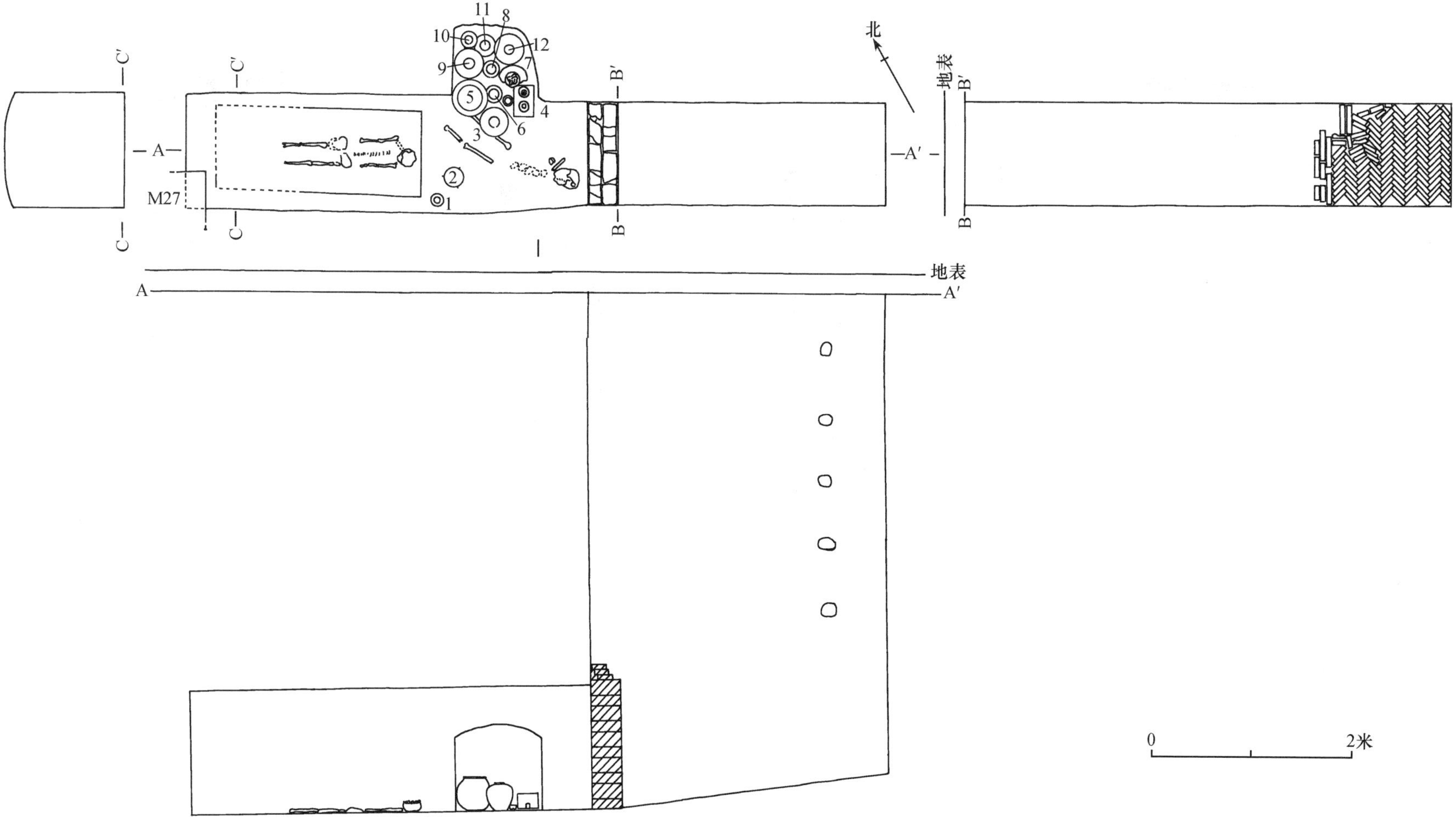

图一〇八　M26平、剖面图

1. 陶井　2. 陶奁　3、7、9、10、12. 陶仓　4. 陶灶　5. 陶瓮　6、8、11. 陶罐

（二）出土器物

M26曾被盗，墓内现残存随葬器物12件（套），均为陶器。器类有陶罐、陶瓮、陶仓、陶灶、陶井、陶奁。

陶罐　3件。均为泥质灰陶，轮制而成。标本M26：6，体矮，侈口，沿外卷甚，圆唇，细短颈，圆腹，腹径等于器高，平底。腹部密布数周轮制旋痕。口径8厘米，腹径16厘米，底径11.8厘米，通高16厘米（图一〇九，3；图版六五，2）。标本M26：8，器形似M26：6，腹径大于器高。腹部密布数周轮制旋痕。口径8.6厘米，腹径16厘米，底径11.2厘米，通高15.8厘米（图一〇九，4）。标本M26：11，侈口，圆唇，圆肩，上腹鼓圆，下腹弧直，腹径大于器高，平底。肩、腹部各饰一组凹弦纹，一组两周，凹弦纹显系用刃具刻划而成。口径10.4厘米，腹径18厘米，底径11.2厘米，通高15厘米（图一一〇，7）。

陶奁　1件。标本M26：2，泥质灰陶，器身轮制，三足模制，底以泥条盘筑法制作，其内外之表皆留有因轮制而产生的旋纹。直口，平沿，深腹，直壁，平底。底部外侧附三个等距扁圆形足。器身饰三周刻划的短斜线纹。口径18.3厘米，底径18厘米，通高14.3厘米（图

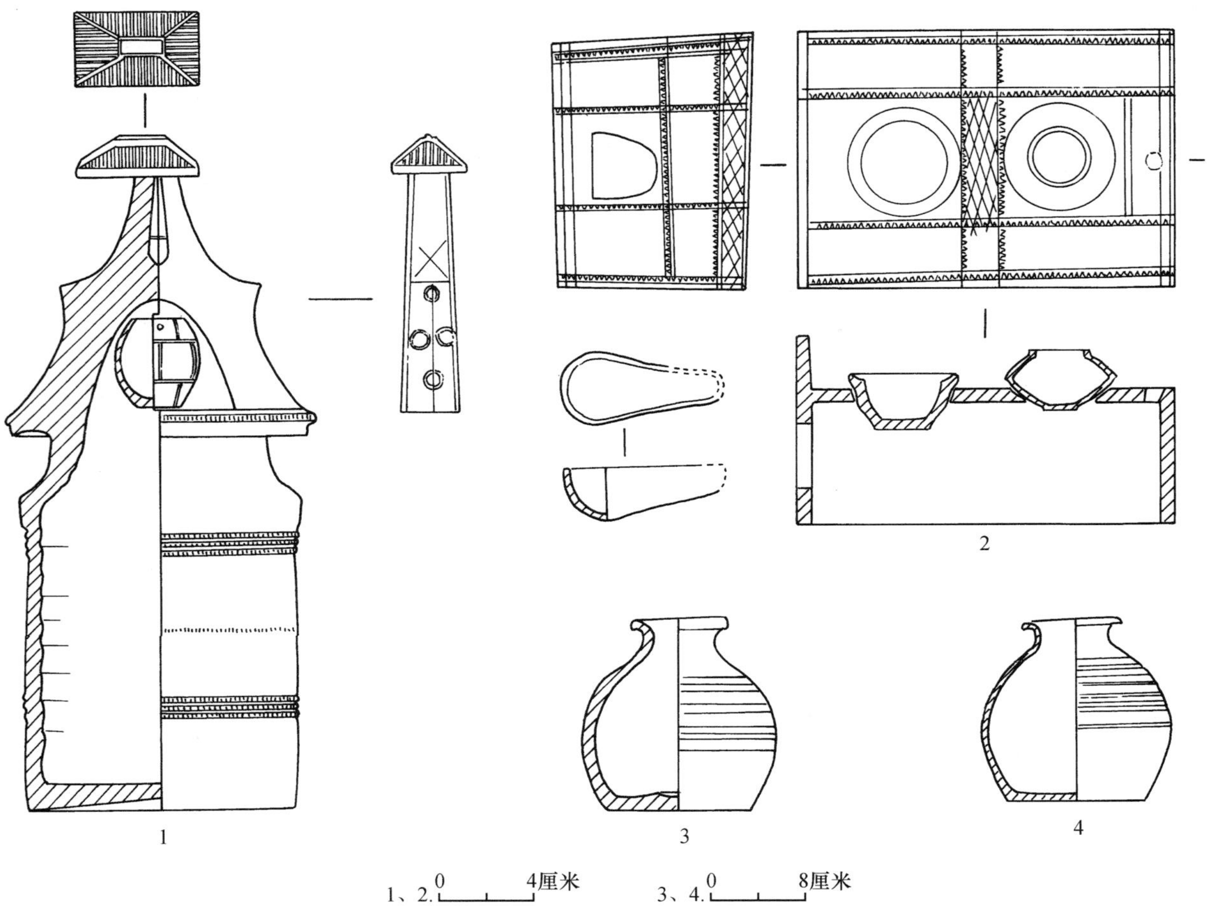

图一〇九　M26出土陶器

1. 陶井（M26：1）　2. 陶灶（M26：4）　3、4. 陶罐（M26：6、M26：8）

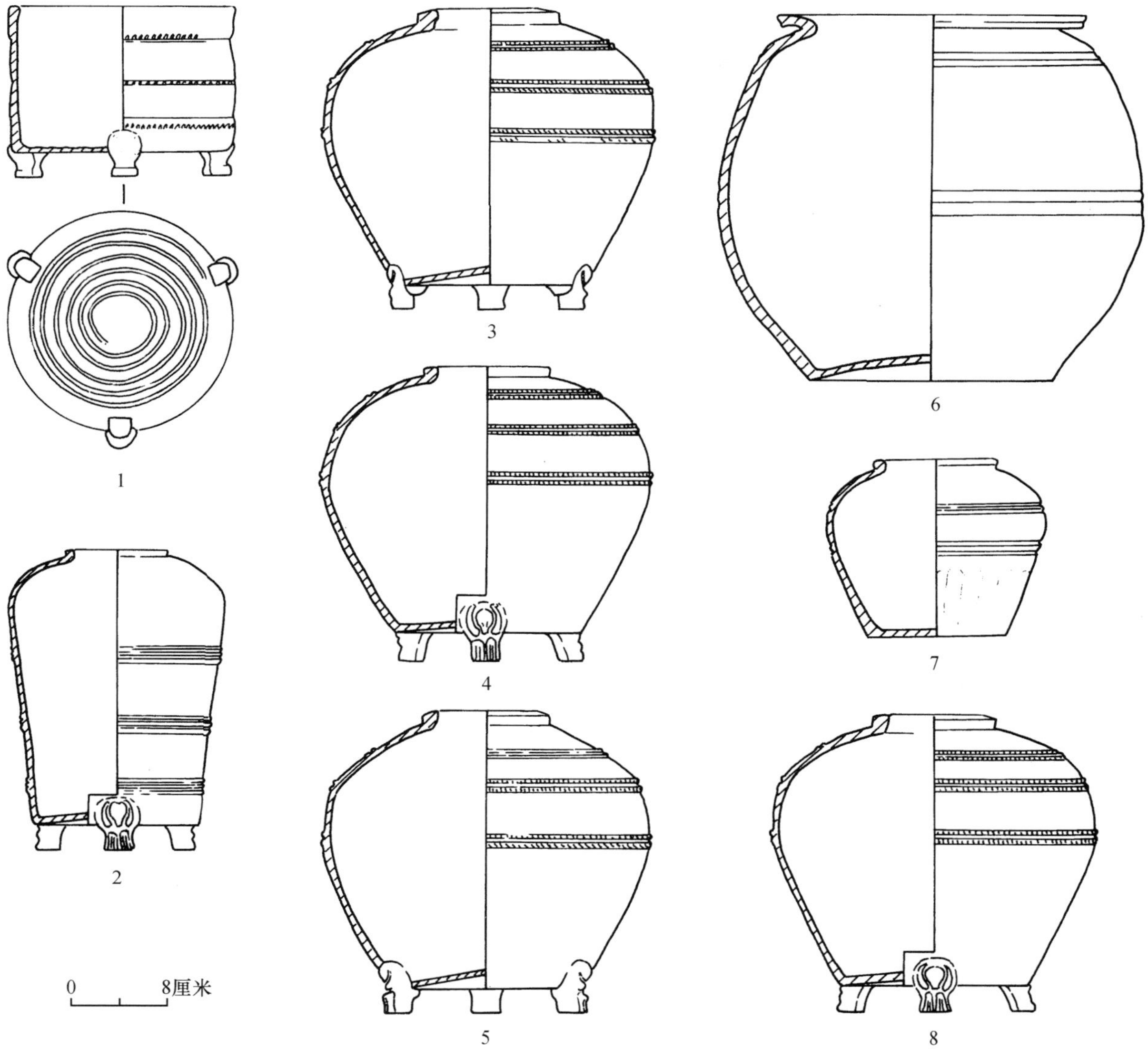

图一一〇　M26出土陶器

1. 陶奁（M26：2）　2~5、8. 陶仓（M26：10、M26：3、M26：9、M26：12、M26：7）
6. 陶瓮（M26：5）　7. 陶罐（M26：11）

一一〇，1）。

陶仓　5件。均为泥质灰陶，器身轮制，三足模制。标本M26：3，敛口，方唇，无颈，宽肩，圆腹，腹最大径在上部，平底微内凹。底部外侧附三个等距兽形足，一足残。上腹部饰三组以短斜线纹作装饰的凸弦纹，一组两周。口径11.3厘米，腹径27.6厘米，底径16.2厘米，通高25厘米（图一一〇，3；图版六五，1）。标本M26：7，器形及纹饰同M26：3。口径10.7厘米，腹径27.1厘米，底径15.6厘米，通高25.6厘米（图一一〇，8）。标本M26：9，器形及纹饰同M26：3。口径10.7厘米，腹径27.2厘米，底径15.6厘米，通高24.7厘米（图一一〇，4）。标本M26：10，敛口，平沿，无颈，筒腹，腹径自上而下渐收，平底微内凹。底部外侧附三个等距兽形足。腹部饰三组凸弦纹，一组三周。口径8厘米，腹径17.8厘米，底径14.5厘米，通高

25.2厘米（图一一〇，2；图版六五，4）。标本M26：12，器形及纹饰同M26：3。口径10.7厘米，腹径27.2厘米，底径16厘米，通高25.6厘米（图一一〇，5）。

陶瓮　1件。标本M26：5，泥质灰陶，轮制而成。口沿外卷，重唇，腹呈椭圆形，腹径大于器高，平底微内凹。肩、腹部饰两组凹弦纹，一组两周。口径24.9厘米，腹径35厘米，底径20.2厘米，通高31厘米（图一一〇，6；图版六五，3）。

陶井　1件。标本M26：1，泥质灰陶，井身轮制，井架模制。井身呈长筒形。井口呈圆形，敞口，平沿外折，束颈，直腹，平底。沿部饰一周凸弦纹，凸弦纹上饰短斜线纹；井身饰两组以短斜线纹作装饰的凸弦纹，一组三周，两组凸弦纹之间饰一周短斜线纹。井沿上有对称的提梁式陶制井架，井架上有四阿顶式井亭，其下井架上装有滑轮。井架的两个外侧面上各饰以三条纵向的阴线纹，其间以阴线刻的圆圈纹作点缀。口径12.7厘米，底径11.8厘米，通高28.9厘米。井架上原悬挂汲水小罐1件，出土时系罐之绳索已朽烂无存。小罐敛口，尖唇，鼓腹，平底。口径2.2厘米，腹径3.6厘米，底径2厘米，通高3.9厘米（图一〇九，1；图版六五，6）。

陶灶　1套。标本M26：4，由灶体、釜、盆、勺组成（图一〇九，2；图版六五，5）。

陶灶体　1件。标本M26：4-1，泥质灰陶，模制，手工拼合而成。平面呈长方形，面平，四壁较直。灶面有两个圆形灶眼，呈一字形排列，上置一盆、一釜，尾部正中有一圆形出烟口。灶面饰阴线刻的直线纹与三角形纹，两灶眼之间饰菱形网格纹。前壁近长方形，上宽下窄，下部正中有一拱形灶门，其上立有挡火墙，表面以阴线刻直线纹、三角形纹、菱形网格纹作装饰。长31.2厘米，宽21.3厘米，通高16厘米。

小陶釜　2件。泥质灰陶，轮制而成。器形相同。直口，方唇，折腹，平底微内凹。标本M26：4-2，口径5厘米，腹径8.8厘米，底径2.4厘米，通高4.6厘米。标本M26：4-3，口径4.8厘米，腹径8.8厘米，底径2.2厘米，通高5.1厘米。

小陶盆　1件。标本M26：4-4，泥质灰陶，轮制而成。反卷圆口沿，圆唇，弧腹，平底。口径8.7厘米，腹径7.3厘米，底径4.2厘米，通高4.6厘米。

小陶勺　1件。标本M26：4-5，泥质灰陶，轮制而成。上平面呈瓢形，平沿，圜底。勺柄与勺斗均内空，一端较细尖，另一端较圆弧。通长6.8厘米。

五、M27

（一）形　　制

位于T0801和T0701交界处。开口于第1层下，打破生土，墓道打破M26的墓室。开口距地表深0.25米。该墓为一座坐西朝东的竖穴墓道单室土洞墓。方向110°。全墓由墓道、墓门、墓室、耳室四部分组成。通长5.9米（图一一一；图版六六）。

墓道位于墓室之东。平面呈长方形，底呈斜坡状。长2.2米，宽0.8米，深3.3~3.4米。在距墓道东端0.4米的南、北两壁上，设有纵向排列的脚窝8个，每壁4个。

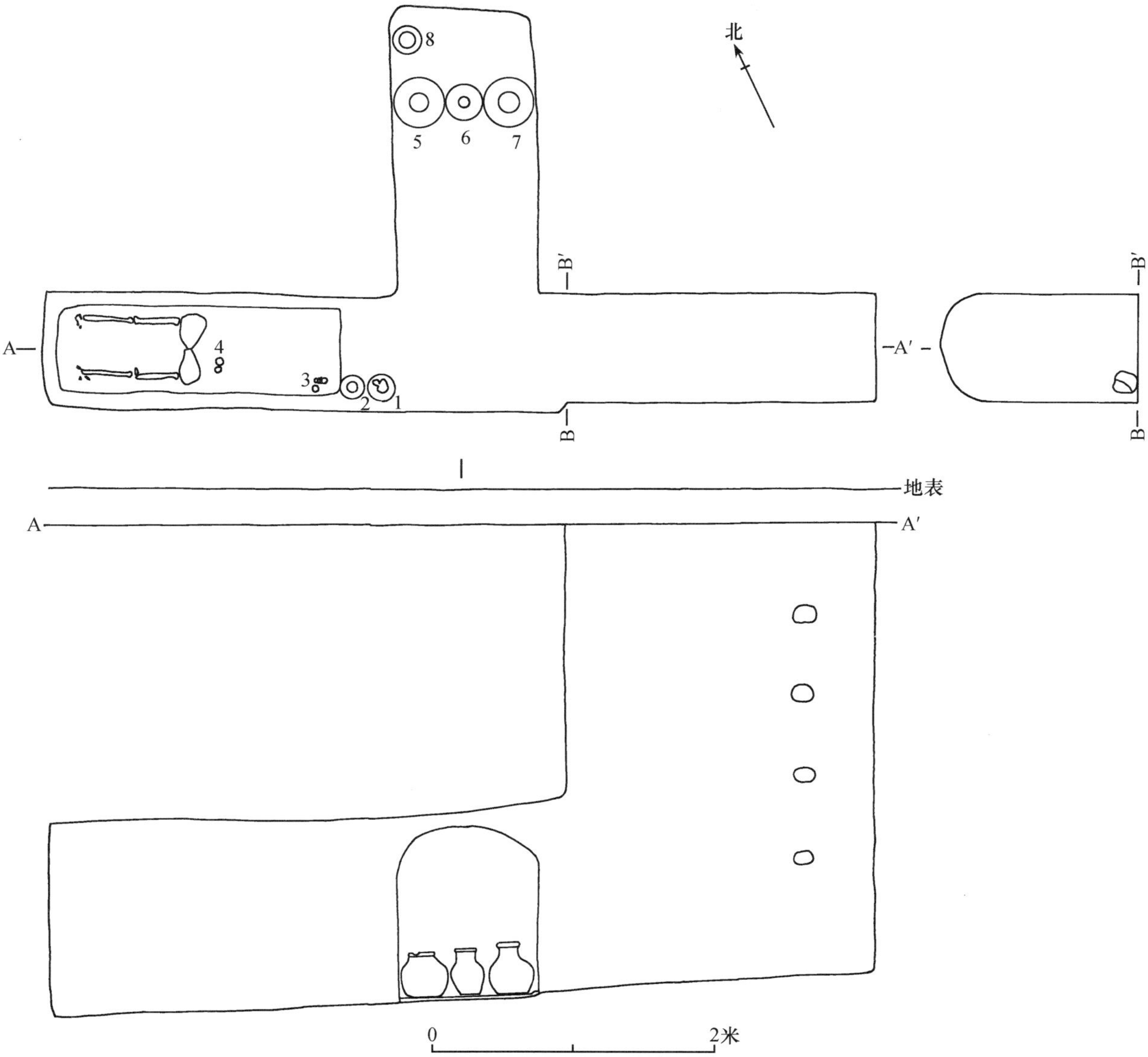

图一一一　M27平、剖面图
1、5~8. 陶罐　2. 陶瓶　3. 铁刀　4. 五铢钱

墓门位于墓道之西。土洞拱券形。宽0.8米，高1.4米。未见封门砖或者封门石等物。未见被扰乱迹象，推测当时是用木板封门，由于年代久远，木板已朽尽。

墓室位于墓门之西。平面呈长方形，四壁较直，弧顶，底呈斜坡状。长3.7米，宽0.8~0.9米，高1.3~1.4米。在墓室前端北壁向外挖一土洞耳室，平面呈长方形，弧顶。宽1米，进深2~2.05米，高1.2米。在耳室内发现有4件陶罐。墓室后端发现有木棺腐烂印痕，平面呈长方形。长约2米，宽0.64米。棺灰内发现一具人骨架，已腐朽为粉末状，可辨出头东脚西，仰身直肢葬。墓主人遗骨之上发现有6枚铜钱，另发现铁刀1件，当是从木棺里垂落的。

（二）出土器物

该墓共出土随葬器物8件，可分为陶器、铜器、铁器三类。

1. 陶器

陶器共6件。器类有陶罐、陶瓶。

陶罐　5件。均为泥质灰陶，轮制而成。标本M27：1，反卷圆口沿，圆唇，圆腹，腹最大径在上部，平底。口径13.8厘米，腹径24.3厘米，底径13.2厘米，通高29.4厘米（图一一二，1）。标本M27：5，外折平口沿，圆唇，短颈，溜肩，腹与底成覆碗状，腹最大径在下腹近底处，平底。口径15.5厘米，腹径32.1厘米，底径27.3厘米，通高28.7厘米（图一一二，3；图版六七，2）。标本M27：6，器形同M27：1。口径14.4厘米，腹径25.5厘米，底径12.5厘米，通高32厘米（图一一二，5；图版六七，1）。标本M27：7，器形同M27：5。口径16.5厘米，腹径30.8厘米，底径26.7厘米，通高31.7厘米（图一一二，6）。标本M27：8，口外卷斜敞，圆唇，粗颈，圆腹，腹最大径在上部，平底。下腹表面有修整器胎而致的莲瓣状痕迹。口径13.2厘米，腹径21.2厘米，底径12.5厘米，通高21.7厘米（图

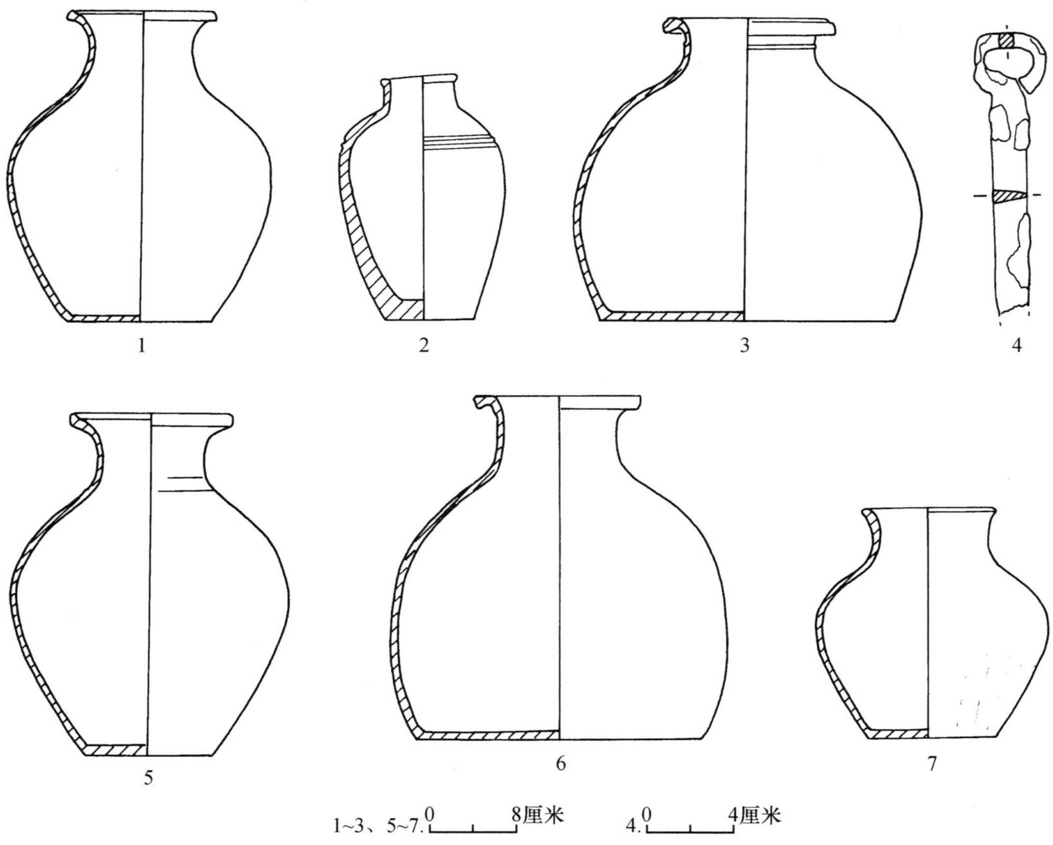

图一一二　M27出土器物

1、3、5~7. 陶罐（M27：1、M27：5、M27：6、M27：7、M27：8）　2. 陶瓶（M27：2）　4. 铁刀（M27：3）

一一二，7；图版六七，3）。

陶瓶 1件。标本M27：2，泥质灰陶，轮制而成。直口，平沿，圆唇，上腹部弧圆，下腹弧收，平底。肩、腹结合处饰两周凹弦纹。口径7.4厘米，腹径15.4厘米，底径8.6厘米，通高23.3厘米（图一一二，2；图版六七，4）。

2. 铜器

铜钱 6枚。标本M27：4，均为五铢（图版六七，6）。标本M27：4-1，钱规整，“五”字两交笔稍弧曲，“铢”字之“朱”横笔上方折、下圆折。钱径2.5厘米（图一一三，1）。标本M27：4-2，字体修长，“铢”字“金”字头向内倾斜，“五”字连轮。钱径2.49厘米（图一一三，2）。标本M27：4-3，钱形和钱文同M27：4-2。正面穿上有一横郭，“五”字离轮。钱径2.49厘米（图一一三，3）。标本M27：4-4，钱形和钱文同M27：4-3。钱径2.58厘米（图一一三，4）。标本M27：4-5，轮、郭规整。“五”字修长，两交笔曲甚，其与上、下两横相接处呈垂直状。正面穿下半月。钱径2.58厘米（图一一三，5）。标本M27：4-6，钱形和钱文同M27：4-5。钱径2.6厘米（图一一三，6）。

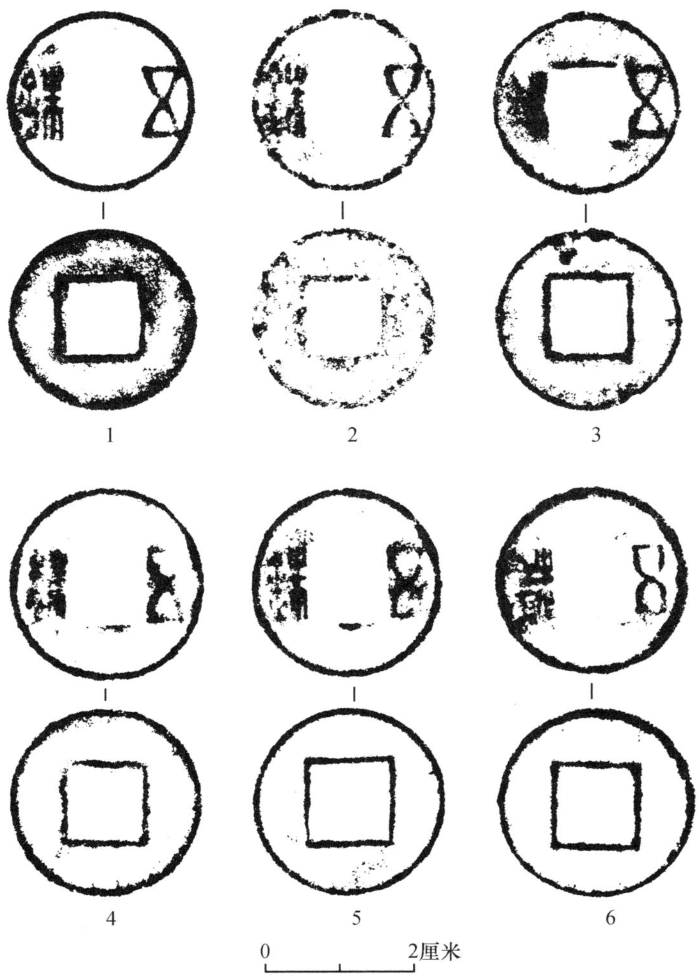

图一一三 M27出土五铢钱

1. M27：4-1 2. M27：4-2 3. M27：4-3 4. M27：4-4 5. M27：4-5 6. M27：4-6

3. 铁器

铁刀　1件。标本M27：3，锈蚀严重，刀身残。极单薄，显然是仅具象征意义的冥器。直背，环首略呈椭圆形。刀身宽1.6厘米，刀背厚0.5厘米，残长13.5厘米（图一一二，4；图版六七，5）。

六、M28

（一）形　　制

主体部分位于T0900内。开口于第1层下，打破生土。开口距地表深0.5米。该墓为一座中间竖穴墓道双室土洞墓，早年曾被盗扰。方向110°。全墓由墓道、墓门、东西墓室、耳室四部分组成。通长8.54米（图一一四；图版六八、图版六九）。

墓道开设于两墓室中间。平面呈长方形，壁面较直，平底。长2.6米，宽0.9~0.98米，深6.46米。南北两壁用青灰色素面小砖错缝平砌16层，底部用青灰色素面小砖横向、纵向平铺。东段的南、北两壁上分别设有脚窝，北壁6个，南壁5个。脚窝略呈圆形。直径10~18厘米，深约10厘米。顶部以灰砖砌券顶，从东到西共用券砖7列，仅在券顶的东部上面覆有重层的券砖1列，顶部均以规格30×15—（5~6）厘米的楔形砖砌合。顶距墓道口深5米。

西墓室位于墓道之西。平面呈长方形，顶略呈弧形，平底。长3.8米，宽0.92~1.1米，高1.2米。底部以青灰色素面小砖横向、纵向平铺。在墓室前端北壁向外挖一土洞耳室，平面略呈长方形，顶呈弧形。宽0.9米，进深0.66米，高0.86米。在耳室外南部发现有两片面积较大的朱砂痕迹。耳室内发现1件陶瓮，并见已朽成粉末状的不明动物残骸两具，另在耳室入口处发现2件陶壶。墓室西部发现一具人骨残骸，已朽成粉末状，尚可看出墓主头骨向西，但其面向、性别、年龄等无从辨识。根据墓室填土内的包含物推测应有木棺。

东墓室位于墓道之东。平面近长方形，顶略呈弧形。长2.14米，宽1.1~1.14米，高1.3米。无铺地砖。在墓室发现有陶罐、陶壶等随葬器物。墓室西侧有一盗洞，盗洞自开口处向下直通墓室。盗洞横剖面近椭圆形，长径1.1米。盗洞壁极粗糙，其内未见人类遗物。

（二）出土器物

该墓共出土随葬器物10件（套），均为陶器，器类有陶罐、陶瓮、陶壶、陶灶。

陶瓮　1件。标本M28：1，泥质灰陶，轮制而成。外卷沿，圆唇，圆肩，椭圆腹，腹径大于器高，平底微内凹。肩部饰一周多方连续菱形纹带。口径37.2厘米，腹径57厘米，底径28.2厘米，通高49.8厘米（图一一五，1；图版七〇，4）。

陶罐　4件。均为泥质灰陶，轮制而成。标本M28：5，侈口，方唇，圆腹，腹径大于器高，平底。口径11.8厘米，腹径23.6厘米，底径13.5厘米，通高19.5厘米（图一一六，2；图版七〇，3）。标本M28：6，器形同M28：5。口径12.8厘米，腹径24.4厘米，底径15.2厘米，通

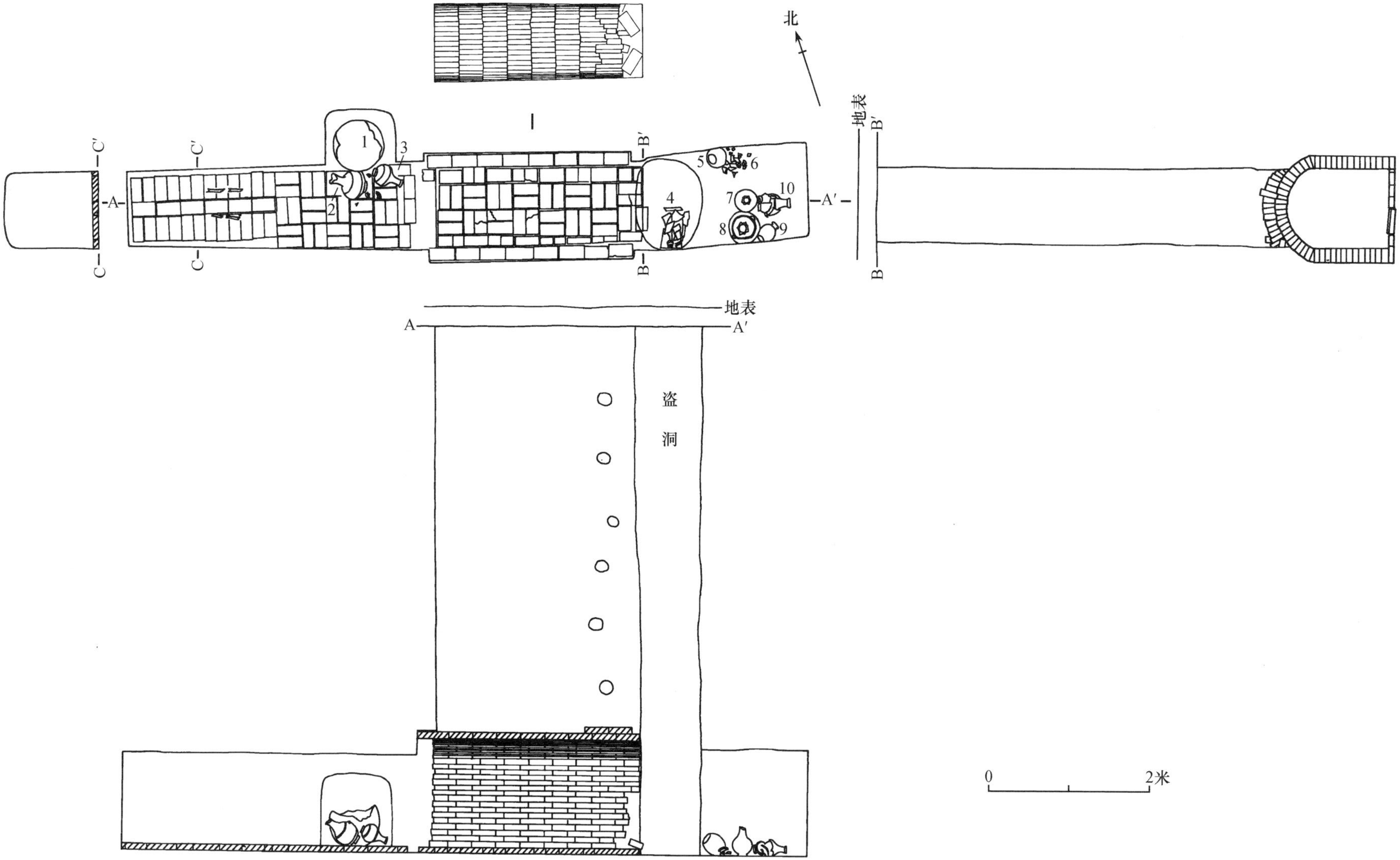

图一一四　M28平、剖面图

1. 陶瓮　2、3、8、10. 陶壶　4. 陶灶　5~7、9. 陶罐

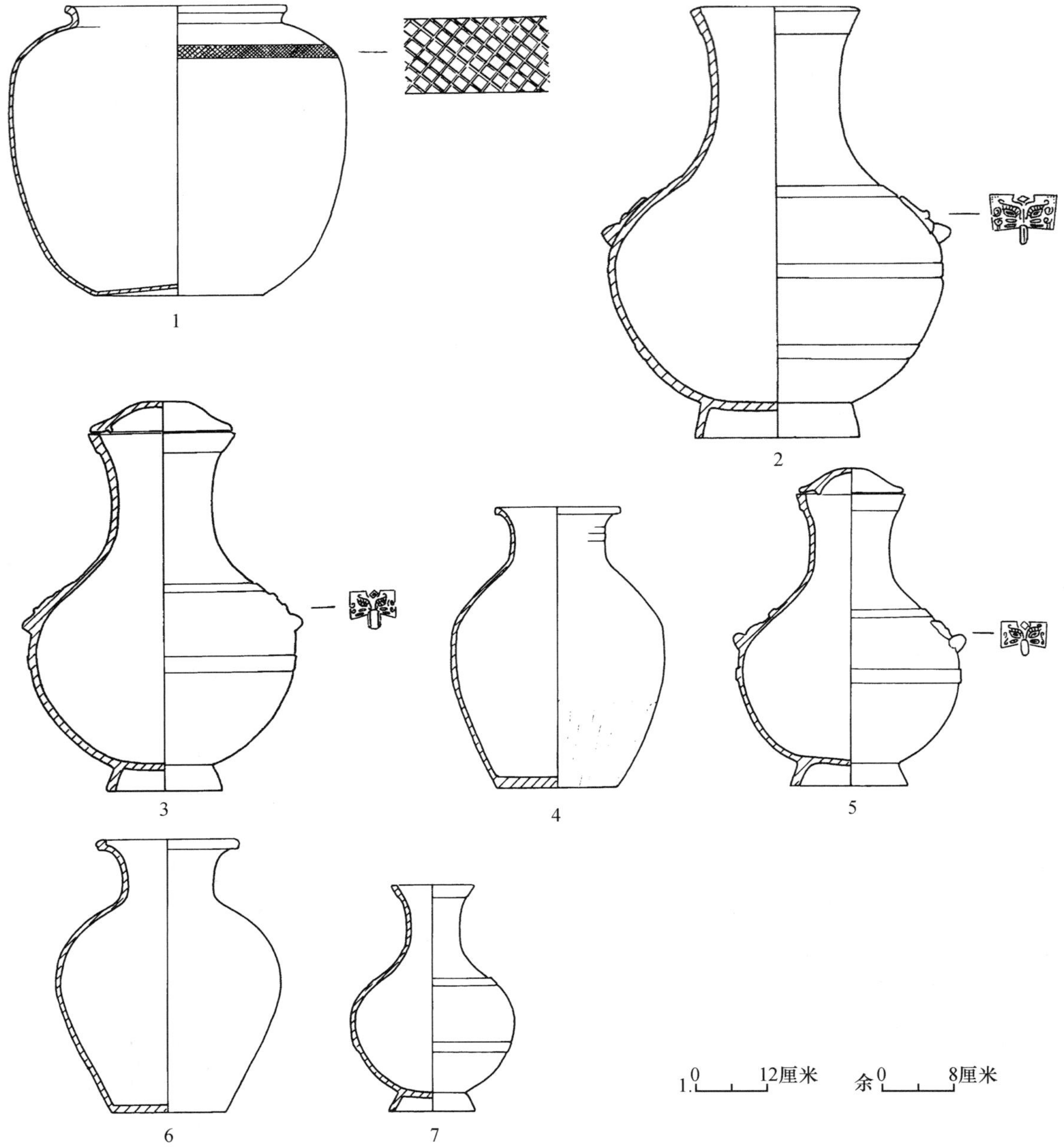

图一一五　M28出土陶器

1. 陶瓮（M28：1）　2、3、5、7. 陶壶（M28：8、M28：2、M28：10、M28：3）　4、6. 陶罐（M28：7、M28：9）

高20.4厘米（图一一六，3）。标本M28：7，形体瘦高，外卷沿，方唇，长颈，上腹鼓圆，平底。上腹饰数周若隐若现的阴线纹，下腹留有因修整器胎而致的莲瓣状痕迹。口径14.8厘米，腹径24厘米，底径12.6厘米，通高32.2厘米（图一一五，4）。标本M28：9，反卷圆口沿，方唇，长颈，圆腹，腹最大径在上腹，平底。口径15.9厘米，腹径26.3厘米，底径12.8厘米，通高31.6厘米（图一一五，6；图版七〇，1）。

陶壶　4件。均为泥质灰陶，器身轮制，铺首模制。标本M28：2，敞口，平沿，方唇，长领，圆腹，圈足斜直。肩部和腹中部各饰一周宽带纹，上腹部饰对称的铺首，铺首高鼻突目，额头饰菱形纹。有盖，模制而成。圆形，隆顶较平。口径15.5厘米，盖径15.5厘米，腹径30厘米，足径13.4厘米，通高44.3厘米（图一一五，3；图版七〇，5）。标本M28：3，器形同M28：2，体形较小，上腹部无铺首。口径9.2厘米，腹径18.4厘米，底径9.4厘米，通高26.1厘米（图一一五，7；图版七〇，6）。标本M28：8，器形同M28：2，口部残。肩、腹部饰三周宽带纹。口径19.5厘米，腹径38厘米，底径18.8厘米，通高48.8厘米（图一一五，2）。标本M28：10，器形及纹饰同M28：2。口径13厘米，盖径11.6厘米，腹径24.3厘米，底径12.8厘米，通高36.4厘米（图一一五，5）。

陶灶　1套。标本M28：4，由灶体、釜、盆、勺组成（图一一六，1；图版七〇，2）。

陶灶体　1件。标本M28：4-1，泥质灰陶，模制，手工拼合而成。平面呈长方形，面微弧凸，四壁较直。灶底平底，其中部有一较大长椭圆形孔。灶面中部有两个圆形灶眼，上置一釜、一盆，另在灶面转角处有一较小的圆形灶眼。尾部正中平置一烟囱，下部为不规则八棱柱形，上部作葫芦形，设三角形出烟口六个。灶面一侧阴线刻划有一鱼。前壁呈凸字形，下部有一

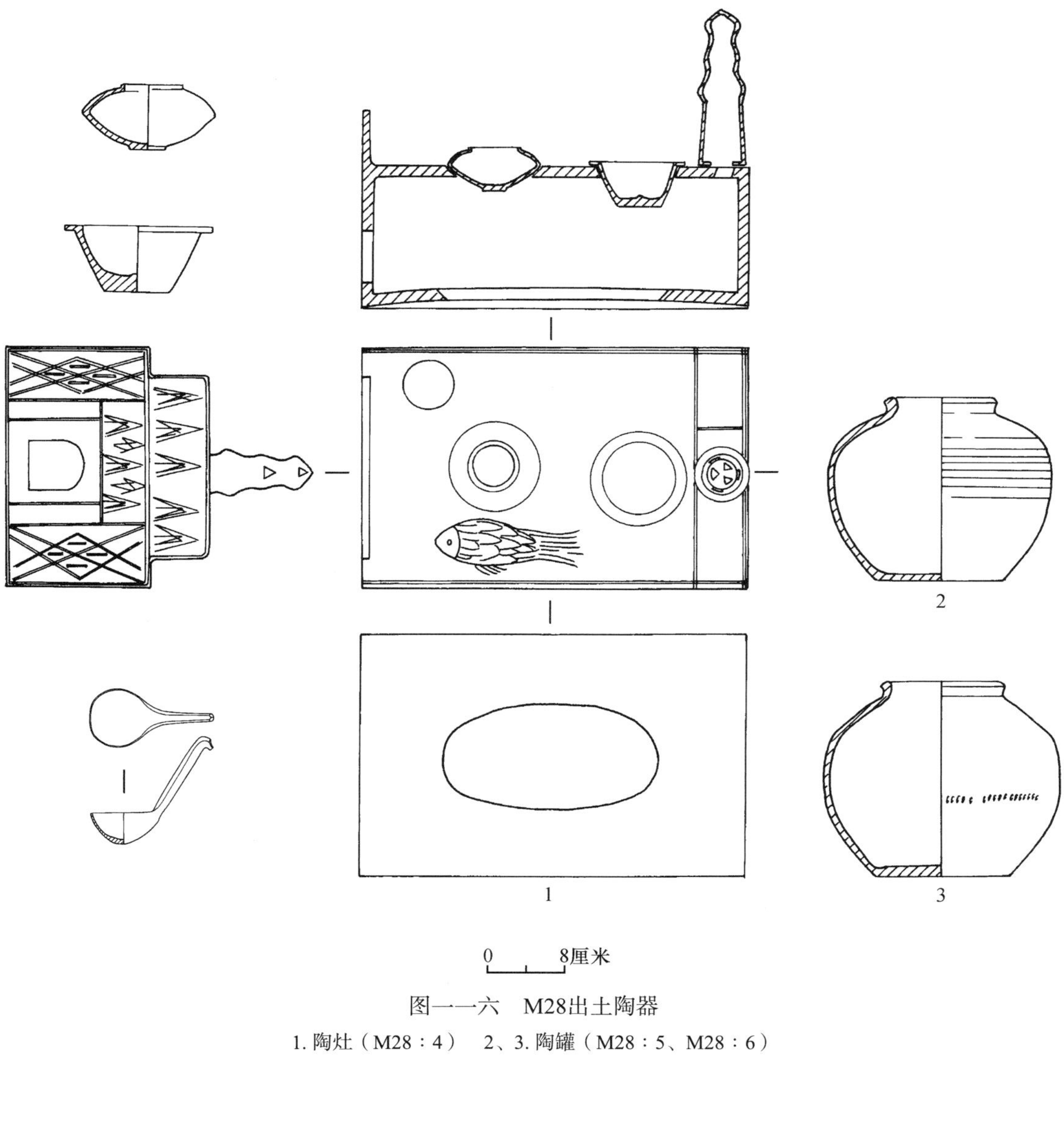

图一一六　M28出土陶器

1. 陶灶（M28：4）　2、3. 陶罐（M28：5、M28：6）

拱形灶门，其上立有挡火墙，表面以三角形纹与菱形纹作装饰。长39.3厘米，宽25.2厘米，通高31厘米。

小陶釜　1件。标本M28：4-2，泥质灰陶，轮制而成。敛口，尖唇，折腹，平底内凹。口径4厘米，腹径9.2厘米，底径2.6厘米，通高4.3厘米。

小陶盆　1件。标本M28：4-3，泥质灰陶，轮制而成。敞口，平沿，方唇，腹部斜收，平底。外底面模印螺旋纹。口径10厘米，底径4.2厘米，通高4.8厘米。

小陶勺　1件。标本M28：4-4，泥质灰陶，轮制而成。上平面呈瓢形，头端作球形，平沿，圜底，柄略直，尾端类鹅头。勺头直径7.4厘米，通长17.8厘米。

七、M29

（一）形　　制

位于T0900西部。开口于第1层下，打破生土。开口距地表深0.26米。该墓为一座中间竖穴墓道双室土洞墓。方向110°。全墓由墓道、墓门、东西墓室、耳室四部分组成。通长10.75米（图一一七；图版七一）。

墓道开设于两墓室中间。平面呈长方形，直壁，平底。长2.7米，宽0.98~1.1米，深6.25米。南北两壁用青灰色素面小砖错缝平砌16层，底部用青灰色素面砖两横夹一纵平铺。砖规格为52×12—6厘米。在距离墓道东端0.7米的南、北两壁上各设有纵向排列的脚窝5个。脚窝纵剖面均近圆形。直径10~18厘米，深10~12厘米。

西墓室位于墓道之西。平面近长方形，顶略呈弧形，平底。长3.95米，宽1.25米，高1.6米。底部以空心砖铺地，西部的铺地砖皆被盗扰者掀起砸碎，空心砖上饰有菱形纹。砖规格为（116~118）×（34~36）—14厘米。在墓室前端南侧向外挖一土洞耳室，平面呈半椭圆形。宽0.7米，进深0.7米，高0.3米。西墓室以空心画像砖封门，原应为两块，现仅存一块，在墓内发现数块残片。画像砖出土时位于西墓室东侧、紧贴着墓道南壁的西端，现所立处并非其原始位置，应是盗掘者挪动的结果。保存基本完好，稍有残损。形制为铺首衔环之门扉状。宽39厘米，高98厘米，厚15厘米。边缘模印连续的菱形图案，用朱砂涂敷。主题纹饰为铺首衔环及墓主人升仙图。铺首类虎，边线涂抹浓重的朱砂。门环涂藕荷色。铺首衔环之上饰以祥云，以象征仙界。铺首衔环之下绘一座建筑，建筑左右立柱，柱头饰以斗拱，斗拱涂以红彩。柱两侧各有一侍者，其中一人似携佩剑。两扇朱红门扉微启，一人道骨仙风，在门缝处作欲入而不入状。人物五官以红、黑二色生动刻画。整幅画像以朱砂的红色为主体色彩，从而令作品凸显出雍容华贵的意境来。作品以色调浓淡的差异清晰地刻画了人物及事物的层次。此砖无疑是中国美术史学及中国建筑史学领域的珍品（图版七二）。

东墓室位于墓道之东。平面近长方形，顶呈弧形，平底。长4.1米，宽1.2~1.4米，高1.5米。无铺地砖。在墓室前端北侧向外挖一土洞耳室，平面略呈长方形。宽1.6米，进深1米，高1.5米。在耳室内发现有陶罐、陶壶等随葬品。墓室西侧发现有一盗洞，盗洞自开口处向下直通墓室。另在墓室东部见已朽成粉末状的不明动物残骸一具。

未见人骨及葬具痕迹。

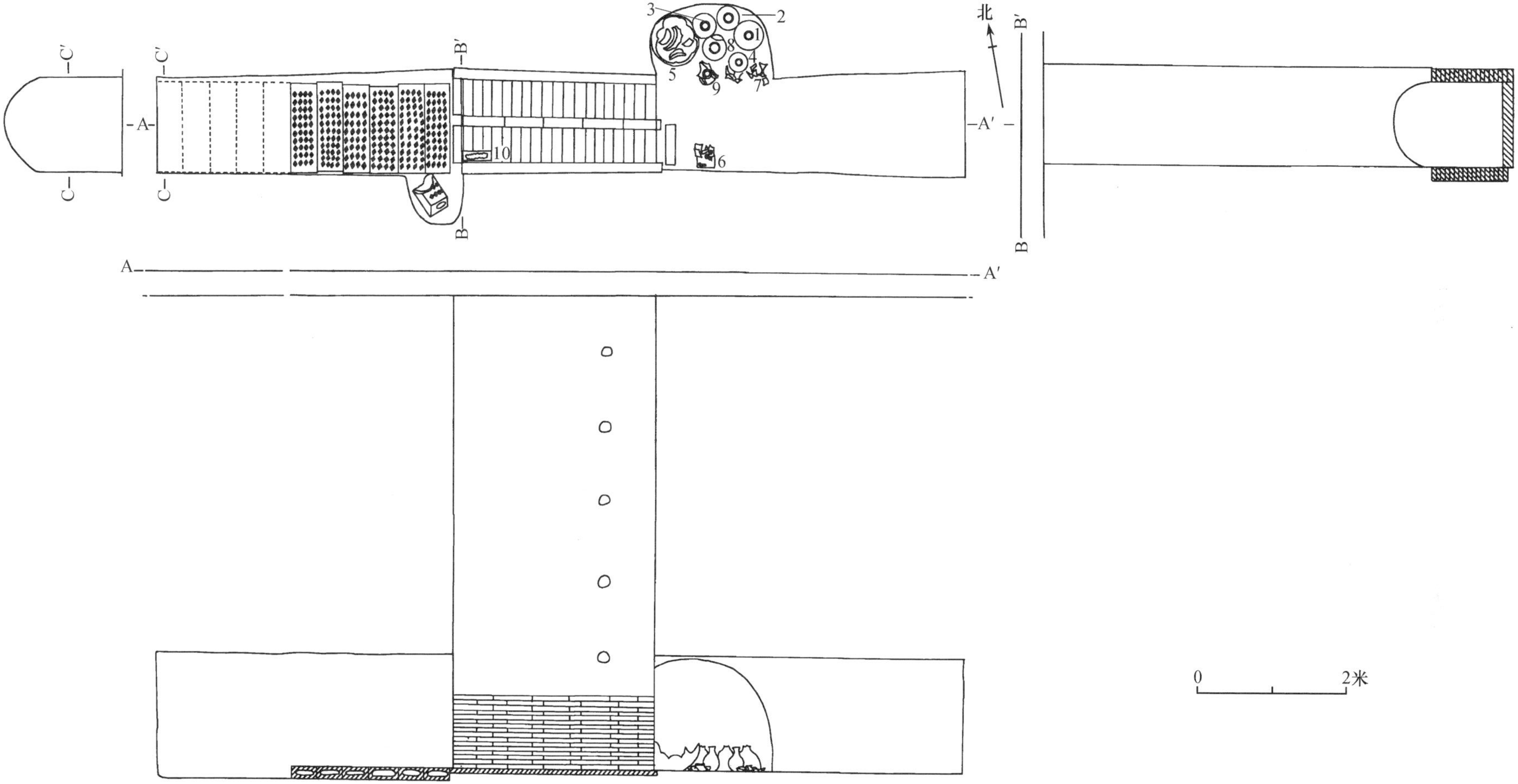

图一一七　M29平、剖面图

1~4、7~9. 陶罐　5. 陶瓮　6. 陶灶　10. 画像砖

（二）出土器物

该墓共出土随葬器物9件（套），均为陶器。器类有陶罐、陶瓮、陶灶。

陶罐　7件。均为泥质灰陶，轮制而成。标本M29：1，侈口，平折沿，方唇，短颈，溜肩，腹与底成覆碗状，平底。腹部阴刻几周若隐若现的短斜线纹。口径14.6厘米，腹径32.9厘米，底径28.9厘米，通高32.4厘米（图一一八，1；图版七三，1）。标本M29：2，器形同M29：1。口径14.9厘米，腹径36.4厘米，底径34.9厘米，通高31.6厘米（图一一八，2）。标本M29：3，器形同M29：2。口径14.8厘米，腹径31.6厘米，底径28.4厘米，通高30厘米（图

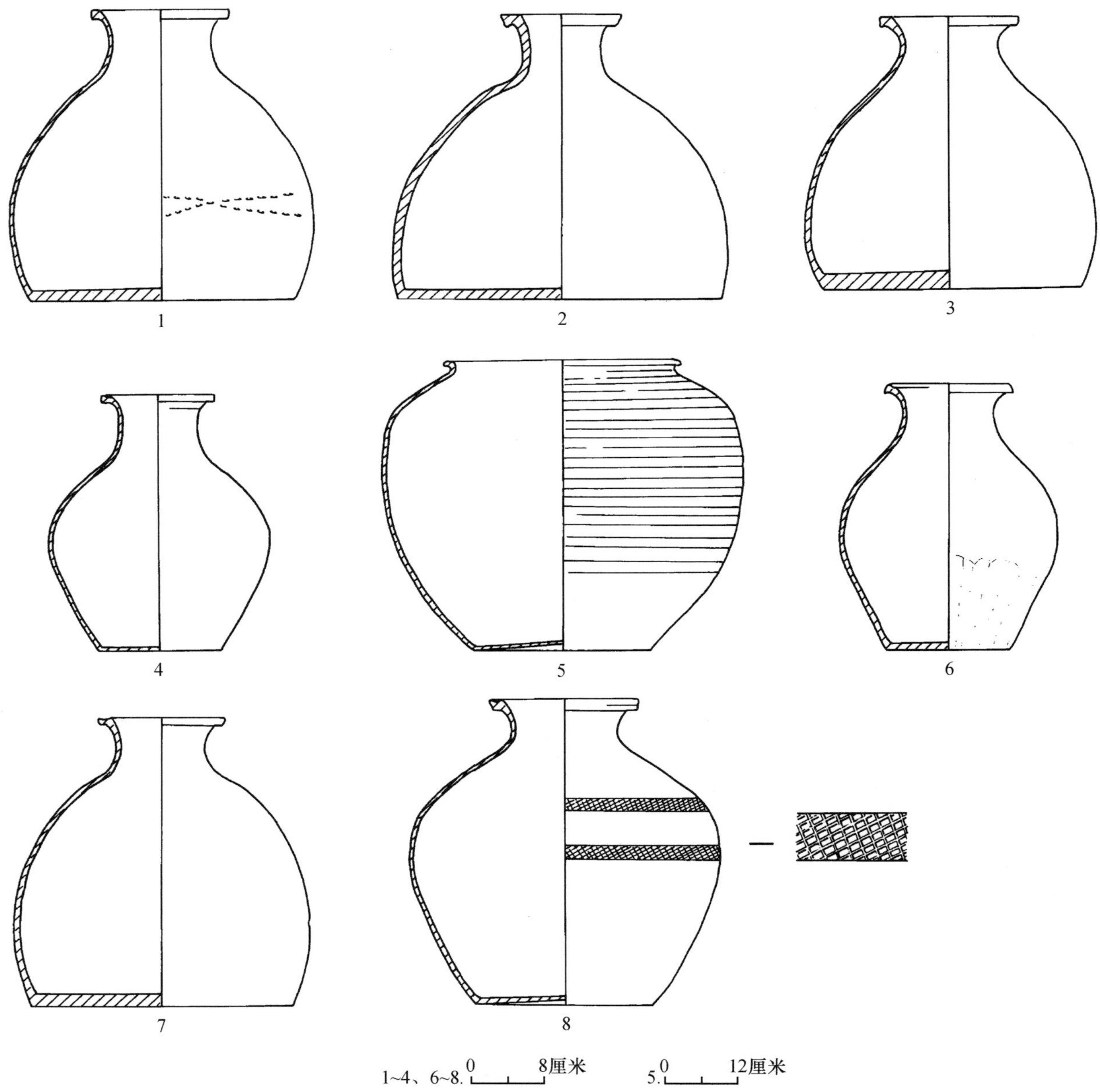

图一一八　M29出土陶器

1~4、6~8. 陶罐（M29：1、M29：2、M29：3、M29：7、M29：4、M29：8、M29：9）　5. 陶瓮（M29：5）

一一八，3；图版七三，2）。标本M29：4，反卷圆口沿，方唇，上腹鼓圆，下腹斜收，腹最大径在上部，平底。下腹有修整器胎而致的痕迹。口径13厘米，腹径23.7厘米，底径13.3厘米，通高29.7厘米（图一一八，6；图版七三，3）。标本M29：7，器形同M29：4。口径12.3厘米，腹径24厘米，底径13.3厘米，通高29.2厘米（图一一八，4）。标本M29：8，器形同M29：1。口径14.4厘米，腹径32.4厘米，底径29厘米，通高32厘米（图一一八，7）。标本M29：9，反卷圆口沿，方唇，细短颈，腹部丰肥，腹最大径在上部，平底微内凹。肩、腹相接处饰两周各宽约1.5厘米的多方连续菱形纹带。口径15.8厘米，腹径34厘米，底径19.2厘米，通高33.6厘米（图一一八，8；图版七三，4）。

陶瓮　1件。标本M29：5，泥质灰陶，轮制而成。外卷圆口沿，尖唇，圆肩，上腹鼓圆，下腹弧直，腹径大于器高，平底微内凹。器表大部分阴刻数周细弦纹。口径39厘米，腹径59厘米，底径28.8厘米，通高49厘米（图一一八，5；图版七三，5）。

陶灶　1套。标本M29：6，由灶体、釜、盆、甑、勺组成（图一一九；图版七三，6）。

陶灶体　1件。标本M29：6-1，泥质灰陶，模制，手工拼合而成。平面呈长方形，两长壁略弧。灶面中部有两个圆形灶眼，呈一字形排列，分别置一釜。尾部正中置一烟囱，底平面作四边形，上覆以盝形顶，四个坡面上皆以刃具刻划出瓦垄形象，四壁上部设三角形出烟口和圆形出烟口各2个，盝形顶的顶端亦设圆形出烟口1个。前壁近长方形，下部正中有一长方形灶门，其上立有挡火墙。长32.4厘米，宽23.2厘米，通高21.6厘米。

小陶釜　2件。均为泥质灰陶，轮制。器形近同。标本M29：6-2，平沿，方唇，鼓腹，平底。口径5.9厘米，腹径9厘米，底径5.4厘米，通高6厘米。标本M29：6-3，口径5.6厘米，腹径9厘米，底径5.4厘米，通高6.5厘米。

小陶盆　2件。均为泥质灰陶，轮制。器形近同，只是一件底小，一件底大。标本M29：6-5，

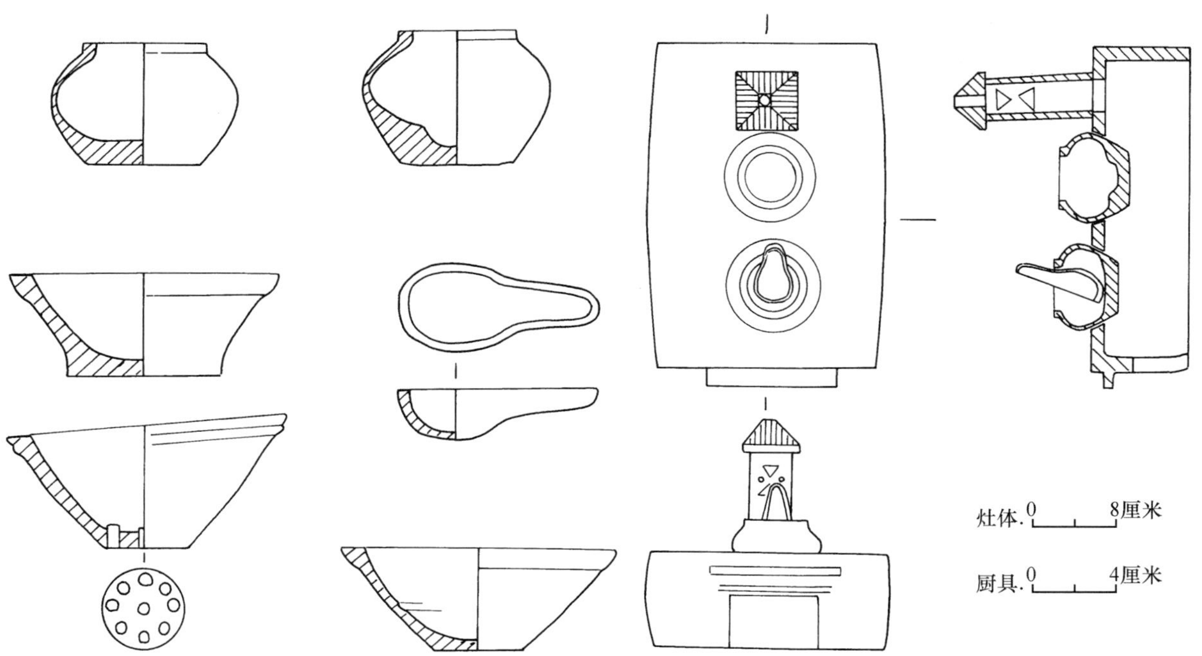

图一一九　M29出土陶灶及附属厨具
（M29：6）

敞口，平沿，方唇，斜腹，平底。外底面模印螺旋纹。口径12.8厘米，底径7.7厘米，通高4.9厘米。标本M29：6-6，口径13.4厘米，底径4.6厘米，通高5.2厘米。

小陶甑　1件。标本M29：6-6，泥质灰陶，轮制。敞口，平沿，方唇，斜腹，平底，底部有九个圆形篦孔。口径13.7厘米，底径4.5厘米，通高6.1厘米。

小陶勺　1件。标本M29：6-4，泥质灰陶，轮制。上平面呈瓢形，平沿，圜底，柄略直。勺柄与勺斗均内空，一端较细尖，另一端较圆弧。通长9.4厘米。

八、M30

（一）形　　制

位于T0900中部。开口于第1层下，打破生土。开口距地表深0.27米。该墓为一座中间竖穴墓道双室土洞墓。方向110°。全墓由墓道、墓门、东西墓室、耳室四部分组成。通长8.9米（图一二〇；图版七四）。

墓道开设于两墓室中间。平面呈长方形，直壁，平底。长2.4米，宽0.98米，深5.75米。南北两壁用青灰色素面小砖错缝平砌14层，底部用青灰色素面砖平铺两列。砖规格为50×14—6厘米。在距墓道东端0.7米的南、北两壁上各设有纵向排列的脚窝8个。

西墓室位于墓道之西。平面近长方形，顶略弧。长3.8米，宽0.98米，高1米。南、北、西三壁下部以灰砖砌出立墙，砖规格与墓道所用者相同。墓室西部发现有木棺灰痕与一具人骨架，人骨朽蚀严重，但尚可辨出头东脚西，仰身直肢葬。西墓室发现有陶罐、铜洗、铜镜等随葬器物。

东墓室位于墓道之东。平面近长方形，顶略呈弧形，底由东向西倾斜。长2.7米，宽0.75~1.12米，高0.95米。无铺地砖。在墓室前端南侧向外挖一土洞耳室，平面略呈长方形，顶呈弧形。宽0.6米，进深0.3米，高0.4米。墓室东部发现一具已朽成粉末状的不明动物残骸。

（二）出土器物

该墓共出土随葬器物11件，可分为陶器、铜器两类。

1. 陶器

陶器共8件。器类有陶瓮、陶罐。

陶瓮　1件。标本M30：1，泥质灰陶，轮制而成。侈口，圆唇，圆肩，上腹鼓圆，下腹弧直，腹径大于器高，平底微内凹。上腹部饰两周各宽约2.5厘米的多方连续菱形纹带。口径36厘米，腹径58.6厘米，底径27.6厘米，通高46.2厘米（图一二一，1；图版七五，4）。

陶罐　7件。均为泥质灰陶，轮制而成。标本M30：2，侈口，平折沿，方唇，短颈，溜肩，腹与底成覆碗状，平底微内凹。腹部有四周若隐若现的短斜线纹。口径14.5厘米，腹径

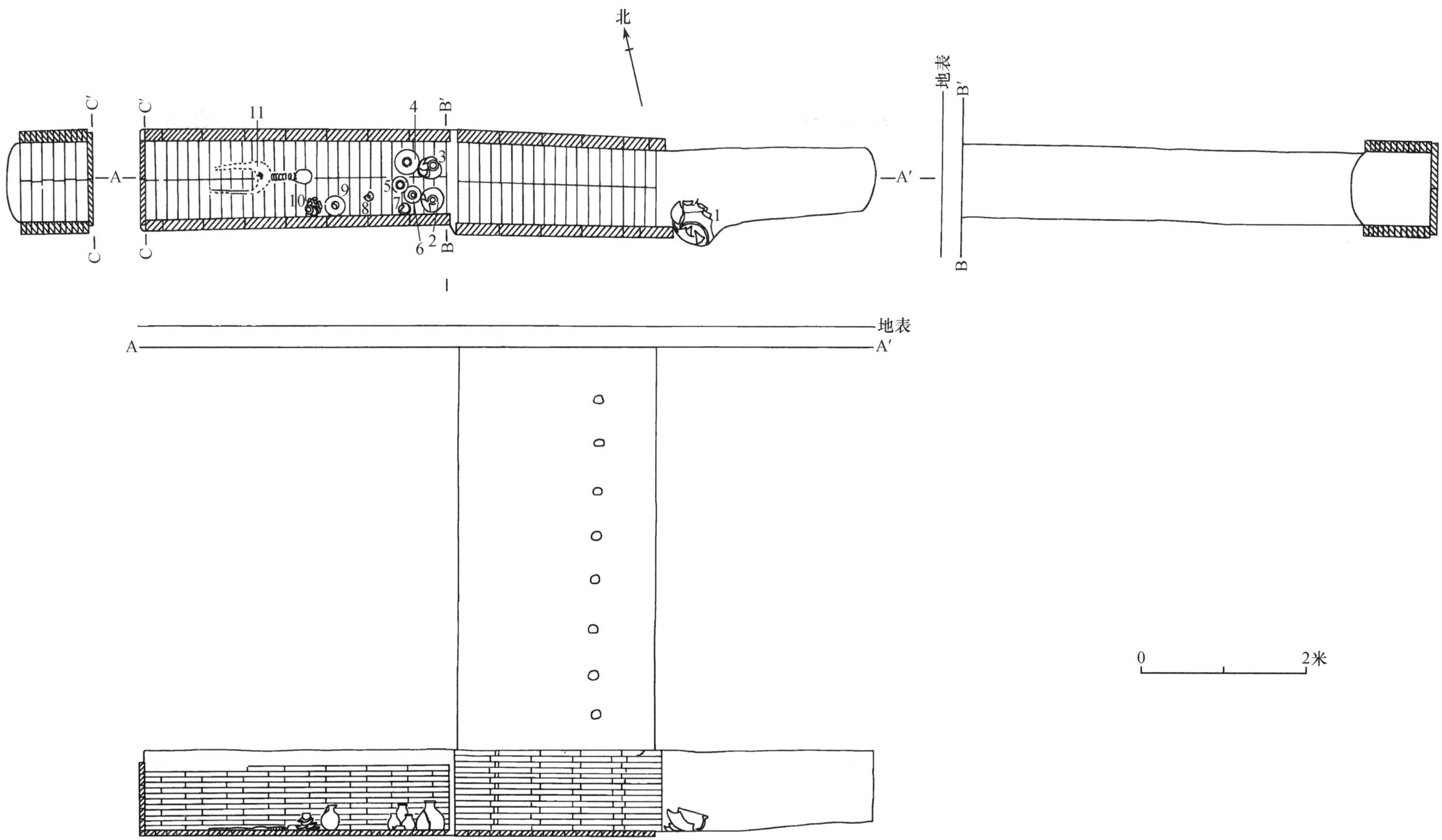

图一二〇　M30平、剖面图

1. 陶瓮　2~6、9、10. 陶罐　7. 铜洗　8. 铜镜　11. 五铢钱

图一二一　M30出土器物

1. 陶瓮（M30：1）　2~7、9. 陶罐（M30：9、M30：10、M30：2、M30：3、M30：4、M30：5、M30：6）　8. 铜镜（M30：8）

32厘米，底径27.7厘米，通高30.4厘米（图一二一，4）。标本M30：3，器形同M30：2。腹部有四周若隐若现的不规则短斜线纹。口径14.2厘米，腹径32厘米，底径27.9厘米，通高30.4厘米（图一二一，5；图版七五，1）。标本M30：4，口外卷而斜敞，圆唇，粗颈，椭圆形腹，平底。下腹有修整器胎而致的痕迹。口径11.4厘米，腹径18.7厘米，底径11.8厘米，通高22厘米（图一二一，6）。标本M30：5，器形同M30：4。腹部留有数周明显的轮制圈痕。口径11.7厘米，腹径18.4厘米，底径10.4厘米，通高22厘米（图一二一，7；图版七五，2）。标本M30：6，反卷圆口沿，方唇，上腹鼓圆，下腹斜收，腹最大径在上部，平底。下腹有修整器胎而致的痕迹。口径13.2厘米，腹径23.4厘米，底径12.8厘米，通高30厘米（图一二一，9）。标本M30：9，反卷圆口沿，方唇，中腹鼓圆，平底。下腹有修整器胎而致的痕迹。口径13.8厘米，腹径24厘米，底径13.4厘米，通高32.4厘米（图一二一，2；图版七五，3）。标本M30：10，器形同M30：9，口较大。口径14.7厘米，腹径23.5厘米，底径13.1厘米，通高29.2厘米（图一二一，3）。

2. 铜器

铜镜　1面。标本M30：8，残，仅存原镜面的四分之三，锈蚀严重。圆形，莲瓣形纽，圆纽座，座内等距分布四个凸起的半月纹。其外饰两周短斜线纹，短斜线纹之间散布有乳钉纹，其中有的为并列乳钉，再向外饰十六个浅浮雕内向连弧纹。直径11厘米，缘厚0.4厘米（图一二一，8；图版七五，5）。

铜洗　1件。标本M30：7，仅存残片。敛口，平沿，弧腹，平底。

铜钱　18枚。标本M30：11，均为五铢。锈蚀严重，锈蚀黏结为一体，经技术处理后，仅可看清3枚的钱文。“五”字交笔缓曲；“铢”字的“金”字头作不规则三角形，其三边弧曲，“朱”字横笔上方折、下圆折。标本M30：11-1，正面穿上有一横郭。钱径2.48厘米（图一二二，1）。标本M30：11-2，钱径2.48厘米（图一二二，2）。标本M30：11-3，正面穿下半月。钱径2.51厘米（图一二二，3）。

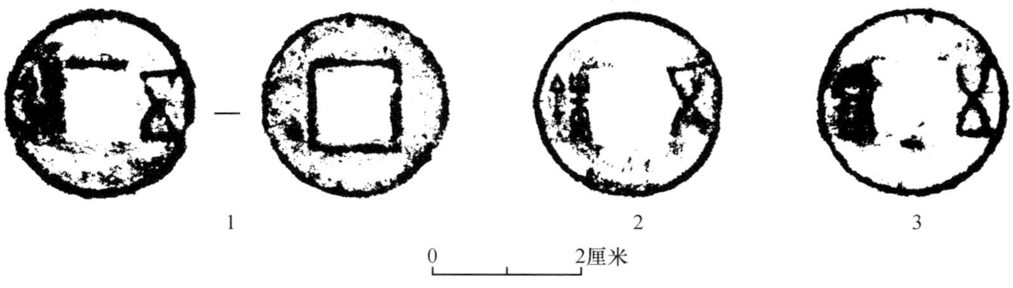

图一二二　M30出土五铢钱

1. M30：11-1　2. M30：11-2　3. M30：11-3

九、M31

（一）形　制

位于T0900东北角。开口于第1层下，打破G6和生土。开口距地表深0.25米。该墓为一座坐南朝北的竖穴墓道单室土洞墓。方向210°。全墓由墓道、墓门、墓室、壁龛四部分组成。通长6.54米（图一二三；图版五四，2）。

墓道位于墓室之北。平面呈长方形，四壁上下近直。长2.84米，宽1.08米，深3.4~4米。在距墓道北端约0.5米的东、西两壁设有纵向排列的脚窝数个。脚窝略呈圆形。直径10~15厘米，深约10厘米。

墓门位于墓道之南。土洞弧顶。宽1.08米，高1.3米。以堆置的石块封堵。

墓室位于墓门之南。平面略呈梯形，北部比南部宽，顶略弧。长3.7米，宽0.96~1.68米，高1.3米。墓室北端的东、西两壁各向外挖一壁龛，用以放置随葬器物，两壁龛东西对称。平面均呈长方形，直壁，顶略弧。东壁龛宽1.4米，进深0.2米，高1.1米；西壁龛宽1.4米，进深0.2米，高1.1米。墓室南部发现有棺灰痕迹，棺灰平面呈梯形。长2.2米，宽0.75~0.8米。棺灰内发现一具人骨架，朽蚀较严重，可辨出头北脚南，仰身直肢葬，面向、年龄、性别不详。棺灰中放置有1件铁刀和30枚铜钱。

（二）出土器物

该墓共出土随葬器物9件，器类可分为陶器、铜器、铁器三类。

1. 陶器

陶器共发现7件，器类有陶罐、陶仓、陶器盖。其中陶器盖应为陶仓之盖，由于出土前皆已严重位移，不能确定哪件盖是哪件仓体上的，故出土时将它们单独编号。

陶罐　1件。标本M31：1，泥质灰陶，轮制而成。残，口部因烧制变形而呈椭圆形，直口，方唇，圆肩，扁圆腹，腹径大于器高，平底内凹。上腹部饰两周凹弦纹。口径20.7~22.1厘米，腹径39.6厘米，底径22.2厘米，通高30.6厘米（图一二四，1；图版七六，3）。

陶仓　3件。均为泥质灰陶，器身轮制，三足模制。器形及纹饰近似。标本M31：5，敛口，唇方平，无颈，宽肩，圆腹，腹最大径在上部，平底内凹。底部外侧附三个等距兽形足。上腹部饰三组以短斜线纹作装饰的凸弦纹，一组两周。口径11.4厘米，腹径26厘米，底径17.1厘米，通高23.6厘米（图一二四，4）。标本M31：6，口径11.2厘米，腹径26厘米，底径16.8厘米，通高23.8厘米（图一二四，5；图版七六，1）。标本M31：7，口径11.7厘米，腹径26厘米，底径16.5厘米，通高23.2厘米（图一二四，6）。

陶器盖　3件。均为泥质灰陶，模制而成。形制和纹饰大致相同。标本M31：2，隆顶。顶

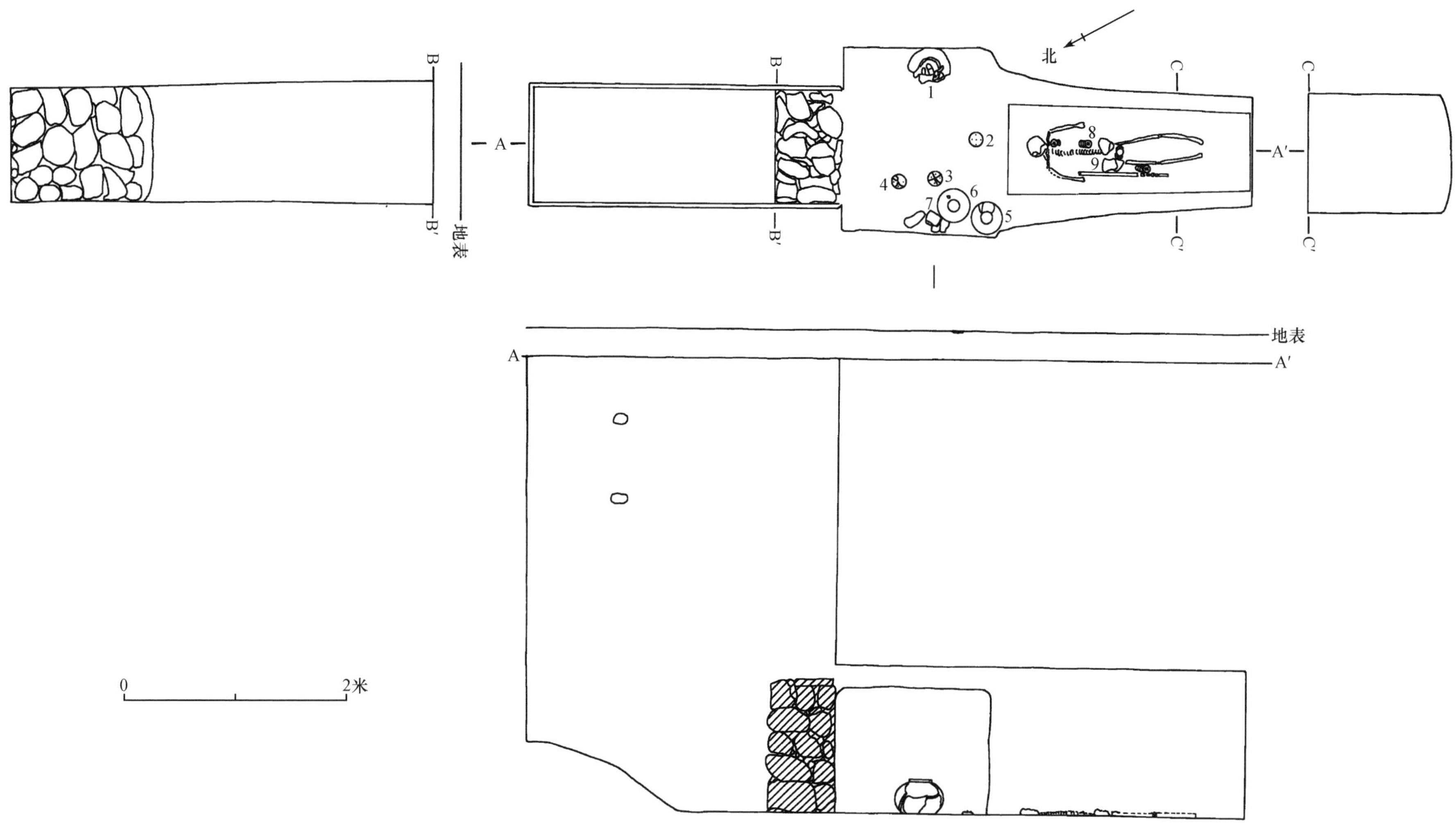

图一二三　M31平、剖面图

1. 陶罐　2~4. 陶器盖　5~7. 陶仓　8. 五铢钱　9. 铁刀

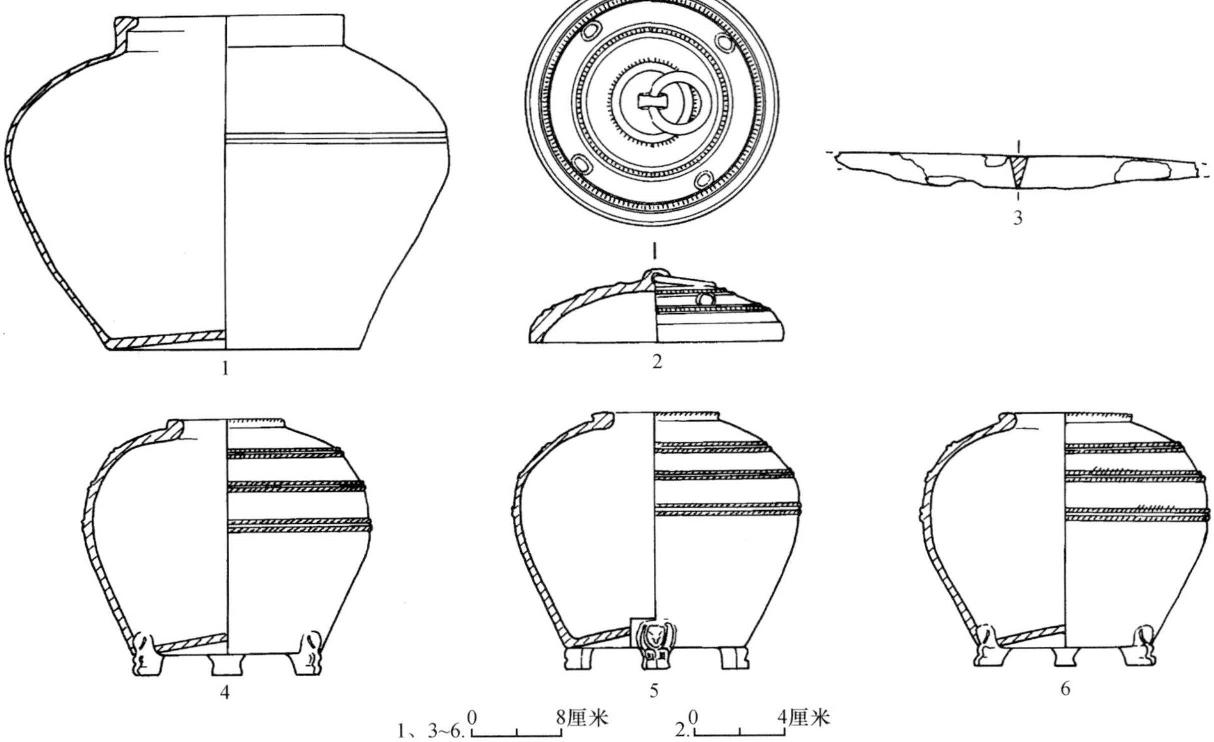

图一二四　M31出土器物

1. 陶瓮（M31：1）　2. 陶器盖（M31：2）　3. 铁刀（M31：9）　4~6. 陶仓（M31：5、M31：6、M31：7）

正中为一带圆环的桥形纽，其外分布有五周凸弦纹和三周平行短斜线纹，第三周与第四周凸弦纹间等距分布四个乳钉。背面很粗糙，无纹饰。直径11.4厘米（图一二四，2；图版七六，2）。

2. 铜器

铜钱　30枚。标本M31：8，均为五铢。其中2枚锈蚀严重（图版七六，5）。标本M31：8-1，字稍宽。“五”字两交笔微弧曲，与上、下两横非垂直状相交。轮窄。钱径2.43厘米（图一二五，1）。标本M31：8-2，钱文风格同上。正面穿下半月。钱径2.48厘米（图一二五，2）。标本M31：8-3，钱文风格同上。钱径2.49厘米（图一二五，3）。标本M31：8-4，钱文风格同上。钱径2.49厘米（图一二五，4）。标本M31：8-5，钱文风格同上。钱径2.49厘米（图一二五，5）。标本M31：8-6，钱文风格同上。正面穿上有一横郭。钱径2.51厘米（图一二五，6）。标本M31：8-7，钱文风格同上。钱径2.59厘米（图一二五，7）。标本M31：8-8，钱文风格同上。钱径大，穿窄。钱径2.6厘米（图一二五，8）。标本M31：8-9，字体修长。“五”字中间两交笔处呈一短竖，“铢”之“金”字头向内侧倾斜。钱径2.49厘米（图一二五，9）。标本M31：8-10，钱文风格同上。正面穿上有一横郭。钱径2.51厘米（图一二五，10）。标本M31：8-11，“五”字两交笔弧曲甚，与上、下两横相交处呈垂直状。轮宽。钱径2.48厘米（图一二五，11）。标本M31：8-12，钱文风格同上。正面穿上有一横郭。钱径2.49厘米（图一二五，12）。标本M31：8-13，钱文风格同上。钱径2.49厘米（图一二六，

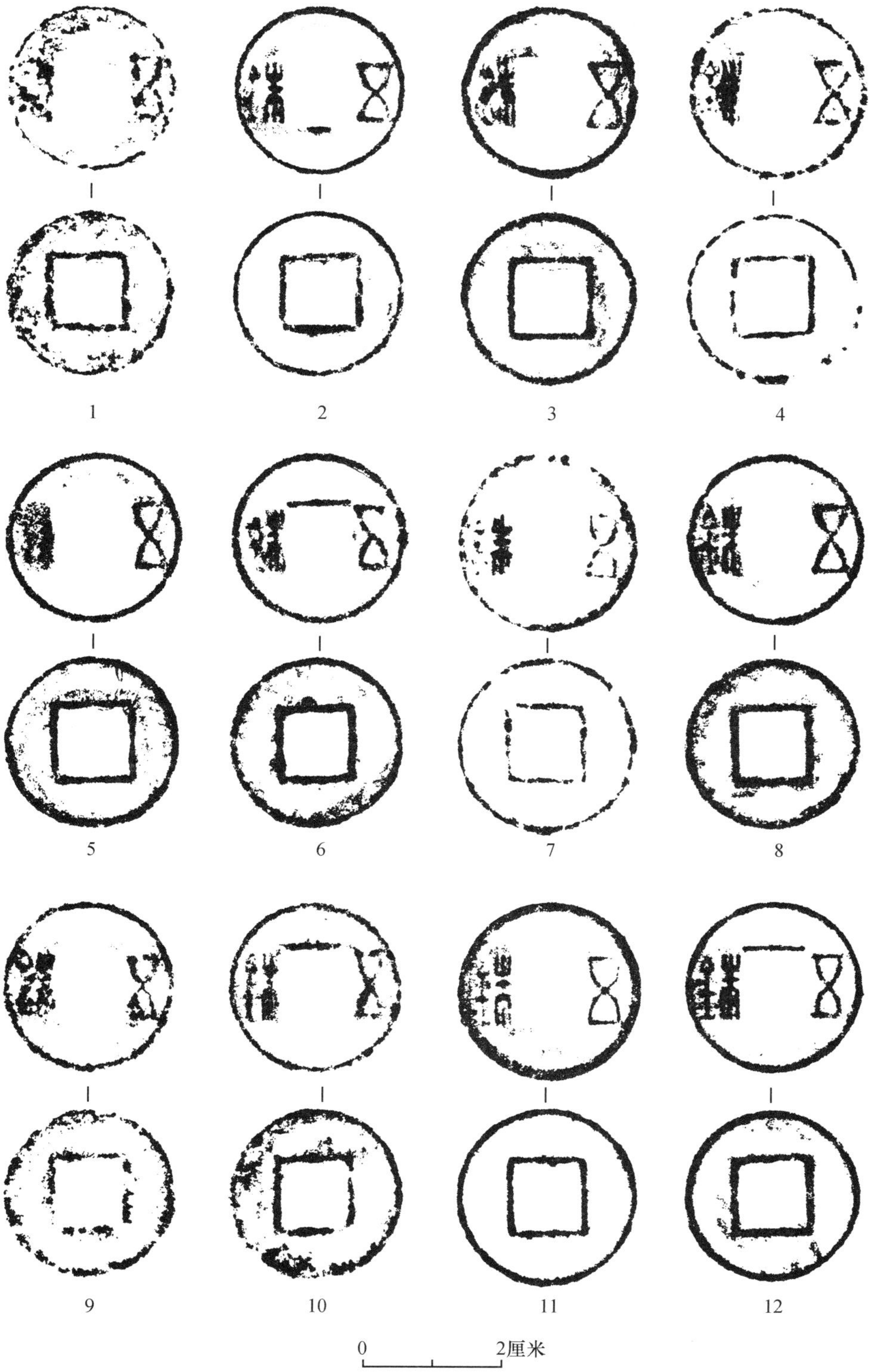

图一二五 M31出土五铢钱

1. M31：8-1 2. M31：8-2 3. M31：8-3 4. M31：8-4 5. M31：8-5 6. M31：8-6 7. M31：8-7 8. M31：8-8 9. M31：8-9 10. M31：8-10 11. M31：8-11 12. M31：8-12

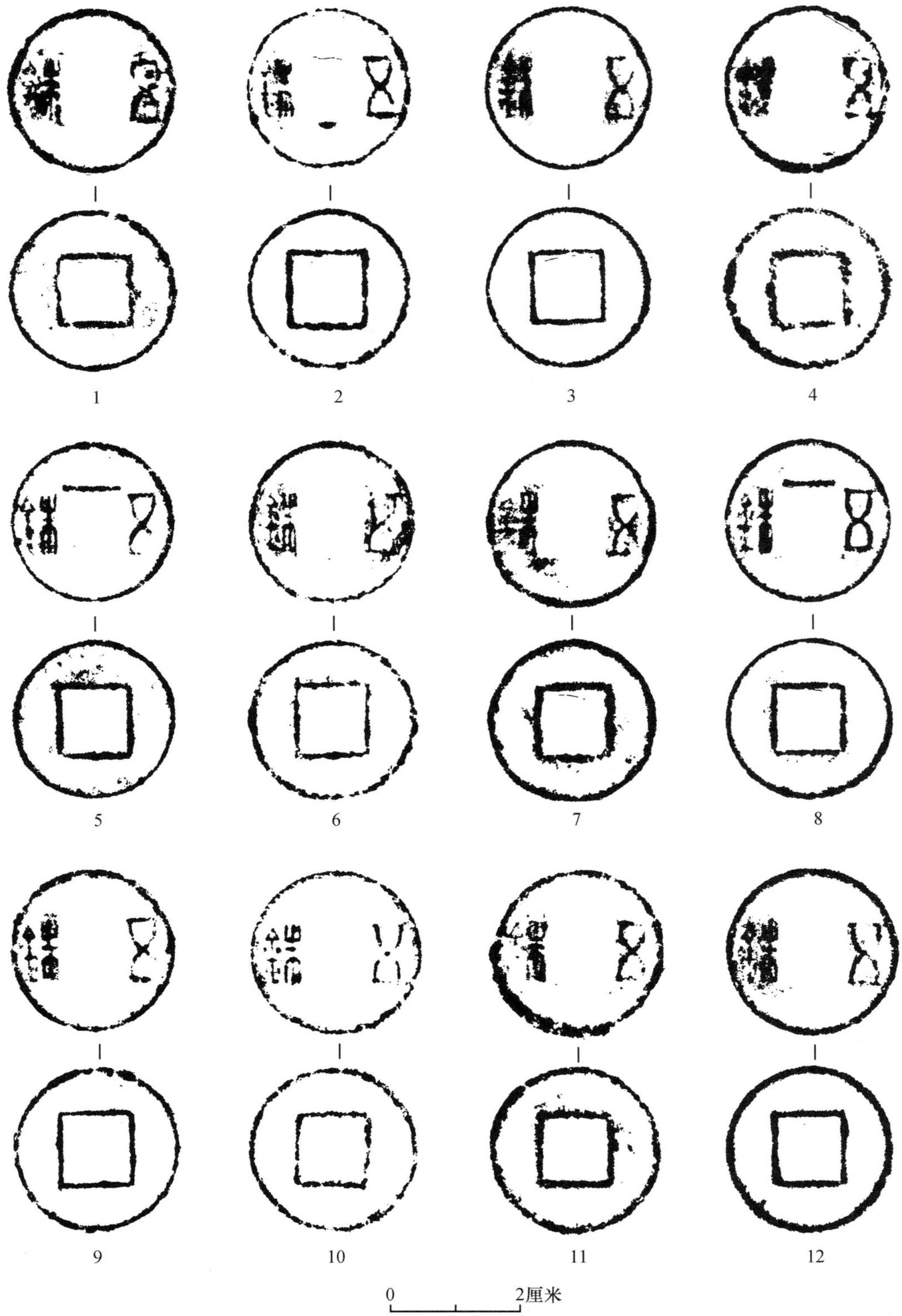

图一二六　M31出土五铢钱

1. M31：8-13　2. M31：8-14　3. M31：8-15　4. M31：8-16　5. M31：8-17　6. M31：8-18　7. M31：8-19　8. M31：8-20　9. M31：8-21　10. M31：8-22　11. M31：8-23　12. M31：8-24

1）。标本M31：8-14，钱文风格同上。正面穿下半月。钱径2.5厘米（图一二六，2）。标本M31：8-15，钱文风格同上。钱径2.5厘米（图一二六，3）。标本M31：8-16，钱文风格同上。锈蚀严重。钱径2.5厘米（图一二六，4）。标本M31：8-17。钱文风格同上。正面穿上有一横郭。钱径2.5厘米（图一二六，5）。标本M31：8-18，钱文风格同上。钱径2.55厘米（图一二六，6）。标本M31：8-19，钱文风格同上。钱径2.56厘米（图一二六，7）。标本M31：8-20，钱文风格同上。正面穿上有一横郭。钱径2.57厘米（图一二六，8）。标本M31：8-21，钱文风格同上。钱径2.58厘米（图一二六，9）。标本M31：8-22，钱文风格同上。钱径2.58厘米（图一二六，10）。标本M31：8-23，钱文风格同上。锈蚀严重。钱径2.59厘米（图一二六，11）。标本M31：8-24，钱文风格同上。穿窄。钱径2.59厘米（图一二六，12）。标本M31：8-25，钱文风格同上。钱径2.6厘米（图一二七，1）。标本M31：8-26，钱文风格同上。字浅。钱径2.6厘米（图一二七，2）。标本M31：8-27，钱文风格同上。穿窄。钱径2.63厘米（图一二七，3）。标本M31：8-28，钱文风格同上。钱径大。钱径2.67厘米（图一二七，4）。

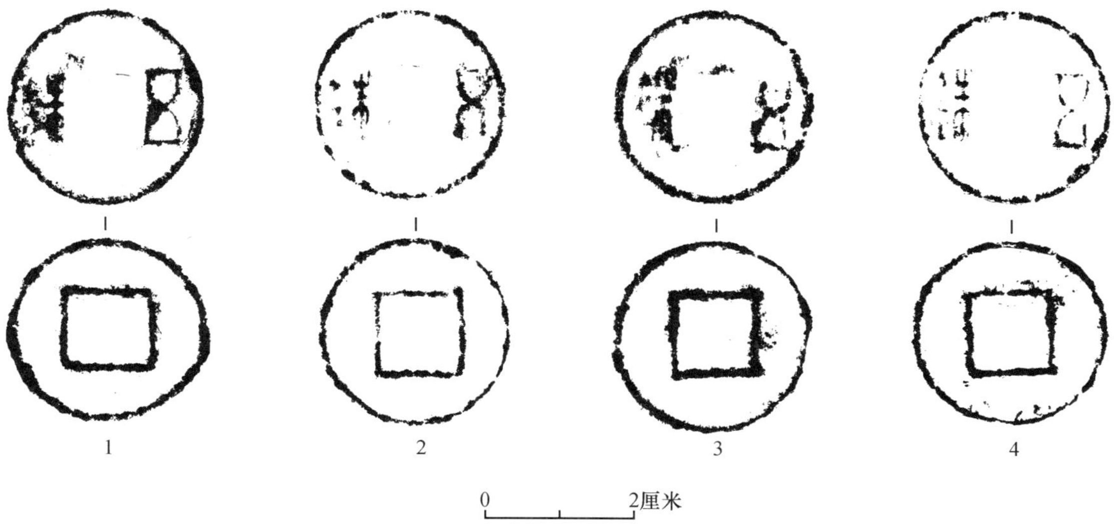

图一二七　M31出土五铢钱

1. M31：8-25　2. M31：8-26　3. M31：8-27　4. M31：8-28

3. 铁器

铁刀　1件。标本M31：9，锈蚀严重，已断为数截。直背。残长32.4厘米（图一二三，3；图版七六，4）。

第三节　墓坑、灰沟和灰坑

一、墓　　坑

尚未完工即予废止的墓坑3座，编号为MK1~MK3。推测其当初挖掘的目的都是要作为墓葬使用的，但由于某种不明原因尚未完工就被中途放弃了。形制近同，皆为平面呈长方形的竖穴土坑，均无遗物及人骨出土。

（一）MK1

位于T0700西部。开口于第1层下，打破G4和生土。开口距地表深0.26米。西北—东南走向。方向110° 。平面呈长方形，直壁，直角，平底。长2米，宽0.8米，深2米。无遗物及人骨出土。

（二）MK2

位于T0702东南角。开口于第1层下，打破G4和生土。开口距地表深0.25米。西北—东南走向。方向120° 。平面呈长方形，直壁，平底。长2米，宽0.8米，深1.5米。无遗物及人骨出土。

（三）MK3

位于T0802南部。开口于G4下，打破生土。开口距地表深2.27米。西北—东南走向。方向105°。平面呈长方形，直壁，平底。长2.7米，宽1.1米，深1.1米。无遗物及人骨出土（图一二八）。

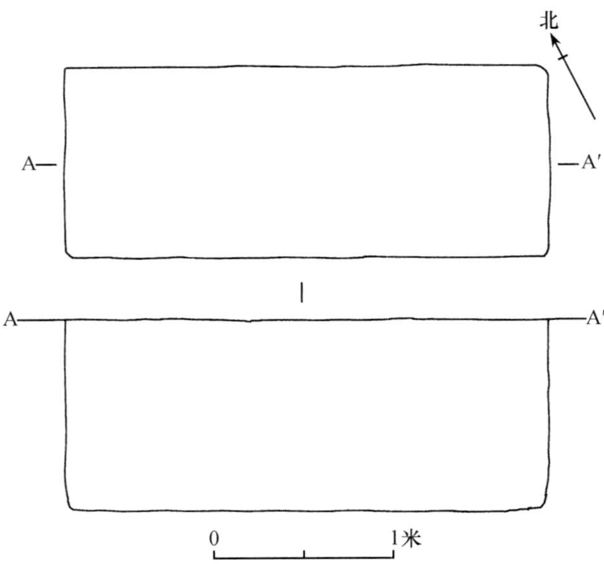

图一二八　MK3平、剖面图

二、灰　　沟

灰沟3条，编号为G4~G6。

（一）G4

位于发掘区的中、西部。在本发掘区内起自T0901，以东南—西北走向依次穿经T0801、T0902、T0802和T0702，在T0702中部转向西南折，在穿过T0701和T0700后，继续向本发掘区外的西南方向延伸。开口于第1层下，打破生土，分别被MK1、MK2和H5打破。开口距地表深0.25~0.3米。已揭露部分平面呈V字形，口大底小，两壁基本对称，沟壁及沟底甚为规整，显由人工所致。长约35米，上口宽3.5~5米，下口宽2~2.8米，深2.2~2.5米（图一二九）。

沟内填土呈黑灰色，较为松软，属一次性堆积。沟内出土少量灰陶片和砖、瓦碎块。

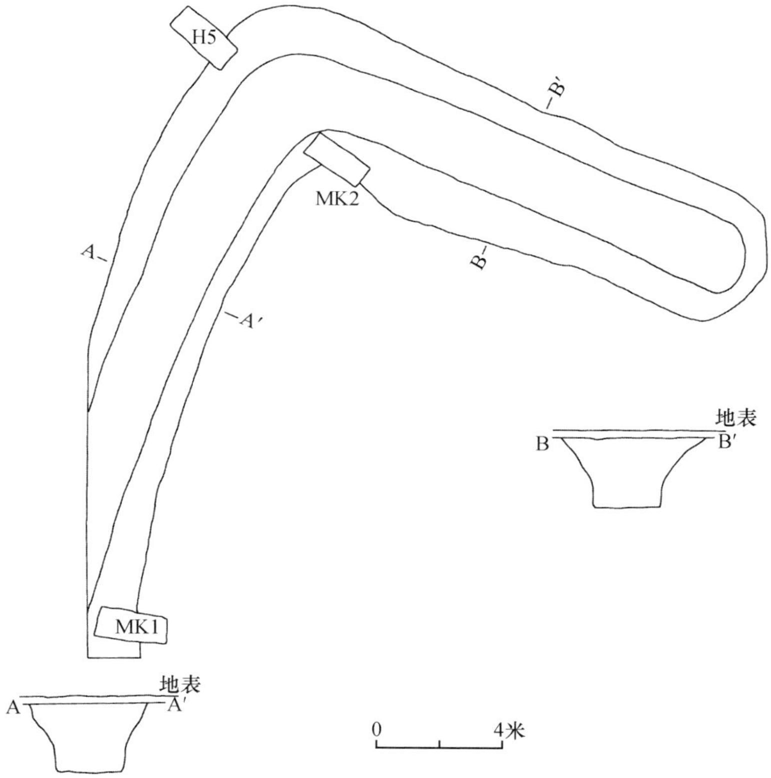

图一二九 G4平、剖面图

（二）G5

位于发掘区的中、北部。在本发掘区内以西北—东南走向依次穿经T0803、T0802和T0902三个探方，并在西北和东南两个方向继续向本发掘区之外延伸。开口于第1层下，打破生土。开口距地表深0.22~0.31米。已揭露部分平面呈长条形，剖面呈U字形。长20.75米，宽1~3.1米，深1.2~1.5米（图一三〇）。

沟内填土多呈深灰色，主要是棕红色黏土与黄色细沙的混合物。沟底堆积有浅黄色淤土。推测其曾作为水沟使用。出土铁矛1件。

铁矛 1件。标本G5：1，锈蚀严重。单面刃，刃叶截面呈V字形，锋已钝，銎呈圆形。刃叶长11.5厘米，銎部长17.1厘米，銎尾直径2.2厘米，通长28.6厘米（图一三一；图版七六，6）。

（三）G6

位于本发掘区的北、东部。在本发掘区内以西北—东南走向横贯T0702、T0802、T0803、T0804、T0900、T0901、T0902和T0903八个探方。两端分别以西向和东南向朝发掘区之外延伸，其西向的延伸部分当与墓地Ⅱ区西部的G2相接。开口于第1层下，向下打破第2、3层和生土，分别被G4、G5、M28、M30和M31打破。在本发掘区内沟平面呈长条形，剖面呈U字形。

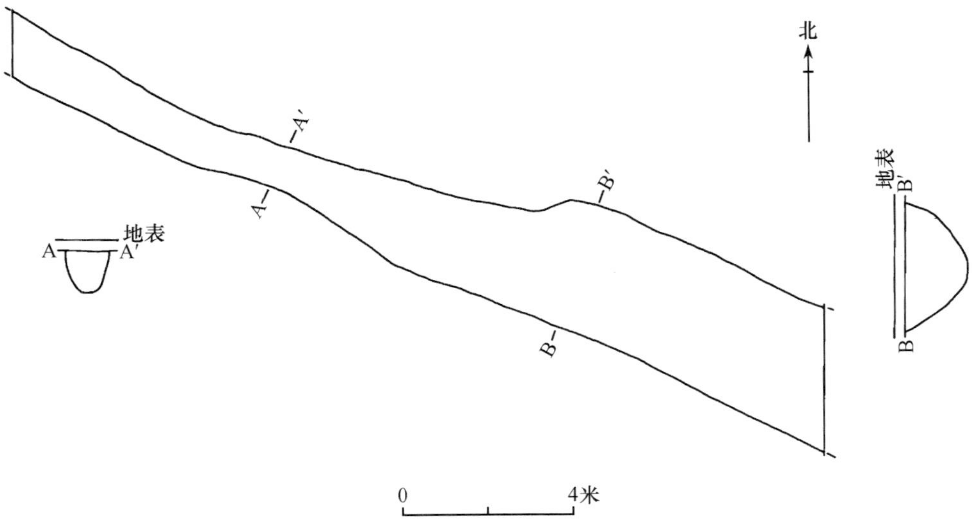

图一三〇　G5平、剖面图

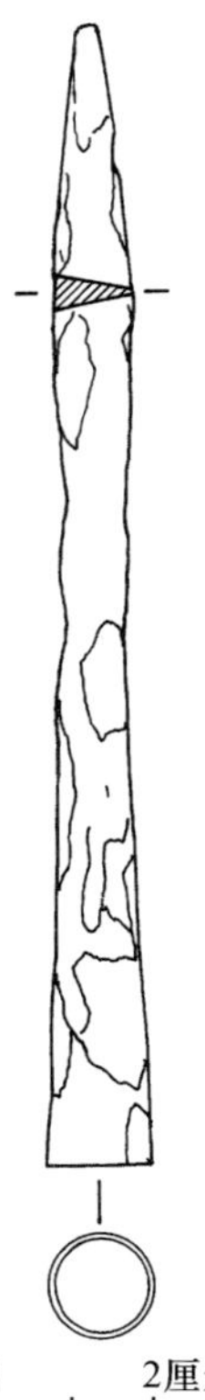

图一三一　G5出土铁矛（G5：1）

长约30米，最小宽度18.5米，深0.2~1.8米（图一三二）。

沟内堆积共分3层，含有较多的石子，含沙量大。

第1层：呈灰黄色。深0.1~0.2米，厚0~0.9米。内含较多的不规则形石子，质地松软。出土少量碎小的灰陶片，器形不明。

第2层：呈灰色。深0.15~0.2米，厚0~1.3米。较第1层所含石子为少，见极少量的炭屑，土质比第1层略为疏松。无遗物出土。

第3层：呈浅棕色。深0.9~1.9米，厚0~0.8米。内含较为纯净，偶见石子及料姜石，质略硬。无遗物出土。

G6当是一条水力冲刷而成的自然沟。

三、灰　　坑

灰坑2个，编号为H5、H6。

（一）H5

位于T0702中部。开口于第1层下，打破G4及生土。开口距地表深0.2米。西北—东南走向。平面呈长方形。长1.8米，宽1米，深0.8米。未见任何遗物（图一三三）。

（二）H6

位于T0901东部，在T0901内仅暴露出其整体的一部分，T0901外的部分未做发掘。开口于

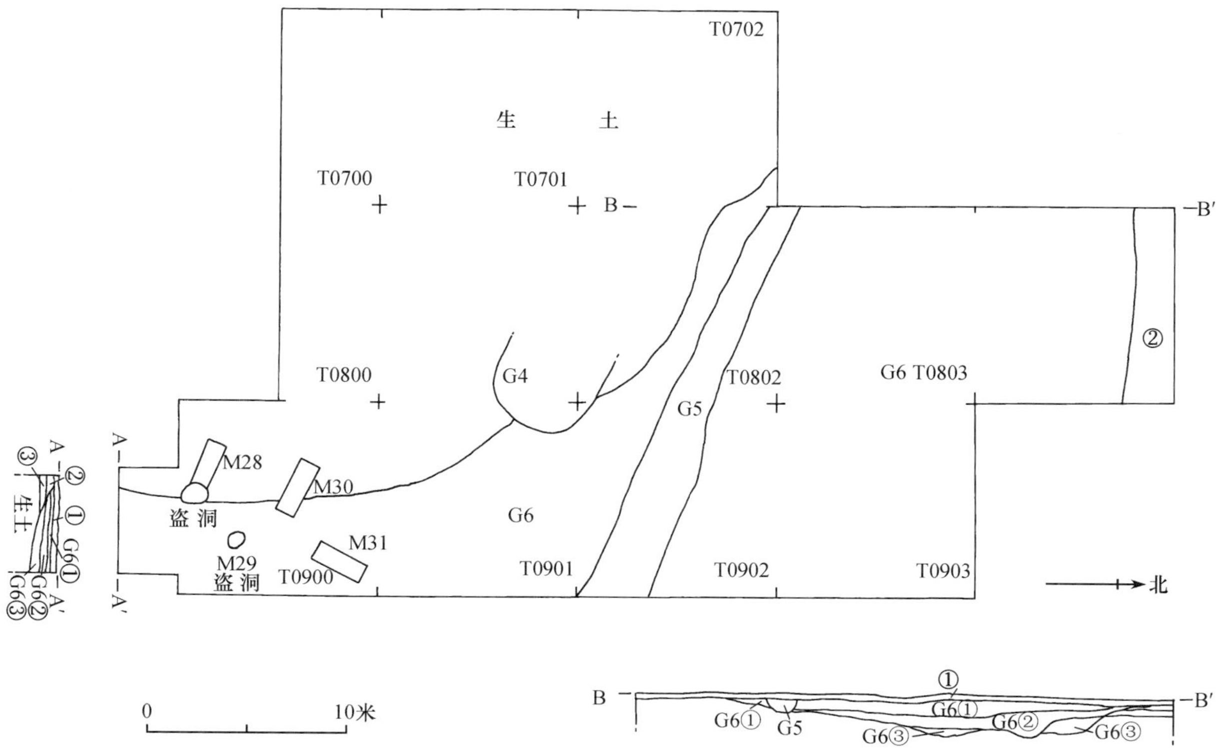

图一三二　G6平、剖面图

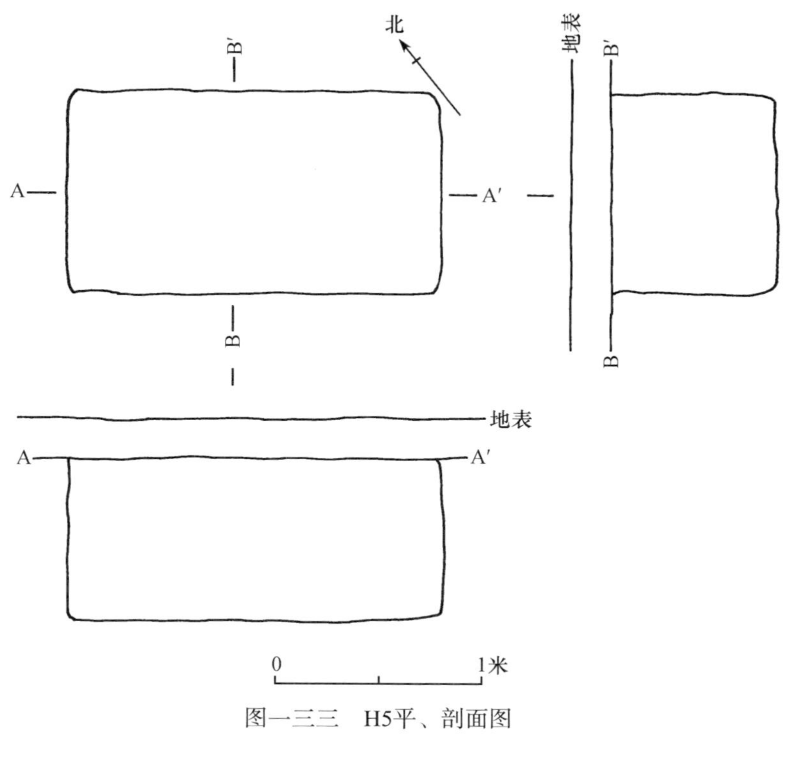

图一三三　H5平、剖面图

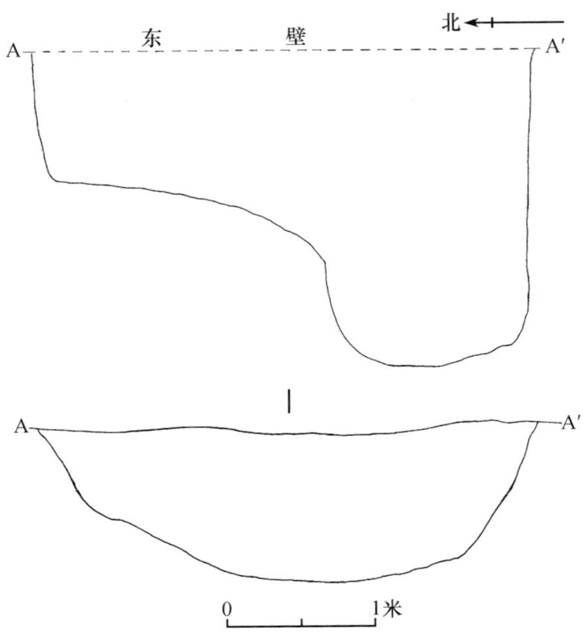

图一三四　H6平、剖面图

第1层下，打破G6。开口距地表深1.25米。已暴露部分上口平面呈刀形，坑壁以弧形向坑底过渡，壁、底无明显分界，圜底。长0.9~2.3米，宽0.9~2.2米，深1米（图一三四）。

坑内填土呈灰褐色，质地松软，属一次性堆积。坑内未见任何遗物。推测H6可能是一座取土坑。

第四节　结　　语

一

M31为竖穴墓道单室土洞墓，东北—西南走向，墓室平面前宽后窄，形制和2004年发掘的郑州市同洲花园小区西汉晚期墓葬M25近似①。M31内出土的3件圆腹三足陶仓器形近似于洛阳烧沟汉墓出土的异型第三种罐，后者见于西汉晚期至东汉晚期的墓葬中，而以西汉晚期墓葬中出土较多②。

本次发掘的9座墓葬，除M31为东北—西南走向外，其余8座均为西北—东南走向，与墓地西部的墓葬方向保持一致，应是有意识地按一定方位排列。位于最西端的是M23，M23出土了1件长方形无足陶案，与之器形近似的器物在洛阳烧沟汉墓东汉早中期墓葬中出土最多③。M23出土的3件直口、方唇、扁圆腹陶罐，器形近似于河南省郏县黑庙M79出土的直口、方唇、鼓腹瓮，黑庙M79为东汉早期墓④。M23出土的这3件直口、方唇、扁圆腹罐，器形也与禹州市新峰墓地M3出土的A型Ⅱ式罐近似，禹州市新峰墓地M3亦为东汉早期墓⑤。因而推定M23的时代应为东汉早期。

M24~M30均属弧顶土洞墓，其中M24是一座夫妻异穴合葬墓，M25、M26、M27为单室墓。M28、M29、M30都是竖穴墓道双室土洞墓，结构则大体一致，墓道居于中央，墓室分居两侧。7座墓葬紧紧相邻，彼此排列有序，且其随葬陶器大多为冥器，器形、纹饰等风格近似。7座墓的形成时间应当相距不远。M24、M27、M29和M30中出土的覆碗状平底罐，器形和烧沟汉墓的第三型第三式罐近似，烧沟汉墓第三型第三式罐见于东汉中晚期墓葬中⑥。M25和M26中出土的筒形腹三足陶仓与烧沟汉墓出土的第二型第一式仓器形相近，后者见于西汉早期

① 侯应君、张文霞：《郑州市同洲花园住宅小区汉墓发掘简报》，《考古与文物》2007年增刊。

② 中国科学院考古研究所：《洛阳烧沟汉墓》，科学出版社，1959年。

③ 中国科学院考古研究所：《洛阳烧沟汉墓》，科学出版社，1959年。

④ 河南省文物局南水北调办公室、河南省文物考古研究所、平顶山市文物管理局：《河南郏县黑庙M79发掘简报》，《华夏考古》2013年第1期。

⑤ 许昌市文物工作队：《河南禹州新峰墓地两座汉代画像砖墓》，《中原文物》2013年第2期。

⑥ 中国科学院考古研究所：《洛阳烧沟汉墓》，科学出版社，1959年。

至东汉中期墓葬中[①]。M28中出土的长领圈足壶器形近似于烧沟汉墓出土的第三型第二式壶和第四型壶，后者见于西汉早期至东汉中期的墓葬中[②]。M25中出土的陶魁，与其相近的器物见于烧沟东汉中晚期墓葬中[③]。禹州市新峰墓地M127出土的B型陶魁也和M25出土的陶魁器形近似，新峰墓地M127的年代为东汉中期[④]。

综上所述，推定M24~M30的时代当为东汉中期。

二

通过对墓地的发掘，可以推见当地（即淇县一带邻近太行山脉的平原地区）自西汉晚期至东汉中期的一些墓葬制度。

首先，当时应流行使用土洞墓。本次发掘的9座墓葬，均为土洞墓。土洞墓的流行，绝非出于经济状况的考虑。如M28虽属土洞墓，但规模相当大，并别出心裁地为墓道做了一个灰砖券顶，使得其纵向排列的两个墓室和墓道的底部浑然一体，从而增大了室内空间，如此别致的构造，绝非一个窘迫的墓主人所能够享用的。M28这样的结构，在东汉墓葬中并不多见。其他几座土洞墓，也在一些部位使用了砖，它们或用灰砖为墓室铺地，或将墓室四壁的下部用灰砖砌筑起立墙。M29还以空心砖铺地，并以画像砖封堵墓门。M29出土的画像砖，是鹤壁地区迄今为止经正式发掘而获得的唯一一块东汉画像砖。

其次，随葬的器物大都是与日常生活密切相关的，其器形组合较为随意，各墓随葬的数量亦很悬殊。如M23的随葬器物有陶瓮、陶奁、陶案、陶耳杯、陶灶、陶井、陶圈厕、铁剑等，而M27却只有陶罐、陶瓶、铁刀、铜钱四种。随葬器物的种类和数量的差异，应是由墓主人生活经历的不同和经济条件的不同等多种因素造成的。

三

本次发掘清理的墓坑、灰坑和灰沟等遗迹，除了G5出土1件铁矛外，其余都无完整或重要遗物出土，而单凭1件铁矛，也远不足以确定G5的时代。但根据地层叠压关系和遗迹之间叠压与打破的关系，可大致推测其时代。G6时代最早，其形成的时代不明。G4、G5和H6均打破G6，自然要晚于G6，G5和H6的时代无从确定，但G4的时代可大致推定。G4已发掘部分平面呈V字形，正好将除M31之外的8座墓葬围起来，显见是和这个墓地有关。因此，可推断G4的修建应在墓地使用之先或之初，即东汉早中期。MK3叠压于G4下，早于G4，故其时代不会晚于东汉早中期。H5、MK1和MK2均打破G4，晚于G4，其时代应晚于东汉早中期。

---

① 中国科学院考古研究所：《洛阳烧沟汉墓》，科学出版社，1959年。

② 中国科学院考古研究所：《洛阳烧沟汉墓》，科学出版社，1959年。

③ 中国科学院考古研究所：《洛阳烧沟汉墓》，科学出版社，1959年。

④ 许昌市文物工作队：《河南禹州新峰墓地两座汉代画像砖墓》，《中原文物》2013年第2期。

后　　记

淇县黄庄墓地Ⅱ区先后经过两次发掘。第一次发掘在西部进行，第二次发掘在东部进行。两次发掘皆由河南省文物局委托鹤壁市文物工作队实施，韩朝会任领队。第一次发掘由霍保成任工地负责人，霍保成、孙文超、贡艳忠、贡万杰、司合庆、贡建安、王鹏飞等为技术工作者。第二次发掘由司玉庆任工地负责人，司玉庆、段琦、孙文超、姬建伟、王斌、李跃、司合庆、王鹏飞等为技术工作者。

发掘中，河南省文物局南水北调文物保护办公室负责人张志清、秦文波等和鹤壁市文物工作队领导多次莅临工地指导。鹤壁市文物工作队副队长牛合兵对发掘工作倾注了更多的关切。

本书是上述两次发掘的成果汇总。本书的编著工作由司玉庆负总体责任，司玉庆、霍保成共同承担；司玉庆对初稿作了修改和统稿。照片由姬建伟、孙文超、程霞、贡艳忠、司玉庆等拍摄，遗迹和器物线图由段琦、贡艳忠、贡万杰、司合庆、贡建安、王鹏飞、姬建伟、王斌、李跃、杨磊、马泰颖等绘制。本书的编著得到了王文强的热情帮助。科学出版社的张亚娜、柴丽丽对本书的体例提出了宝贵意见，并对全文作了认真审阅。

谨向为本书的编著和出版给予帮助的人们致以诚挚的谢意！

由于作者学识浅疏，书中差误和不足之处在所难免，敬请读者指正。

编　者

2013年1月17日

M1形制

图版二

1. 墓门

2. 前室

M2形制

图版三

1. 陶盆（M2：1）

2. 陶盆（M2：9）

3. 陶盘（M2：10）

4. 陶罐（M2：8）

5. 陶罐（M2：5）

6. 陶罐（M2：20）

M2出土器物

图版四

1. 陶瓮（M2：2）

2. 陶瓮（M2：4）

3. 陶瓮（M2：3）

4. 陶仓（M2：16）

5. 陶壶（M2：22）

6. 陶壶（M2：7）

M2出土器物

1. 陶壶（M2：14）

2. 铁剑（M2：25）

3. 铜釜（M2：23）

4. 铜刷（M2：27）

5. 铜镜（M2：26）

M2出土器物

1. 全景

2. 墓室

M3形制

图版七

1. 陶仓（M3：1）

2. 陶仓（M3：2）

3. 陶仓（M3：5）

4. 陶仓（M3：6）

5. 陶罐（M3：3）

6. 陶罐（M3：4）

M3出土器物

图版八

1. 陶圈厕（M3：7）

2. 陶井（M3：8）

3. 陶魁（M3：9-1）

4. 陶魁（M3：9-2）

5. 陶勺（M3：19-1）

6. 陶勺（M3：19-2）

M3出土器物

图版九

1. 铁环首刀（M3：17）

2. 陶灶（M3：10）

3. 陶耳杯（M3：13）

4. 陶盘（M3：12）

5. 陶盘（M3：14）

6. 陶奁（M3：11）

M3出土器物

图版一〇

1. 墓道

2. 墓室

M4形制

1. 陶瓮（M5：1）

2. 陶仓（M5：3）

3. 陶仓（M5：6）

4. 陶仓（M5：12）

5. 陶仓（M5：2）

6. 陶仓（M5：18）

M5出土器物

图版一四

1. 陶仓（M5：19）

2. 陶盘（M5：7）

3. 陶鼎（M5：8）

4. 陶灶（M5：9）

5. 陶奁（M5：10）

6. 陶碗（M5：11）

M5出土器物

图版一五

1. 陶罐（M5：13）

2. 陶罐（M5：16）

3. 陶罐（M5：17）

4. 铜镜（M5：20）

5. 铜饰件（M5：21）

M5出土器物

图版一六

1. 墓道

2. 墓室

M6形制

1. 墓道

2. 东墓室

M7形制

1. 墓道

2. 墓室

M8形制

1. 陶灶（M8：3）

2. 陶瓮（M8：4）

3. 陶壶（M8：2）

4. 陶壶（M8：6）

5. 陶盆（M8：5）

6. 陶罐（M8：8）

M8出土器物

图版二〇

1. 陶罐（M8：9）

2. 陶仓（M8：7）

3. 陶仓（M8：10）

4. 陶奁（M8：1）

5. 铜镜（M8：12）

M8出土器物

图版二一

1. 墓道

2. 墓室

M10形制

图版二二

1. 陶罐（M10：1）

2. 陶罐（M10：5）

3. 陶井（M10：3）

4. 陶灶（M10：4）

5. 陶奁（M10：7）

6. 陶仓（M10：8）

M10出土器物

1. 墓室部分随葬器物

2. 墓室全景

M11形制及墓室随葬器物

图版二四

1. 陶罐（M11：1）

2. 陶罐（M11：11）

3. 陶瓶（M11：4）

4. 铜镜（M11：8）

5. 铜刷（M11：9）

M11出土器物

1. 墓道

2. 墓室

M12形制

图版二六

1. 陶灶（M12：2）

2. 陶盆（M12：7）

3. 陶奁（M12：3）

4. 陶仓（M12：4）

5. 陶罐（M12：5）

6. 陶罐（M12：6）

M12出土器物

1. 墓道

2. 墓室

M13形制

图版二八

1. 陶圈厕（M13：1）

2. 陶井（M13：2）

3. 陶仓（M13：3）

4. 陶灶（M13：4）

5. 陶耳杯（M13：5）

6. 陶盘（M13：7）

M13出土器物

图版二九

1. 陶杯（M13：8）

2. 陶奁（M13：6）

3. 陶罐（M13：9）

4. 陶瓮（M13：11）

5. 铜镜（M13：14）

M13出土器物

图版三〇

1. 墓道

2. 西墓室

M14形制

1. 陶罐（M14：6）

2. 陶瓶（M14：1）

3. 铜釜（M14：3）

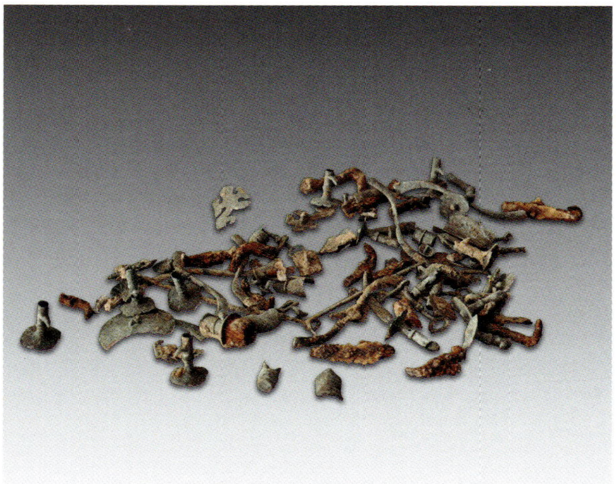

4. 铜饰件（M14：9）

5. 铜钱（M14：4）

M14出土器物

1. 墓道

2. 全景

M15形制

1. 墓道

2. 墓室

M16形制

图版三四

1. 陶罐（M16：4）

2. 陶罐（M16：6）

3. 陶罐（M16：11）

4. 陶罐（M16：14）

5. 陶瓮（M16：16）

6. 铜钫（M16：2）

M16出土器物

1. 铜提梁卣（M16：7）

2. 铜勺（M16：10）

3. 铜盆（M16：8）

4. 铜釜（M16：3）

5. 铜镜（M16：1）

6. 铁炉（M16：9）

M16出土器物

图版三六

1. 墓道

2. 墓室

M17形制

1. 陶瓮（M17：8）

2. 陶罐（M17：4）

3. 陶罐（M17：5）

4. 铜盆（M17：1）

5. 铜釜（M17：2）

M17出土器物

图版三八

1. 墓道

2. 墓室

M18形制

1. 陶瓮（M18：14）

2. 陶罐（M18：15）

3. 陶罐（M18：1）

4. 陶罐（M18：7）

5. 铁剑（M18：8）

6. 铜带钩（M18：9）

M18出土器物

1. 墓道

2. 墓室

M19形制

1. 陶罐（M19：2）

2. 陶罐（M19：4）

3. 陶罐（M19：6）

4. 陶仓（M19：3）

5. 陶灶（M19：5）

6. 陶奁（M19：10）

M19出土器物

1. 墓道

2. 墓室

M20形制

图版四三

1. 陶瓮（M20：1）

2. 陶瓮（M20：8）

3. 陶壶（M20：2）

4. 陶壶（M20：15）

5. 陶罐（M20：9）

6. 陶仓（M20：3）

M20出土器物

图版四四

1. 陶罐（M20：19）

2. 陶奁（M20：13）

3. 陶灶（M20：12）

4. 陶灶（M20：10）

5. 陶盘（M20：11）

6. 陶杯（M20：14）

M20出土器物

1. 墓道

2. 墓室

M21形制

图版四六

1. 陶罐（M21：1）

2. 陶罐（M21：7）

3. 陶罐（M21：15）

4. 陶罐（M21：9）

5. 陶壶（M21：2）

6. 陶灶（M21：3）

M21出土器物

1. 陶仓（M21：12）

2. 陶鼎（M21：8）

3. 陶盘（M21：16）

4. 陶奁（M21：17）

5. 铜环（M21：19）

M21出土器物

图版四八

1. 墓道

2. 墓室

M22形制

1. 陶罐（M22：1）

2. 陶灶（M22：2）

3. 陶盘（M22：5）

4. 陶井（M22：7）

5. 陶仓（M22：8）

6. 铁剑（M22：9）

M22出土器物

图版五〇

1. 西—东

2. 东—西

G1全景

1. 西—东

2. 东—西

G2全景

图版五二

1. 北—南

2. 西—东

G3形制

东部发掘现场

1. M23墓室

2. M31全景

M23、M31形制

1. 陶罐（M23：11）

2. 陶瓮（M23：14）

3. 陶井（M23：17）

4. 陶案（M23：1）

5. 陶耳杯（M23：3）

6. 陶耳杯（M23：2）

M23出土器物

图版五六

1. 陶灶（M23：21）

2. 小陶釜（M23：16）

3. 小陶甑（M23：19）

4. 小陶盆（M23：20）

5. 陶奁（M23：10）

6. 陶圈厕（M23：18）

M23出土器物

图版五七

1. 南北并列的两墓道

2. 南北并列的两墓室

M24形制

1. 南墓室

2. 北墓室

M24形制

1. M24：1

2. M24：2

3. M24：6

4. M24：8

5. M24：7

6. M24：9

M24出土陶罐

图版六〇

1. 铁剑（M24：11）

2. 铁刀（M24：12）

3. 铁刀（M24：13）

4. 铜镜（M24：15）

5. 铜筒形器（M24：14）

M24出土器物

1. 全景

2. 墓室

M25形制

图版六二

1. 陶罐（M25：12）

2. 陶罐（M25：13）

3. 陶罐（M25：14）

4. 陶罐（M25：16）

5. 陶仓（M25：19）

6. 陶仓（M25：7）

M25出土器物

1. 陶罐（M25：17）

2. 陶罐（M25：18）

3. 陶壶（M25：9）

4. 陶杯（M25：6）

5. 陶魁（M25：15）

6. 陶奁（M25：5）

M25出土器物

图版六四

1. 墓室全景

2. 墓室随葬器物

M26墓室全景及随葬器物

1. 陶仓（M26：3）

2. 陶罐（M26：6）

3. 陶瓮（M26：5）

4. 陶仓（M26：10）

5. 陶灶（M26：4）

6. 陶井（M26：1）

M26出土器物

图版六六

1. 全景

2. 内景

M27形制

1. 陶罐（M27：6）

2. 陶罐（M27：5）

3. 陶罐（M27：8）

4. 陶瓶（M27：2）

5. 铁刀（M27：3）

6. 五铢钱（M27：4）

M27出土器物

图版六八

1. 墓道

2. 墓道券顶

M28形制

1. 西墓室

2. 东墓室

M28形制

图版七〇

1. 陶罐（M28：9）

2. 陶灶（M28：4）

3. 陶罐（M28：5）

4. 陶瓮（M28：1）

5. 陶壶（M28：2）

6. 陶壶（M28：3）

M28出土器物

1. 墓道砖壁

2. 西墓室封门画像砖

M29形制

图版七二

M29出土封门画像砖

1. 陶罐（M29：1）

2. 陶罐（M29：3）

3. 陶罐（M29：4）

4. 陶罐（M29：9）

5. 陶瓮（M29：5）

6. 陶灶（M29：6）

M29出土器物

图版七四

1. 墓道和西墓室

2. 西墓室和东墓室

M30形制

1. 陶罐（M30：3）

2. 陶罐（M30：5）

3. 陶罐（M30：9）

4. 陶瓮（M30：1）

5. 铜镜（M30：8）

M30出土器物

图版七六

1. 陶仓（M31：6）

2. 陶器盖（M31：2）

3. 陶罐（M31：1）

4. 铁刀（M31：9）

5. 五铢钱（M31：8）

6. 铁矛（G5：1）

M31、G5出土器物